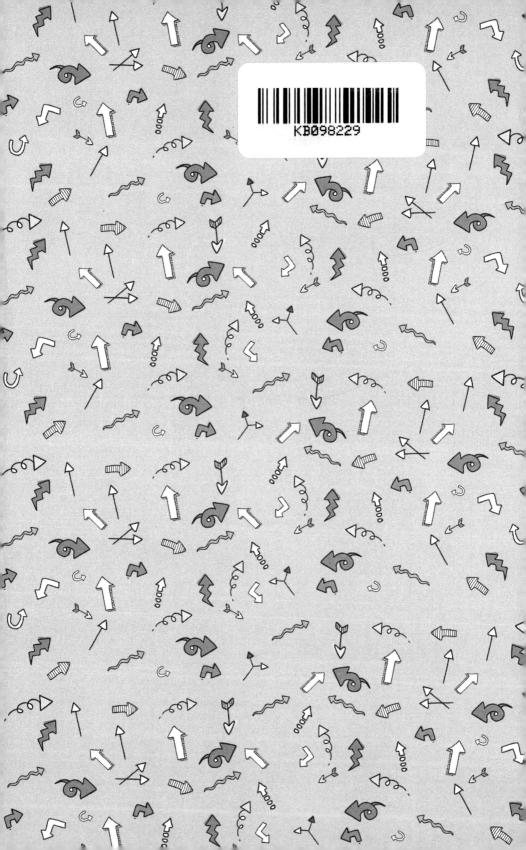

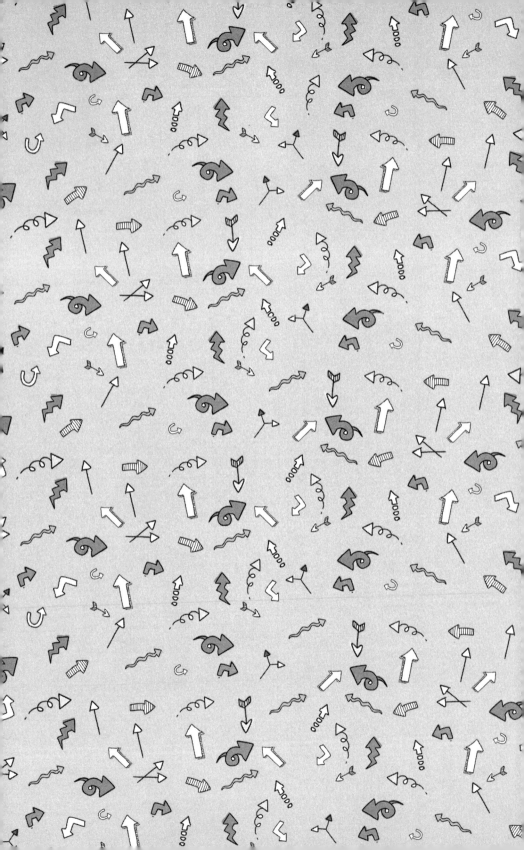

리셋,
교육과정
재구성

초등
1학년부터
6학년까지

여전히 고민되는 교육과정,
어떻게 통합할 것인가?

교육과정 재구성

발행일   2015년 03월 31일 초판 1쇄 발행
           2021년 03월 02일 초판 4쇄 발행
지은이   서울신은초등학교 교육과정 연구 교사모임
발행인   방득일
편 집   신윤철, 박현주, 문지영
디자인   강수경
마케팅   김지훈

발행처   맘에드림
주 소   서울시 도봉구 노해로 379 대성빌딩 902호
전 화   02-2269-0425
팩 스   02-2269-0426
e-mail momdreampub@naver.com

ISBN 978-89-97206-27-8 03370

리셋,
교육과정
재구성

초등
1학년부터
6학년까지

여전히 고민되는 교육과정,
어떻게 통합할 것인가?

서울신은초등학교 교육과정 연구 교사모임 지음

맘에드림

2014년은 우리 모두에게 가장 힘든 한 해였습니다. 아직 꿈도 제대로 펼쳐보지 못한 우리 아이들이 저 검고 깊은 곳에 빨려들고 말았습니다. 우리 신은 교사들도 깊은 고통과 슬픔 속에서 그 시간들을 보내야 했습니다. 매일매일 우리 반 아이들을 보면서 '교사'로서의 미안함과 '어른'으로서의 부끄러움을 가져야만 했습니다.

2011년 7월, 우리 신은은 40여 명의 교원들이 모여 시작했습니다. 서로 스쳐서 알던 분들부터 일면식도 없던 분들이 함께 모여 뜨거운 여름을 보냈습니다. 그렇게 신설 학교의 틀을 하나씩 만들어 갔었습니다. 여름방학을 통째로 반납하고, 매일매일 밤늦게까지 치열한 고민과 토론을 하면서 아주 조금씩 만들어 갔습니다.

며칠간의 토론을 거쳐 우리가 꿈꾸는 신은의 상(像)을 '미래를 열어가는 행복한 배움 공동체'로 정하였습니다. 신은 교육의 지향점, 일상적인 학교의 모습, 그리고 우리가 추구하는 교육의 형태를 담아 보았습니다. 그리고 매년 학교는 점점 비대해져서 이제는 50여 명이 넘는 교원들과 1,000명의 학생들이 공동체를 이루고 있습니다.

신은은 혁신학교로 시작을 하면서 '학교문화의 혁신'에 큰 비중을 두었습니다. 학교문화가 혁신되지 않고서는 어느 것도 한계가 있다는 것을 이미 각자의 학교에서 경험해 보았기 때문입니다. 그리고 지금은 학교문화가 그 어느 학교보다도 민주적이고 수평적으로 혁신되어 있다고 자부합니다. 그런 문화가 자리 잡아 가면서 교사들의 자발성은 저절로 만들어지고 발전되어 갔습니다.

교육행정 업무에 시간을 허비하지 않고 오직 가르침과 배움에 열중할 수 있는 환경 속에서 신은 교사들은 교육과정 운영에 전념을 하게 되었습니다. 단편적이고 분절된 교육과정 운영에서 벗어나서 아이들의 성장과 발달에 도움을 주는, 깊이 있고 연속성 있는 교육과정을 운영하게 되었습니다. 그런 시도가 바로 '교육과정 재구성'이었습니다.

거의 해마다 바뀌는 교육과정 개정으로 어려움은 있지만, 매년 만들어가는 교육과정 재구성의 사례들을 이 책으로 정리해 보았습니다. 잦은 교육과정 개정으로 어느 정도 적용의 한계가 있음도 알고 있습니다. 우리 신은보다 훨씬 더 전문적이고 깊이 있게 운영하고 있는 많은 학교들이 있음을 저희는 잘 알고 있습니다. 그래서 많이 부끄럽고 망설였습니다.

하지만 저희의 이런 작은 시도들이 다른 많은 학교들에게도 비슷한 시도의 촉매제가 되기를 바랍니다. 그리고 이제 막 시작하는 학교들에게는 조그마한 길잡이 역할이 되기를 희망합니다.

신은 교육과정 재구성을 함께 실천하신 고도은, 김경희, 김광선, 김병업, 김영태, 김용승, 김우경, 김효숙, 명노철, 박금옥, 박종철, 박지원, 송숙, 신수현, 양지연, 엄효녀, 용희영, 유성휘, 이

은숙, 장명영, 정유리, 지연화, 진미정, 최유엔, 허미선, 현연옥 선생님들께 깊은 감사를 드립니다.

2015년 3월
지양산 기슭 신은 공동체에서
스물넷 글쓴이들이 함께

서울형 혁신학교는 민주적 협의 과정을 통한 학교 운영이라는 커다란 흐름 아래 자율적인 분위기 속에서 학교마다 지역적인 특색을 살려 교육과정 운영을 해오고 있습니다. 2015년 들어서면서 서울형 혁신학교가 초등학교, 중학교, 고등학교를 모두 합쳐 88개로 늘어나면서 혁신학교 교육과정을 운영하기 위한 단위 학교의 고민과 노력이 어느 때보다도 절실하게 느껴집니다.

서울신은초등학교에서는 매년 재구성을 통하여 만들어가는 교육과정을 운영해오고 있습니다. 3년에 걸쳐서 실제 적용했던 사례들을 학년별, 주제별로 정리함으로써 새롭게 시작하는 혁신학교들의 교육과정 운영에 조금이나마 도움이 되고, 고민을 덜어 드리기 위해 이 책을 만들게 되었습니다.

이 책은 공통적으로 적용되는 일반교육과정을 토대로 문화 · 예술 · 체육('문예체') 및 창의적 체험활동 영역을 중심으로 학년별로 주제를 정하여 만들어가는 교육과정 재구성 사례들을 엮었

습니다. 생명, 생태, 노작, 환경, 통일, 인성, 인권, 독도 등의 주제
를 중심으로 학년에 맞도록 주제 통합 학습을 위해 교육과정을 재
구성하고 운영하였습니다.

혁신학교의 자율성을 확보하고 지역에 맞게 특색 있는 학교 교
육과정을 운영하는 데 작으나마 도움이 되면 좋겠습니다.

이 책을 꾸미기 위하여 짧은 기간임에도 불구하고 휴가를 반납
하고 좋은 자료를 만들기 위하여 정성을 기울여 주신 선생님들께
감사드립니다.

2015년 2월

서울신은초등학교 교장 김광선

차 례

통합과 융합으로
교육과정을
재구성하다

1. 통합교육과정을 요구하는 시대

21세기는 산업화 시대를 넘어 정보화 시대이다. 정보화 시대에는 많은 지식이 홍수처럼 넘쳐난다. 어떠한 지식도 그 지식 자체로는 커다란 역할을 못하고 있으며, 다양한 분야의 지식과 학문이 통합을 이루어내지 않고는 새로운 발전과 창의가 쉽지 않은 시대를 살고 있다. 그래서 실생활과 관련된 유용한 지식과 경험을 학교에서 제공하기 위해서는 교과과정이나 교육방법에서 통합이 필요하다.

오늘날 세계는 나노기술, 정보기술, 바이오기술, 컴퓨터 공학 기술 등 첨단 기술이 융합해서 새로운 산업혁명을 이루고 있다.

이것은 '통합적 사고'를 요구한다. '통합적 사고'는 수평적 사고와 균형 감각 등을 의미한다. 융합 산업, 융합 문화, 학문적 융합 등은 과학기술분야뿐만 아니라 연극, 영화, 미술, 관광, 서비스 산업 등 다양한 분야에서 활발하게 일어나고 있다.

융합(融合)은 녹여서 합쳐진다는 의미이다. 통섭(統攝, Consilience)은 '지식의 통합'이라고 부르기도 하며 자연과학과 인문학을 연결하고자 하는 통합 학문 이론이다. 이러한 생각은 우주의 본질적 질서를 논리적 성찰을 통해 이해하고자 하는 고대 그리스의 사상에 뿌리를 두고 있다. 자연과학과 인문학의 두 관점은 그리스시대에는 하나였으나, 르네상스 이후부터 점차 분화되어 현재에 이른다. 에드워드 윌슨은 인간의 행동과 문화에 대한 진정한 이해는 사회과학과 인문학이 자연과학과의 통섭이 이루어질 때만이 가능하다고 했다. 혁신학교 운동도 이런 흐름에 편승하여 대부분 학교들이 교과 통합, 교과를 넘나들면서 비슷한 주제끼리 통합을 하여 교육과정을 운영하거나 프로젝트 학습을 통하여 한 개의 프로젝트에는 다양한 교과의 내용들을 포함한 방식으로 운영을 하고 있다.

융합 교육의 대표적인 형태로 스팀(STEAM) 교육을 꼽을 수 있다. STEAM이란 과학(Science), 기술(Technology), 공학(Engineering), 예술(Arts), 수학(Mathematics)의 5가지 교육 요소를 말하며, 서로 연계 또는 결합하여 융합적 사고를 키우는 교육이다. 스팀 교육은 단순한 학문적 교육에서 발전하여 미래 진로탐색 활동을 포함하여 사회와 기업, 국가에 필요한 미래지향적인 창조적 인재의 발굴과 육성을 목적으로 한다.

단순한 지식을 전달하는 교육 시대는 지났다. 스팀 교육은 다양한 분야의 정보를 하나로 만들어 새로운 정보로 만들어내는 교육이다. 서로 다른 분야의 특징과 기능, 효능과 가치, 차별성을 분리, 결합, 재구성해서 새롭게 창출하는 것을 교육하는 것이다.

이런 세계적 흐름에 착안하여 이미 우리나라에서는 제4차 교육과정부터 초등 1·2학년을 중심으로 통합이 이루어져 운영되고 있으며, 생활교육을 중심으로 학습자가 경험을 재구성하는 자기 주도적 학습 능력을 강조하고 있고, 이를 위하여 교과 통합의 필요성이 강조되고 있다. 2011년 교육과학기술부(현 교육부)는 청와대 업무보고에서 창의적 인재 양성을 위한 초·중등 스팀 교육을 강화하겠다고 발표한 바가 있다.

단순하게 교과서를 암기하는 교육에서 벗어나 다양한 체험을 통해 융합된 교육 내용을 경험함으로써 각자의 미래를 설계하도록 유도하여 미래 인재를 육성해야 하는 것이다. 융합 교육을 통해 학생들이 유기적 관계성을 이해하고 생활과 연계된 교육으로 실질적인 문제해결 능력을 키우도록 교육 활동을 조직해야 한다.

카이스트(KAIST)도 인접 학문 통합과 융합 교육 확대를 핵심으로 20여 년 만에 학사 조직을 통합 개편하고 있다. 최근에 카이스트는 6개 단과대학, 2개 학부, 33개 학과(급)로 되어있던 학사 조직을 5개 단과대학, 5개 학부, 27개 학과(급)로 개편했다. 학내에서 규모가 가장 큰 정보과학기술대학은 '공과대학'에 통합되었다. 그간 공학 계열이 두 개의 단과대학으로 분리되어 공과대학의 대

표성이 약화되고 일관성 있는 공학 교육과 융합 교육에 어려움을
겪은 한계를 개선하고자 한 것이다.

2. 통합교육과정의 중요성

오늘날 학교교육에서는 새로운 지식의 폭발적 증가와 함께 지식의
진부화 현상이 심각한 문제로 나타나고 있다. 그리하여 교육과정에
어떤 내용을 선정하고 어떻게 조직해야 하는지에 대한 깊은 고려와
결정이 요구된다. 교과 통합 교육과정은 이러한 지식의 증가로 야기
되는 교육 내용 선택에 도움이 된다. 즉, 여러 관련 분야에서 추출된
주요 개념과 기본 원리를 중심으로 교육과정을 구성하여 학생들에
게 가르침으로써, 학생들의 학습 효율성과 학습 효과를 높일 수 있
다. 또한 교과 통합 교육과정은 학문의 발달에서 파생된 지식의 분절
화 경향에 대처할 수 있다. 통합적 접근을 통하여 교과의 분절화 현
상을 극복하고, 지식의 복합성과 상호 관련성을 증대시킴으로써 지
식을 의미 있고 유용하게 할 수 있다.

효율적 학습

학습이론에서 최근 연구 성과는 통합교육과정이 왜 중요한지

를 잘 보여주고 있다. 특히 인간 두뇌에 대한 연구가 발전하면서 통합교육과정의 강점은 더욱 부각되고 있다. 뇌에 대한 최근 연구에 의하면, 뇌는 의미를 만들어가는 과정에 형태와 상호 관련성을 추구한다. 따라서 학습자는 분절된 사실을 학습하는 것보다 의미 있는 맥락에서 상호 관련된 경험을 통해 학습할 때 훨씬 효율적으로 배울 수 있다.

사회적 구성주의 학습이론 역시 통합교육과정의 중요한 근거로 작용한다. 사회적 구성주의 관점에서는 인간의 학습과 사고 발달을 해명하는 데 사회적 성격을 강조하고, 그 상호작용 과정에서 학습이 조직된다고 설명한다. 이러한 이론은 비고츠키 (Lev Vygotsky)와 그의 연구를 소개하고 응용한 부르너(Jerome Bruner), 로고프(Barbara Rogoff) 등에 의해 발전되었다. 사회적 구성주의에 따르면, 학습자는 타인과의 상호작용을 통해서 세계에 대해 이해할 수 있으며, 과거의 경험이 현재 접하는 새로운 정보와 통합될 때 새로운 지식을 포착할 수 있다고 한다. 지식의 발달은 학습자가 사건, 행위 변화 등을 경험하는 사회적 맥락에서 이루어진다는 것이다. 이러한 연구 성과를 통하여 교과 통합적인 교육과정을 구성하는 것이 교육적으로 더욱 큰 가치가 있는 교육 방식으로 지지받게 되었다.

사회문제 해결에 유효한 수단

교과 통합 교육과정은 학습자가 사회문제에 적절히 대처할 수 있게 한다. 격심한 변화를 겪는 현대사회에서 개인이나 사회가 당면하는 문제를 해결하기 위해 통합적으로 지식을 재구성할 필요가 있다. 개별 교과만으로는 더 이상 이러한 복잡한 문제를 해결할 수 없게 되었고, 지식을 조직하는 새로운 방법이 필요하게 된 것이다. 현대 사회의 문제 해결을 위하여 통합적 접근을 사용하지 않는다면 그러한 문제를 제대로 이해하기조차 어려운 경우도 있을 것이다. 학교는 전통적으로 담당하던 지식 체계에 부가하여 사회문제에 대한 해결책을 통합적으로 탐색함으로써만 자신의 사회적 기능을 제대로 수행할 수 있게 된 것이다.

학습 방법을 배우는 학습

우리는 교과를 통합하는 수업을 통해 학습 방법을 학습하게 된다는 것에 주목한다. 교과 통합적으로 접근하는 수업에서 학생들은 학습 내용을 배운다기보다는 학습 방법을 학습한다. 학습의 내용보다는 학습의 절차가 강조된다. 따라서 통합 수업에서는 정적인 학습 과정이 아니라 역동적인 학습 과정을 강조하며, 학습자가 자신의 학습에 대해 상당한 책임이 있음을 전제로 한다. 21세기를 준비하는 학생들이 복합적인 거대한 사회 체제 속에서 살아가기 위해서는 대상이나 사건을 서로 관련짓는 능력, 여러 가지 차원에서 문제를 해결하는 능력, 여러 종류의 정보를 종합하는 능력이 필요한 것이다.

협력과 소통을 배우는 학습

이러한 통합교육과정은 교사들 간에, 학생들 간에, 또는 교사와 학생들 간에 협력과 협동이 이루어지는 기회를 제공한다. 학생들은 소집단 활동을 통하여 정보를 확인하고, 소집단 구성원들과 함께 문제를 해결하며, 이 과정에 서로 의사를 교류하고 절충하며 협동하는 것을 배운다. 일본 도쿄대학 사토 마나부 교수의 '배움의 공동체' 운동이 대표적이라 할 수 있다. '배움의 공동체'는 '21세기형 학교'의 비전을 나타내는 개념이다. 그 비전이란 학생들이 서로 배우며 자라는 장소, 교사도 전문가로서 서로 배우고 성장하는 장소, 보호자도 시민도 학교의 교육 활동에 참여하여 서로 배우고 성장하는 장소로 학교를 되살리는 것을 말한다. 이 비전을 달성하기 위해서 교실에서는 협동하는 배움을 실현하고, 교무실에서는 교사가 수업 실천에 창의적으로 도전하여 교사끼리 서로 비평하는 동료성(collegiality)을 구축하며, 보호자나 시민이 수업 실천에 참가하여 교사와 협동하는 '학습 참가'를 위한 실천을 수행한다.

그런가 하면 과거 한국의 서당식 교육도 그렇고, 핀란드의 무학년제 학교라든가, 우주와 내가 하나라는 인식을 갖고 내면의 잠재성을 일깨우는 발도르프(Waldorf) 교육, 학생 중심의 교육으로 교육의 민주성을 강조하는 프레네(Freinet) 교육도 모두 학생들 소그룹 활동과 협동을 강조하는 교육 사조들이다.

3. 통합교육과정의 주제와 운영

학년별 특성에 따른 자율적 운영

우리 서울신은초등학교에서는 통합교육과정을 강조한다. 그렇지만 전교에서 일률적인 원칙으로 무리하게 교과 또는 주제 통합을 시도하지는 않는다. '2009 개정 교육과정'의 정신을 존중하면서 각 학년의 특성을 고려하여 주제 또는 교과 통합이 이루어진다.

예를 들면, 1학년에서는 발도르프 교육에서 강조하는, 영성을 일깨우는 내면화 교육방법과 감성 교육을 적극 받아들이면서 에포크수업(주기집중수업)을 이용한 주제 통합 수업을 하고 있다. 한글의 자음과 모음을 학습하면서 스토리텔링을 통한 그리기, 글자 생성의 원리 익히기, 노래하기, 게임 등을 엮어서 교과를 통합하는가 하면, '학교 주변의 자연'이라는 주제로 학교 인근 지양산과 연의생태공원을 계절별로 탐방하고 시를 짓거나, 그림을 그리거나, 노래를 하고, 동식물 학습을 하면서 자연에 대해 통합적으로 접근하는 학습을 계절별로 진행한다. 이런 수업을 주기집중으로 통합 수업을 하기도 하지만, 팀티칭 방식으로 1학년 담임교사들이 자신이 잘하는 프로그램을 가지고 다른 반 아이들과 수업하는 방식으로 운영하기도 하였다.

지속가능한 미래 교육

　신은초에서는 교과 통합 주제를 선정함에 있어서 '교육 주체들이 행복하고 지속가능한 미래를 열어가는 행복한 배움의 공동체'라는 차원의 가치들을 중심에 놓고 선정하려는 노력을 하였다. 신은초가 추구하는 '온 생명이 함께 더불어 사는 세상'이란 가치는, 인간이 자연과 화해 공생하며, 인간과 인간도 함께 더불어 사는 세상을 뜻하는 것으로 규정하고자 한다.

　인류 역사를 통해 인간이 자연을 지배와 정복의 대상으로 여기고 파헤쳐온 결과로 생태 위기의 시대를 맞게 되었다. 이런 방식의 삶을 계속 유지해 나간다면 지구상에서 인간의 생존이 지속가능할지에 대해 희망적이라고 할 수 없다. 체르노빌과 후쿠시마의 핵발전소 폭발을 통해 드러난 핵 문제, 기후변화 문제로 인한 인류 생존과 지속가능성의 문제, 환경오염, 자원 고갈, 식량문제, 인구문제 등은 인류의 지속가능성을 위협하고 있다.

　이런 생태 위기로부터 지속가능한 미래를 위하여 1992년 유엔환경회의에서는 우리 공동의 미래를 위하여 '지속가능한개발'(Sustainable Development)을 해야 한다는 선언을 하였다. 하지만 각국은 자국의 이해관계 때문에 이런 선언이 무색할 정도로 오히려 지구 환경은 더욱 악화되고 있다.

　그래서 유엔은 2005~2014년을 지속가능발전 교육 10년으로 선포하고 국가별 이행 계획 수립을 권고하였고, 독일을 비롯한 선진국들에서는 학교교육의 패러다임 전환을 추진하고 있는 상황이다. 우리도 이제는 지속가능한 사회를 위한 생태적인 교육개혁에 적극 나서야 한다. 다음 도표는 2005년 '대통령자문지속가능발전위원회'의 연구 용역 결과를 정리한 한국적인 지속가능발전의 핵심 내용이다.

한국적인 지속가능발전 핵심 내용 체계도

구분	사회적 관점	환경적 관점	경제적 관점
유엔 이행 계획 초안	•인권, 평화, 안보 •양성 평등 •문화적 다양성 (문화 상호간 이해) •건강과 에이즈 •거버넌스	•자연자원 (물, 에너지, 농업 등) •기후변화 •농촌 개혁 •지속가능한 도시화 •재해 예방 및 완화	•빈곤 퇴치 •기업의 책임, 복무 •시장 경제
우리나라 추가 강조 영역	•갈등 해소 •통일 •사회 혁신 •연대(파트너십) •매체 소양	•자연자원 (물, 에너지, 대기 등) •생물종 다양성 •재해 예방/축소 •교통 •주거환경	•지속가능한 생산과 소비 •빈부 격차 완화

우리의 미래가 지속가능하기 위해서는 자연 친화적인 교육, 경쟁보다 공존과 나눔을 배우게 하는 교육, 생태적인 삶의 가치와 생활 방식을 배우게 하는 교육으로 교육과정과 학교운영 시스템을 근본적으로 변화시켜야 한다.

우리 학교는 위에 제시되어 있는 가치와 내용을 중심으로 지속가능한 미래 교육 차원에서 생명, 생태, 평화, 인권, 평등, 복지, 노동, 나눔, 문화 등의 가치를 중심으로 배움의 주제를 잡으려고 노력하였다.

주제와 교과 단원의 연계, 교과서 문제

주제를 선정하는 과정에서 교육부가 권장하고 있는 것처럼 혁신학교 교육과정을 탄력적으로 적용하고자 하였다. 교육부 고시 교육과정의 내용과 시도교육청에서 권장하는 내용 등을 참고로 하여 전체 교육과정의 30%를 재구성함으로써 창의적이고 자율적인, 혁신학교 교육과정을 수립하였다. 교과서는 교육부 방침처럼 하나의 참고 자료로 활용하였고, 교과서 진도를 맞추기 위한 과거의 진부한 형태의 교수-학습 방법에서 벗어나기 위한 노력을 많이 하였다. 특히 하나의 주제를 정할 때 동학년 교사들의 심도 있는 논의를 거쳤고, 그런 논의에서 나온 결과를 각 학급 학생들과 함께 의논하여 구체적인 내용을 결정했다. 교과서 내용을 참고로 하면서도, 학생들에게 필요하다면 교과서 밖의 내용도 주제 선정 및 운영 계획에 반영하여 진행했다.

우리 학교는 교과서에 얽매이지 않으면서 학생들의 흥미와 의욕을 고려하여 선정된 주제의 내용들을 구체화시키는 노력을 하고 있다. 각 학년에서 몇 년간 다룬 교육과정 재구성의 사례를 제한된 지면에 모두 소개할 수는 없다. 대표적인 사례들을 정리해 보았고, 이를 바탕으로 더욱 깊이 있고 많은 내용을 독자들이 채워나갈 수 있으리라 생각한다.

1장

몸으로 배우고 마음으로 느끼는, 1학년 교육과정

"힘내라, 힘내라!"

1학년 놀이 활동을 하면서 아이들은 '이겨라' 대신 '힘내라'를 외친다. 어느 날은 교실에 던져둔 보자기 한 장을 가지고 여럿이 모여들어 시작한 기차놀이, 썰매놀이가 끝나지 않는다. 첨예한 상황에서도 "한번은 봐주는 거예요." 라고 친구를 이해해주는 그 여유는 가르쳐서 되는 것이 아니다. 교과서의 활자 속에서 얻을 수 없는 것들을 어느새 더 많이 배우는 아이들은 교사의 마음을 뜨겁게 한다. 어디에서 그 힘을 가져올까.

신은초등학교에 와서는 항상 시작부터 다시 생각해보는 버릇이 생겼다. 혁신학교의 1학년은 어때야 할까? 입학식은 어때야 할까? 교사의 말투와 눈빛은 어때야 할까? 교실에서 아이들은 어떤 이야기를 나눌까? 돌이켜 보면 겉으로 보이는 모습은 전에 근무하던 곳과 크게 다르지 않을 수도 있다. 하지만 안에서 보는 아이들과 교사들은 혁신 3년간 고민의 크기만큼 정말 많이 달라져 있었다.

우리는 아이들을 깊고 넓게 키우고 싶었다. 동그랗게 앉는 자리 하나도 정성을 다하여 아름답게 만들며, 공부하기 전에 몸을 충분히 움직이고, 마음을 따뜻하게 해주는 시와 노래를 함께 부르면서 아이들이 갖고 있는 생명력을 깨운다. 숫자를 숫자로만 보는 것이 아니라 그 안에 담겨 있는 철학을 이야기하며, 동물을 공부할 때는 도서관 한쪽에서 그 안에 푹 빠져들도록 충분한 시간을 갖고 탐구한다. 아이들은 더 많이 생각하고 더 넓게 배운다. 아이들은 스스로 성장할 수 있는 힘을 키우고 있다.

우리는 아이들이 나 혼자가 아니라 주변 사람들 그리고 자연과 함께 자라고 있음을 당연하게 알게 하고 싶었다. 친구들의 말을 들으며 공감하고 위로해준다. 다툼이 일어나는 것은 자연스러운 것이며 이를 부드럽게 해결하기 위해 애쓴다. 6학년 언니나 형들과 책을 같이 읽고 밥도 같이 먹는다. 언니나 형들과 함께 놀고 노래 부르는 것이 즐겁다. 아랫집에 사는 사람을 찾아가 평소에 뛰어서 죄송하다는 인사와 함께 직접 만든 작은 선물을 건네면서 이웃 산 예의도 생각해보고 서로 이해하게 되는 폭이 넓어지는 것을 경험한다. 학교 주변 들로 산으로 나다니면서 작은 것을 귀하게 살피고 사람 이외에 소중한 생명이 이처럼 많은 것을 확인한다.

아이들을 향한 우리의 바램을 위해 교사들끼리 작은 약속도 정해본다. 경쟁을 유발하는 상벌점이나 수상 등의 요소를 없앴으며, 영상 매체를 사용하지 않기로 했다. 교사의 명령이 아니라 아이들 사이의 논의를 통해 학급을 함께 가꾼다. 아이들의 몸과 마음뿐만 아니라 영혼까지 살필 수 있기를 소망한다. 아이들 마음은 보다 편안해졌고, 여유롭다. 아이들에게 가치 있는 보상은 스스로의 만족감과 선생님, 친구들의 인정이다. 실패하면 격려해주고 기운을 북돋워준다. 교사는 가르침을 주는 사람이 아니라 아이들의 성장을 돕는 사람이 된다. 아이들의 성장을 위해서는 '보이는 교육과정'뿐만 아니라 매 순간 교사의 언행과 학교의 제도적 환경을 통한 '잠재적 교육과정'의 역할이 매우 중요함을 인식한다. 수많은 교육 활동에 매몰되지 않고 아이들의 성장을 실현하기 위해서는 이 같은 1학년 교사들의 고민과 논의의 역할이 중요했음을, 그리고 동료 교사들의 축적된 연구 자료가 바탕이 되었음을 분명히 하고 싶다. 아이들뿐만 아니라 교사도 공부하며 함께 발전하는 경험을 갖는 것은 무척이나 설레고 기쁜 과정이었음을 고백한다.

1. 깊고 넓게 배우는 주기집중학습

초등의 40분 단위 수업은 아이들의 주의집중 시간을 고려한 것이지만, 시간이 짧아서 학습에 몰입하기 힘들고 매 시간 다른 과목을 공부하면서 사고의 흐름이 깨지는 단점이 있다. 이러한 문제점을 보완하기 위해 신은초등학교에서는 80분 단위의 블록 수업을 하고 있다. 블록 수업을 할 경우 주의집중 시간이 짧은 아이들을 위해 짜임새 있는 수업 연구가 필요하다.

같은 맥락으로 날마다 다른 교과를 공부하는 시간표로 인해 주제에 흠뻑 빠지기 어려웠다. 이 부분은 발달과 리듬을 중요시 하는 발도르프 학교의 '주기집중학습'(epoch)을 활용해 극복하고자 하였다. '주기집중학습'은 동일한 과목을 매일 2시간씩 2~5주에 걸쳐 집중적으로 공부하는 슈타이너, 교육의 독특한 수업방식이다. 학생은 주기집중 기간 동안 같은 주제에 집중할 수 있으며, 다음 그 교과 수업 때까지 학습한 것을 기억 깊은 곳에 묻어 두었다가 다시 기억하게 한다. 다시 말해 망각의 과정을 거치면서 내면화되고 다음 수업 때 다시 표면에 떠올라 재생하면서 무의식의 영역 속에서 천천히 소화되어 완전한 지식으로 변용될 수 있게 하는 방법이다.

1학년 선생님들은 비슷한 방식의 수업을 하는 다른 혁신학교들의 사례를 참고하여 국어, 수학의 주지 과목을 중심으로 주기집중학습 일정을 짰고, 그에 따라 교육과정을 재구성하였다. 감각을 깨우고 감성을 자극하며, 몸으로 움직이면서 이야기가 있는 흥미로운 수업, 그래서 지성과 더불어 감성, 의지를 깨울 수 있는 발도르프 방식의 교육을 함께 공부하면서 공교육에서 접합 가능한 부분을 찾고, 담임교사의 재능을 고려하여 우리 실정에 맞게 접목시켜 새로운 1학년 교육과정을 만들어 나가고 있다.

주기집중학습 일정 (2014학년도)

학기	교과 내용	기간
봄학기	형태 그리기	3.10 ~ 3.28 (3주)
	국어 : 아름다운 우리글 1 (닿소리)	3.31 ~ 4.25 (4주)
여름학기	수학 : 생각하는 수학 1 (숫자, 가르기와 모으기)	5.13 ~ 5.30 (3주)
	국어 : 아름다운 우리글 2 (홀소리)	6.16 ~ 6.27 (2주)
가을학기	형태 그리기	8.25 ~ 8.29 (1주)
	국어 : 일기 쓰기	8.25 ~ 9.19 (3주)
	수학 : 생각하는 수학 2 (100까지의 수)	9.22 ~ 10.10 (3주)
겨울학기	국어 : 책 읽기	11.3 ~ 11.20 (3주)
	수학 : 생각하는 수학 3 (덧셈과 뺄셈)	11.24 ~ 12.19 (4주)

주기집중학습 시간표

	월	화	수	목	금
1			아침 열기		
2			주기집중학습		
3	통합 교과	국어 (수학)	통합 교과	국어 (수학)	통합 교과
4		통합 교과		문예체 활동	
5					

　　교육과정을 재구성하게 되면 가장 큰 고민이 아마도 시간의 확보일 것이다. 교과서는 교과서대로 해야 하지 않을까 하는 불안감 때문에 재구성한 내용 따로 하랴, 교과서 따로 하랴 시간이 부족하여 걱정이 될 수밖에 없다. 국가 수준 성취 기준을 반영하여 새롭게 재구성한 주기집중학습 내용과 교과서의 적절한 배합이 무엇보다 중요하였다. 여기서 중요한 것은, 수학 주기집중학습이라고 해서 수학 공부만 하는 것은 아니다. 수학 공부와 더불어 말

을 이해하고 언어로 표현하는 능력, 그림으로 상황을 그려내는 능력, 시를 쓰고 함께 낭송하는 능력 등 종합적인 공부를 하게 된다. 때문에 주기집중학습으로 인해 교과 통합의 의의를 살릴수 있고, 동시에 각 교과 시수를 한꺼번에 소화할 수 있다.

먼저, 주기집중학습 수업 시간은 하루의 일과가 리듬을 타듯 매일 반복되도록 1~2교시를 블록 타임으로 묶어 아침 시간에 이루어진다. 우주와 사람, 밤과 낮의 흐름, 들숨과 날숨, 봄·여름·가을·겨울 이렇게 우리는 큰 흐름 안에서 리듬에 맞추어 살아가고 흘러간다. 이를 거스르면 무언가 불편하고 힘이 들게 마련이다. 하루의 일과, 교실에서의 수업 역시도 리듬 안에서 편안하게 흘러갈 수 있도록 해야 한다. 아침에 일어나서 학교에 오고, 함께 호흡하며 아침을 열고, 머리·가슴·몸을 균형 있게 사용하면서 아이들은 자연스럽게 배운다.

주기집중학습의 흐름

흐름	내 용
감각 열기 (5~10분)	아침 열기 : 아침 시, 계절 노래, 이야기 나누기, 요일 시 등 감각 열기 : 리듬에 맞추어 낱말 말하기, 리듬에 맞추어 수 세기, 지난 시간 배운 내용 기억하기 등 매일 일정한 규칙을 가지고 발전된 반복 활동
생각 열기 (40~50분)	이야기 들려주기 : 오늘 배울 내용과 관련된 이야기 들려주기 생각 열기 : 신체 활동, 구체물을 이용한 활동, 머리와 가슴과 신체가 고르게 활동할 수 있는 놀이 등이 학습의 주요 내용으로 이루어지는 활동
내면화하기 (15~20분)	공책에 쓰기 : 글과 그림으로 배운 내용을 재구성하여 '자신의 교과서' 만들기
정리하기 (5~15분)	공감하기 : 배운 내용과 관련된 이야기 들려주기, 이야기 나누기 필요한 경우 교과서와 연계 학습하기

이러한 과정들이 교실 안에서 날마다 리듬 있게 반복된다. 일부러 생각하며 움직이지 않아도 몸과 정신이 자연스럽게 리듬을 타고 움직여진다.

(1) 국어 주기집중학습

교과서를 살펴보면 1학기 내용은 대부분 한글 공부이다. 2학기 내용은 글을 소리 내어 읽고 생각이나 느낌을 말하며, 듣고 쓰는 활동이 대부분이다. 그래서 계절학기별 주기집중학습을 다음과 같이 구성했다.

1학기 : 국어1-1(가), 국어1-1(나)

단원명	단원 목표	재구성
1. 즐거운 마음으로	바른 자세로 낱말을 읽고 쓸 수 있다.	아름다운 우리글 1 주기집중학습
2. 재미있는 낱자	한글 낱자를 알고 글씨를 바르게 쓸 수 있다.	
3. 글자를 만들어요	글자의 짜임을 알고 낱말을 소리 내어 읽을 수 있다.	
4. 기분을 말해요	자기의 기분을 자신 있게 말할 수 있다.	알림장을 통한 바른 생활 습관 기르기 - 짜증 내지 않기
5. 느낌이 솔솔	시나 이야기를 읽고 생각이나 느낌을 말할 수 있다.	아침 열기 시간 - 계절 시, 요일 시
6. 문장을 바르게	문장을 바르게 쓸 수 있다.	아름다운 우리글 2 주기집중학습
7. 알맞게 띄어 읽어요	문장 부호의 쓰임을 생각하며 글을 알맞게 띄어 읽을 수 있다.	
8. 겪은 일을 써요	기억에 남는 일을 글로 쓸 수 있다.	일기 쓰기 주기집중학습 (2학기)

봄 학 기 : '아름다운 우리글 1' 주기집중학습 - 닿소리
여름학기 : '아름다운 우리글 2' 주기집중학습 - 홀소리
가을학기 : '일기 쓰기' 주기집중학습
겨울학기 : '책 읽기' 주기집중학습

1) 아름다운 우리글 1, 2

봄·여름학기에 하는 아름다운 우리글 주기집중학습은 국어 1
학기 교과서 1~3단원을 묶어 '아름다운 우리글 1'로, 6~7단원을
묶어 '아름다운 우리글 2'로 구성한다. 첫 시간, 아이들은 선생님
이 들려주는 이야기를 듣고 문자가 생겨나게 된 이유를 생각해 본
다. 아름다운 우리글 주기집중학습의 가장 큰 매력은 처음부터
끝까지 이어지는 이야기가 있다는 것이다. 한 주인공이 여행을
떠나며 겪게 되는 여러 가지 사건들, 그 이야기 안에서 글자의 소
리를 찾아내며 닿소리와 홀소리를 배운다.

아침에 학교에 오면 인사를 나누고, 동그랗게 원으로 서서 몸동
작을 하며 아침 시를 읊는다. 몸을 움직여 몸과 마음을 깨우고 박
자에 맞추어 지난 시간 공부했던 글자들을 말해보면서(예: 'ㄱ'자
가 들어가는 낱말 찾기) 감각을 연다. 선생님이 이야기를 들려주
시면 아이들은 오늘 배우게 될 글자에 대해 유추해보고 '내가 글
자를 만드는 사람이라면 이 소리를 어떻게 문자로 표현했을까?'
를 고민해보기도 한다. 본격적으로 오늘 배울 글자에 대해 그 음
가와 모양을 신체로 표현해보고, 교실에서 찾아보고, 친구와 함께

▲ 아침 열기 - 아침 시 낭송

몸이나 도구를 사용하여 표현해보는 활동을 한다.

선생님이 들려주신 이야기를 시로 만들어 낭송해 보면서 글자와 소리를 리듬과 함께 익힌다. 아이들은 딱딱한 의자에 앉아서 공부하는 것이 아니라, 교실 가운데에서 자유롭게 활동한다. 이렇게 해서 배운 글자를 책상에 앉아 직접 만든 공책에 시와 그림으로 표현하며 자신만의 교과서를 만들어간다. 필요에 따라서는 교과서로 정리 학습을 할 수도 있다. 아이들은 또 다음에 이어질 재미있는 이야기와 글자 공부를 기대하며 배움을 마무리한다.

▲ 몸으로 'ㄱ'자 만들기

캄캄한 밤에
반짝반짝 눈
부엉부엉 부엉이

뿡, 뿌웅, 뿌르릉
동물들 방귀 소리

▲ 'ㅂ', 'ㅃ'자로 자신만의 교과서 만들기

2) 일기 쓰기 - '가을을 찾아라!'

가을학기에 하는 일기 쓰기 주기집중학습은 통합교과와도 함께 묶어 재구성했다.

일기 쓰기 주기집중학습

교과	단원		학습 활동	차시
국어	1-1 (나)	8. 겪은 일을 써요	기억에 남는 일 떠올리기 기억에 남는 일과 자기의 생각 쓰기 기억에 남는 일을 그림일기로 쓰기	11
	1-2 (가)	5. 인상 깊었던 일	일기를 쓰면 좋은 점을 알기 인상 깊었던 일을 글로 쓰는 방법 알기 일기의 제목을 정하는 방법 알기 인상 깊었던 일을 일기로 쓰기 꾸며 주는 말을 넣어 인상 깊었던 일을 글로 쓰기 (일기 쓰기 과제)	9
	1-2 (나)	6. 이야기 꽃을 피워요	따옴표의 종류와 쓰임 알기 (일기 쓰기 과제)	1
		8. 생각하며 읽어요	글을 읽고 자기의 생각 쓰기 (일기 쓰기 과제)	2
가을	2. 추석 -나의 추석		추석에 있었던 기억에 남는 일을 일기로 쓰기	2
이웃	1. 이웃 -우리 가족과 이웃		이웃과 함께한 일을 일기로 쓰기	2
	1. 이웃 -함께 배려해요		이웃을 위해 내가 할 수 있는 일을 일기로 쓰기	2
겨울	1. 따뜻한 겨울 -비밀 친구		비밀 친구에 대해 일기 쓰기	1
	1. 따뜻한 겨울 -사랑의 온도계		사랑의 온도계에 대해 일기 쓰기	1
	3. 한 해를 보내며 -1학년을 돌아보며		한 해 동안의 생활을 떠올리며 기억 에 남는 일을 일기로 쓰기	1
	3. 한 해를 보내며 -2학년이 되면		2학년이 되면 하고 싶은 일을 일기로 쓰기	2

언제나처럼 아침에는 둥글게 서서 아침 시와 요일 시를 몸동작과 함께 낭송한다. 계절 노래도 한 곡 부르며 마음과 몸을 깨운다.

일기 쓰기 주기집중학습 때의 계절 노래는 김희동 선생님의 〈가을이 될 거예요〉를 불러 보았다. 노랫말을 떠올리며 아침의 상쾌함과 가을의 아름다움을 느낀다.

"어디 만큼 가을이 왔나? 우리 밖에 나가서 찾아볼까요?"

아이들은 환호성을 치며 벌써 몸이 나갈 준비를 하고 있다. 아이들과 밖에 나가서 가을이 오는 모습을 찾아보았다. 아이들은 운동장과 학교 뜰을 돌아다니며 자기가 찾은 가을을 하나씩 들고 온다.

"선생님! 저는 바람을 찾았는데 어떻게 들고 와요?"

"그럼 말로 친구들에게 이야기해주면 되지요."

교실로 들어와서 내가 찾은 가을에 대해 서로 이야기를 나눈다. 아이들은 가을을 아주 훌륭하게 찾아낸다.

"우리 오늘 일기 쓰기 주제는 '가을을 찾아라!'로 해보는 게 어떨까요?"

너도나도 좋다며 이야기하기 바쁘다.

칠판에 크게 '가을을 찾아 떠나는 여행'이라고 썼다. 아이들이 찾은 가을을 하나씩 써가면서 마인드맵을 그린다. 선생님이 마인드맵의 가지를 몇 개 그려주다 보면 아이들은 스스로 좀 전에 발표했던 내용을 가지고 더 많은 가지를 그리기도 한다. 작은 가지에 느낌을 써보는 아이들도 생겨난다.

'가을을 찾아라'를 주제로 문장을 만들어보기 시작한다.

"우리 반 친구들과 가을을 찾아 여행을 떠났어요."

"파랗고 높은 하늘에서 가을을 느꼈어요."

"빨간 단풍잎도 보았어요."

"가을이 살랑살랑 바람을 타고 오는 것 같았어요."

참 다양하고 예쁜 문장들이 많이도 나온다. 아이들이 발표한 문장들을 서로 다듬어주기도 하고 덧붙이기도 하여 더 좋은 문장으로 만들어간다.

10칸 쓰기 칠판에 날짜와 날씨, 제목을 쓰고 한 두 문장 정도 예시로 선생님이 일기를 써내려간다. 아이들은 따라 쓰기도 하고, 자기가 새롭게 지어서 쓰기도 하면서 일기를 끝까지 완성한다. 모르는 글자가 있을 경우나 띄어쓰기를 모를 때는 학년 초에 마련했던 '궁금이 공책'을 선생님께 가지고 나온다. 선생님은 아이가 원하는 글자나 문장을 '궁금이 공책'에 써준다. 선생님께 물어보지 않고 혼자의 힘으로 써보고 싶은 아이는 모르는 글자가 생겼을 때 동그라미를 그리고 그 안에 자기가 생각한 글자를 쓴다. 맞춤법 때문에 일기 쓰기를 주저하지 않도록 일기를 쓸 때에는 아이가 도움을 청하지 않는 이상 맞춤법을 지도하지 않기로 하였다.

발표해보고 싶은 친구에게는 자기의 일기를 낭독하는 시간도 준다. 때로는 아이들이 쓴 일기 중에 잘된 문장을 선생님이 읽어주는 경우도 있다. 아이들은 그것을 창의적으로 아주 잘 모방한다. 선생님이 마무리 이야기를 하고 일기 쓰기 주기집중학습을 마친다.

일기 쓰기의 주제는 될 수 있으면 그날 경험한 일을 쓰도록 하는 것이 생동감 넘친다. 하지만 주기집중학습은 아침 시간에 이루어지기 때문에 때로는 전날의 학교생활에서 주제를 가져오기

▲ '가을을 찾아라!' 활동   ▲ '씨앗에서 가을을 찾았어요.'

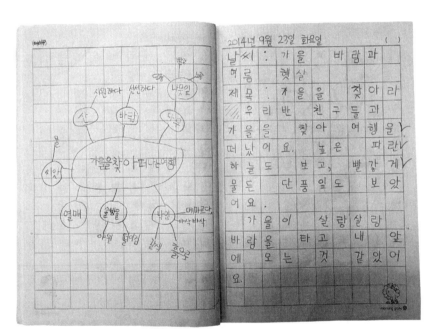

▲ '가을을 찾아라!' 일기 쓰기

도 한다. 그리고 정리하기 시간에 일기 쓰기와 관련된 국어 단원을 살펴볼 수도 있다. 학습이 자연스럽게 이루어지도록 그 날 상황에 맞게 수업의 흐름을 유동적으로 선생님이 계획한다.

일기 쓰기가 익숙해지면 마인드맵은 하지 않아도 좋다. 머릿속으로 무슨 내용을 쓸 지 생각해보고 쓰도록 한다. 일기 쓰기 주기집중학습을 모두 마치면 날마다 가정에서 일기를 쓴다.

3) 책 읽기

책 읽기 주기집중학습은 2~3명의 아이들이 모여 한 권의 책을 고르고, 분량을 나누어 소리 내어 읽기 연습을 한 후, 전체 아이들에게 소리 내어 책을 읽어주는 활동이다. 책을 고르고 역할을 나누어 어떻게 읽을 것인지, 책을 읽어준 뒤에 내용과 관련 있는 활동까지 아이들이 스스로 논의한다. 이 과정에서 친구들의 이야기를 잘 듣는 태도를 기르는 것 역시 중요한 부분이다.

'1학년 아이들이 과연 할 수 있을까?' 걱정이 되었지만 생각 외로 아이들은 참 기특했다. 모둠 토의의 과정에서 아이들은 자기의 생각을 표현하고 주장하며 의사결정의 과정을 경험해본다. 처음에는 자기주장만 내세우다가 다툼이 벌어지기도 하였지만 어떻게 하면 좋을까를 생각하게 되고 점점 대화와 타협, 양보도 할 줄 아는 아이들이 되어간다.

"이 책은 그림 없이 그냥 읽어주면 다른 애들이 무슨 말인지 모를 것 같아. 다른 책이 좋겠어."

"내가 어느 부분을 읽을까?"

책 읽기 주기집중학습

교과	단원		학습 활동	차시
국어	1-2 (가)	1. 느낌을 나누어요	•그림책을 읽고 생각이나 느낌을 친구들과 이야기하기	3
		4. 뜻을 살려 읽어요	•뜻이 잘 드러나게 글을 띄어 읽기 •누가 무엇을 하였는지 생각하며 글 읽기 •어떤 일이 있었는지 생각하며 글 읽기 •인물의 마음을 생각하며 글을 띄어 읽기	9
	1-2 (나)	6. 이야기 꽃을 피워요	•누가 무엇을 하였는지 생각하며 이야기 듣기 •알맞은 목소리로 인물의 말 읽기	7
		8. 생각하며 읽어요	•글을 바르게 소리 내어 읽기 •무엇을 설명하는지 생각하며 글 읽기 •글을 읽고 자기의 생각 쓰기	10
		9. 상상의 날개를 펴고	•어떤 일이 있었는지 생각하며 옛이야기 읽기 •인물의 모습과 행동을 떠올리며 이야기 듣기 •이야기를 듣고 인물의 모습과 행동 상상하기 •인물의 모습과 행동을 상상하여 여러 가지 방법으로 표현하기	10
가을		1. 가을 날씨와 생활 - 가을에는 이런 일을 해요	•책을 읽고 기억에 남는 장면을 떠올려 독서카드 만들기	2
		1. 가을 날씨와 생활 - 서로 돕는 풍습	•우리 조상들의 서로 돕는 생활 모습 본받기	1
이웃		1. 이웃 - 이웃을 만나요	•이웃과 관련된 책을 읽고 이웃에 대해 생각해 보기	1
		1. 이웃 - 이웃사촌	•이웃사촌의 의미 알아보기	1
		1. 이웃 - 함께 사는 우리	•이웃과 서로 도우며 살아가는 모습 알아보기	2
		1. 따뜻한 겨울 - 나눔과 봉사	•나눔과 봉사에 대해 알아보기	2
겨울		1. 따뜻한 겨울 - 나누는 사람들	•나눔과 봉사에 대해 알아보기	2
		2. 숲 속의 겨울 - 동물의 겨울나기	•동물들이 겨울을 나는 방법 알아보기	2
		2. 숲 속의 겨울 - 숲 속 나라 친구들	•동물 인형극 놀이하기	4

"한 쪽씩 읽을까?"

"할머니가 말하는 부분은 내가 읽어도 좋을 것 같아. 내가 할머니 흉내를 잘 내거든."

아이들은 좋은 책을 고를 때에도, 분량을 나누어 읽기 연습을 할 때에도 서로의 생각을 조율하면서 결정한다. 글샘터(도서실)로 책을 찾아 떠나기도 하고, 고르기 어려운 모둠은 선생님이 골라놓은 몇 권의 책 중에서 고르기도 하였다. 아이들은 의욕에 넘쳐 눈빛이 반짝반짝 거린다. 책을 읽으면서 주의할 내용은 교과서를 참고하여, 뜻이 잘 드러나도록 적절히 띄어 읽기, 정확한 정확한 발음과 목소리로 자신 있게 읽기, 따옴표 안의 말을 실감나게 읽기 연습을 한다.

이렇게 준비 기간이 끝난 뒤, 하루에 한 모둠씩 책을 읽어주고 듣는 아이들은 경청하는 태도를 배운다. 함께 이야기하며 내용을 파악해보고 떠오르는 생각이나 느낌도 발표해본다. 줄거리 이해를 돕기 위해 다시 한 번 읽어주거나, '줄거리 퀴즈퀴즈'를 열어 도움을 주기도 한다. 메모를 하며 듣는 아이들도 생겨난다. 점점 경청하는 습관도 자리를 잡기 시작한다.

책을 읽어준 뒤에는 독후 활동을 한다. 선생님은 재미있는 독후 활동의 예시를 아이들에게 안내하고, 자기 모둠의 책에 어울리는 독후 활동을 아이들끼리 토의하여 정한다.

• 인터뷰 하기 — 등장인물 역할을 할 자원자를 의자에 앉히고 친구들이 여러 가지 질문을 하는 방식

- 사진 찍기 놀이 — 인상 깊은 한 장면을 모둠 아이들이 정지극 (사진을 찍은 것처럼 멈춰있는 동작)으로 표현하면 다른 모둠이 맞히는 놀이
- 인상 깊은 장면 그리기
- 뒷이야기 상상하기
- 등장인물에게 편지 쓰기
- 등장인물 캐릭터 만들기
- 즉흥극으로 표현하기
- 주인공의 성격이 바뀌었다면 이야기는 어떻게 흘러갔을까 상상하기
- 비슷한 인물들로 우리 반만의 동화책 만들기 — 한 사람이 한 마디씩 돌아가며 이야기가 완성되도록 하는 놀이

계획한 독후 활동은 교사의 도움을 받아 해당 모둠 아이들이 진행한다. 우리 반은 23명, 11모둠으로 편성하고, 준비 기간 3일을 포함하여 책 읽기 주기집중학습을 14일 동안 진행했다. 진행하는 기간 동안 교과서의 참고할 만한 내용을 아침 열기 활동 후 조금씩 나누어 살펴보기도 했다. 책 읽기 주기집중학습을 통해 아이들은 자기의 생각을 적극적으로 말하고, 친구들의 말을 주의 깊게 듣고, 자신 있게 소리 내어 책 읽기를 연습하고, 자기의 생각과 느낌을 그리거나 쓰고, 다양한 방법으로 표현하기를 배울 수 있었다. 또한 다른 사람과 대화와 타협으로 의사 결정하는 과정을 경험할 수 있는 좋은 시간이 되었다.

▲ 친구들에게 책 읽어주기   ▲ 독후 활동 - 정지극 퀴즈

(2) 수학 주기집중학습

"세상에 하나인 것은 어떤 것이 있을까요?", "14는 왜 14일까요?" 이렇게 시작하는 숫자 공부. 모든 아이들이 입학 전에 숫자를 배웠지만, 수의 의미와 아름다움을 느껴볼 기회는 대체로 없다. 그런 아이들과 함께 '수'는 우리와 가까이 있음을 느껴보고, 그 규칙성을 통해 아름다움을 찾아보고 싶었다. 또한 수학 연산은 지루하거나 어려운 것이 아니라는 점을 이해할 수 있도록 이야기 안에 포함된 다양한 구체물을 통해 공부하며 스스로 원리를 찾는 기회를 주고자 하였다. 그리하여 '수 개념'과 '연산' 부분을 주기집중수업으로 구성하였고 도형이나 규칙성 찾기 등의 단원은 주기집중수업 기간 이외의 시간에 따로 학습하였다.

수학 주기집중학습 연간 계획

시기	교과	성취 기준 및 성취 수준	단원	시수	재구성
1학기 여름 (5~7월)	수학	― 9까지의 수의 개념을 이해하고, 수를 세고 읽고 쓸 수 있다. ― 덧셈이나 뺄셈이 이루어지는 실생활 상황을 덧셈식이나 뺄셈식으로 나타내고 읽을 수 있다. ― 10보다 작은 수의 범위에서 덧셈과 뺄셈을 할 수 있다. ― 덧셈식을 뺄셈식으로, 뺄셈식을 덧셈식으로 만들 수 있다. ― '□'가 사용된 덧셈식과 뺄셈식을 만들고, '□'의 값을 구할 수 있다. ― 50까지 수의 개념을 이해하고, 수를 세고 읽고 쓸 수 있다. ― 50까지 수의 계열을 이해하고, 수의 크기를 비교할 수 있다. ― 9 이하의 수의 범위에서 두 수로 가르고, 두 수를 하나의 수로 모을 수 있다.	1. 9까지의 수 2. 덧셈과 뺄셈 3. 50까지의 수	37	◆ 생각하는 수학 1 ― 아침 시와 계절 시 낭송하기 ― 학습 내용과 관계있는 이야기 들려주기 ― 1부터 10까지의 수 ― 가르기와 모으기 ― 수 비교하기 ― 덧셈식 이해하기 ― 뺄셈식 이해하기 ― 50까지의 수 ― 공부한 것을 글과 그림으로 표현하기
	국어	― 문학(1) 동시를 낭송하거나 노래, 짧은 이야기를 들려준다.	5. 느낌이 솔솔	3	

수학 주기집중학습 연간 계획

시기	교과	성취 기준 및 성취 수준	단원	시수	재구성
2학기 가을 (9~10월)	수학	— 100까지 수의 개념을 이해하고, 수를 세고 읽고 쓸 수 있다. — 100까지 수의 자릿값과 위치적 기수법을 이해하고, 두 자리 수를 읽고 쓸 수 있다. — 10을 두 수로 가르고, 두 수를 모아 10을 만들 수 있다.	1. 100까지의 수	10	◆생각하는 수학 2 — 아침 시와 계절시 낭송하기 — 학습 내용과 관계있는 이야기 들려주기 — 100까지의 수 — 10의 보수 — 10이 되는 덧셈과 뺄셈 — 묶음과 낱개의 개념 — 수의 크기 비교 — 묶어 세기 — 건너 세며 규칙 찾기 — 공부한 것을 글과 그림으로 표현하기
	국어	— 문학(1) 동시를 낭송하거나 노래, 짧은 이야기를 들려준다. — 문학(5) 글이나 말을 그림, 동영상 등과 관련지으며 작품을 수용한다.	1. 느낌을 나누어요	4	
겨울 (11~2월)	수학	— 한 자리 수끼리의 덧셈을 할 수 있다. — '(두 자리 수)-(한 자리 수)'를 계산할 수 있다. — 덧셈식을 뺄셈식으로, 뺄셈식을 덧셈식으로 만들 수 있다. — 한 자리 수인 세 수의 덧셈과 뺄셈을 할 수 있다.	3. 덧셈과 뺄셈 (1) 5. 덧셈과 뺄셈 (2)	24	◆생각하는 수학 3 — 아침 시와 계절시 낭송하기 — 학습 내용과 관계있는 이야기 들려주기 — 가르기 모으기로 덧뺄셈 만들기 — 세 수의 덧셈과 뺄셈 — 받아올림이 있는 두 수의 덧셈 — 받아내림이 있는 두 수의 뺄셈 — 공부한 것을 글과 그림으로 표현하기
	국어	— 듣기·말하기(1) 다른 사람의 말이나 이야기를 귀 기울여 들으며 내용을 확인한다. — 문학(1) 동시를 낭송하거나 노래, 짧은 이야기를 들려준다.	6. 이야기 꽃을 피워요	3	

1) 아침 열기

아침 열기 활동은 시와 노래로 매일 아침 아이들의 굳은 마음과 잠든 몸을 깨우는 시간이며, 그날 공부할 국어 혹은 수학 내용과 관계있는 간단한 놀이나 이야기를 포함한 학습의 시작이기도 하다.

매일 아침은 〈둥근 햇님을 만들어요〉 노래로 시작한다. 교사가 리코더를 연주하면 아이들은 책상을 벽으로 밀고 모두 교실 한 가운데에 둥근 원을 만들어 선다. 내 양 옆 간격도 보고, 우리 반 친구들이 만든 동그라미가 아름다운지 살핀다. 많은 아이들이 원을 만들어 서는 것이 쉽지 않지만, 어느새 친구들을 살피며 내 위치를 정하여 모양을 만들 만큼 주변을 살필 줄 알게 되었다.

둥글게 서면, 마음을 단단하고 따뜻하게 해 주는 아침 시를 외운다. 시의 내용을 생각하며 빛과 용기, 지혜, 부지런함을 익히고자 하는 마음을 담아 몸짓과 함께 낭송하면 내가 정말 생명의 빛이 되는 것 같다.

둥근 햇님을 만들어요

최미숙

나는 빛입니다.
태양을 닮은 빛입니다.
사자를 잠재우는 용기를 가지고
뱀을 물리치는 지혜를 가지고
꿀벌의 부지런함을 익혀
온 세상에 생명을 주는
나는 빛입니다.

아침 시를 외우고 나서 다 같이 계절에 어울리는 노래를 부른다.

아이들이 새 노래를 처음 만나던 어느 겨울 날,

"봄에 뒷산에 갔을 때 꽃은 어떤 모습이었나요?"

"색깔이 예뻤어요. 향기로웠어요."

"그러면 봄날의 꽃들은 어떻게 몸으로 표현하면 좋을까요?"

(아이들은 여러 모습으로 꽃들을 표현해본다)

"그러면 여름에 뒷산에 갔을 때는 꽃들이 어떤 모습이었나요?"

"더 많이 피어서 산 전체가 나무와 꽃들로 뒤덮였어요."

아이들과 이야기를 나누며 노랫말의 뜻을 생각해보고, 노래를 부른다.

꽃들

노랫말 김희동

꽃들꽃들 봄날꽃밭에 아름답던 그 꽃들

(꽃들꽃들 여름산속에 싱그럽던 그 꽃들)

(꽃들꽃들 가을뜨락에 곱디곱던 그 꽃들)

어디어디 어디로 갔나 보고싶구나

꽃들은 사라진 겨울뜨락에 나뭇잎 조용히 뿌리를 덮었네

꽃들꽃들 씨앗되어서 겨울잠을 자겠지

나도 너를 기다린단다 가만가만히 가만가만히

이제는 동그랗게 앉아 지난 주말에 있었던 이야기를 나눈다.

"지난 주말에 어떻게 지냈어요?"

"아빠랑 자전거 타고 멀리까지 갔다 왔어요."

▲ 숫자판에서 뛰며 숫자 세기 ▲ 주말 이야기 나누는 모습

"산에 가서 언니나 형들 밭 구경했어요."

이야기를 나눈 뒤, 오늘 수업과 관련 있는 감각 열기 활동을 한다.

"지난 시간에는 2씩 뛰어 세기를 해보았어요. 오늘은 3씩 뛰어 세기를 해볼까요? 선생님부터 리듬에 손뼉 맞추어 시작할 테니 오른쪽 방향으로 한 명씩 다음 수를 말하면 돼요. (무릎 박수로 마음속으로 1과 2를 말한 후) 3!"

"(마음속으로 리듬에 맞추어 4와 5를 말하고) 6!"

"(마음속으로 리듬에 맞추어 7과 8을 말하고) 9!"

"친구들 모두 잘했어요. 그러면 이번에는 지난 시간에 배웠던 2씩 뛰어 세기와 오늘 해본 3씩 뛰어 세기를 숫자판에서 직접 뛰어보며 세어볼까요?"

그러면, 아이들은 숫자판에서 2씩 뛰어 세기 하면서 직접 밟아보고, 3씩 뛰어 세기 하면서 직접 밟아보며 100까지의 수를 여러 방법으로 익히게 된다.

2) 이야기 들려주기

수학공부를 할 몸과 마음을 연 아이들에게 교사는 공부할 내용을 이야기로 들려주며, 본격적인 수업에 아이들이 들어올 수 있도록 안내한다.

공부할 내용	받아내림이 있는 (몇십)-(몇), 십의 자리에서 먼저 빼는 방법. 예 : 13-8
생각을 여는 이야기	엄마 닭이 알을 낳았어요. 자그마치 13개. 엄마 닭은 밤새 13개의 알을 어디에 둘까 고민하다가, 10개씩 들어가는 달걀판 안에 하나씩 하나씩 쏙쏙 넣었어요. 남은 달걀 3개는 엄마 닭이 품고 잠이 들었지요. 그런데 밤새 심술궂은 냐옹이가 와서 달걀판에 있던 달걀 10개 중에 6개를 가져갔어요. 다음날 아침에 엄마 닭은 깜짝 놀랐죠. 달걀판에 알이 6개나 없어졌으니 말이에요! 이제 엄마 닭에게 남아 있는 알은 몇 개인지 살펴보아요. 모든 활동이 끝난 뒤, 뒷이야기 들려주기 그런데 냐옹이와 알은 어떻게 되었냐고요? (백희나의 『삐약이 엄마』책을 읽어준다 ― 고양이가 달걀을 훔쳐 먹었는데 달걀이 뱃속에서 부화하여 냐옹이 병아리를 낳게 되고 냐옹이는 병아리를 정성껏 기른다는 내용)

3) 생각 열기

들은 이야기를 10개 들이 달걀판과 공깃돌 등의 구체적 물건으

▲ 달걀판을 이용하여 묶음에서 낱개 빼기

▲ 카프라를 이용해 수학적 표현 방법 생각하기

로 재연하면서 조작 활동을 충분히 한다. 그리고 '수학나라 말'(수학적 표현 방법)을 생각해보는 시간을 갖는다.

"달걀판 한 칸에 하나씩 알을 놓고, 남은 3개는 품어주세요."(아이들은 남은 공깃돌 3개를 주머니 안에 넣는다.)

"자, 냐옹이가 알 6개를 가져가요. 냐옹이는 어디에 있는 알을 가져갔나요?"

"달걀판이요."

"네, 달걀판 10개 중에 6개를 꺼내서 냐옹이가 가져가요."

(6개를 꺼낸다)

"이제 엄마 닭에게 알이 몇 개 남았나요?"

"달걀판에 남은 4개와 품고 있는 3개를 합해서 7개 남았어요"

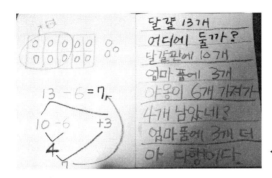

◀스스로 만든 배움 공책에
배운 것을 기록하기

4) 배움 공책에 정리하기

1학년 아이들은 실과 바늘로 직접 만든 배움 공책을 가지고 있다. 몸으로, 마음으로, 머리로 공부한 것을 세상에 단 하나밖에 없는 배움 공책에 정리하며 자신만의 기록을 만들어간다.

5) 교과서와 연계 학습하기

배움 공책까지 충분히 공부하고 나면, 비슷한 예시를 주고 조작 활동을 여러 번 해보게 하며, 필요한 경우 수학 교과서를 활용하여 학습 내용을 확인한다.

2. 통합교과의 재탄생

(1) 기본 생활 습관 형성을 위한 알림장 숙제

아이들의 삶이 교과목별로 분절되어 있지 않듯이, 특히 1학년에서 교육과정의 재구성은 교과에 국한할 수 없었다. 교과 통합뿐만 아니라 삶과 배움의 통합이 일어날 수 있도록 교과 구분을 넘어서 가정과 연계한, 생활 습관 형성을 위한 노력도 필요했다. 1학년에게 중요한 기본 생활 습관은 주로 3월 적응 활동 및 통합교과 시간에 다루나, 그 특성상 수업 몇 시간에 완성할 수 없다는 문제가 있다. 따라서 우리는 교사 주도의 학기 초 적응 활동에서 더 나아가서, 바람직한 생활 습관을 갖기 위해 지속적으로 실천하며 자신을 돌아볼 수 있는 힘을 기르고, 부모님과 협력할 수 있는 방법으로 알림장을 활용하였다.

아이들이 습관을 기르기 위해 스스로 노력하기 위해서는 아이들이 그 습관의 중요성을 마음으로 느껴야 한다. 따라서 알림장 숙제를 제시할 때는 아이들이 '그렇게 행동해야겠다.' 하는 마음이 들 수 있도록 교실에서 충분히 이야기를 나누는 것이 중요하다. 또 새로운 것을 시작할 때마다 가정으로 보내는 안내문을 따로 작성하여 학부모와도 그 의미를 충분히 공유해야 한다. 자칫, 교사나 학부모가 알림장을 핑계로 아이를 다그치지 않도록 주의해야 한다. 학교나 가정에서 알림장을 날마다 확인하면서 아이의 생활을 따뜻하게 지켜봐주고 격려하며, 알림장 내용을 학부모와 함께 실천할 수 있도록 충분한 안내가 있어야 성공적으로 습관화 할 수 있다.

재구성 목표	알림장을 통해 기본 생활 습관을 지속적으로 실천하고 내면화하기			
재구성 이유 또는 근거	학교에서 배운 내용이 아이들의 삶에 일시적이고 피상적으로 스쳐지나가지 않게 하는 것에 목표를 두었다. 아이들이 배운 내용을 실제 삶 속에서 지속적으로 실천하고 있는지를 반성하고, 꾸준히 노력할 수 있도록 재구성했다.			
재구성 편제	교과명	단원명	시수	비고
	통합교과 '학교'	1. 우리 학교	학교 주변 둘러보기	6	학교 이야기
			학교생활 그리기		
			내 짝 그리기		
	통합교과 '가족'	1. 우리 가족	우리 집의 규칙과 예절	6	'신가옷' 정리 (신발, 가방, 옷 정리)
			집안일		
			집안일 하기		
		2. 우리 집	스스로 공부해요		할미놀 (할 일 미리 하고 놀기)
			함께 살아요		
			식물을 길러요		
	국어	3. 알맞은 인사말		6	바르게 인사하기
	국어	6. 이야기꽃을 피워요.			20분 책읽기
	국어	7. 다정하게 지내요			짜증X
	계			18	시수 외 : 높임말, 티컴폰X

3월 첫 주에 아이들이 가장 먼저 시작하게 된 과제는 '학교 이야 기'였다. 학교에 첫발을 내딛은 아이들에게 학교 주변 모습, 학교 생활, 새롭게 생긴 친구는 큰 관심사이고, 아이들을 학교에 보낸 부모님 역시 궁금하기는 마찬가지일 것이다. 따라서 매일 학교에

서 있었던 일을 아이와 부모님이 함께 이야기한 후 아이의 이야기를 부모님이 알림장에 적는 '학교 이야기' 과제를 주었다. '학교 이야기'를 하며 매일 부모님과 아이가 진심 어린 대화를 할 수 있는 환경이 마련되었고, 교사 역시 학부모를 통하여 아이의 마음을 들여다볼 수 있는 좋은 기회가 되었다.

알림장 안내문 예시

알림장 숙제 1탄, 〈학교 이야기〉
학교에서 있었던 이야기로 아이와 부모가 대화하는 습관을 기르기

　학교에서 있었던 일을 부모님께 이야기하는 것으로 부모와 자식이 서로 신뢰하여 진심 어린 대화를 나눌 수 있는 관계 형성을 돕기 위한 과제입니다. 아이들이 쉽게 이야기를 풀어낼 수 있도록 질문하여 주세요.

- 금해야 할 질문 방법 - "학교생활 어땠어?", "학교 이야기 해봐"
- 대화를 시작하기 좋은 질문 - "오늘 선생님 예뻤어요?", "학교에서 노래 불렀어요?" "오늘 짝이랑 손잡았어요?" 등 아이들이 쉽게 답할 수 있는 구체적인 질문이나 재미있어 할 내용으로 대화를 시작하면 좀 더 쉽게 대화를 이끌어 낼 수 있습니다.

　알림장에 매일 1번으로 쓰는 학교 이야기를 가정에서 확인하기 위해 가정에서 오늘의 이야기를 나누시고 아이의 이야기를 알림장에 간단히 적어주세요.

※ 알림 예시 : 1. 학교 이야기(짝꿍 이름은 여름이예요. 달팽이 놀이를 했어요)

이렇게 알림장에 매일 적던 과제가 익숙해 질 무렵에 아이들이 공부한 내용을 바탕으로 새로운 과제를 한 가지씩 주었고, 아이들이 꾸준히 실천하여 습관화가 된 과제는 졸업할 수 있도록 하였다. 아이들이 실제로 1년 동안 꾸준히 실천한 과제는 다음과 같다.

학교 이야기 — 매일 학교에서 있었던 이야기를 아이와 부모님과 한 후 아이의 이야기를 부모님이 알림장에 적는다. 매일 부모님과 아이가 진심 어린 대화를 나누는 습관을 형성하기 위한 과제이다.

'신가옷' 정리 — 가장 기본적인 신발, 가방, 옷을 스스로 정리했는지를 ○, △, X로 평가해 보는 과제이다. 이 외에도 아이들이 집에서 스스로 할 수 있는 집안일을 과제로 삼아도 좋다. 아이들이 기본적인 생활 습관을 길러 삶의 실행력을 키울 수 있도록 돕는 것이 목표이다.

할미놀 — 할 일을 미리 하고 놀았는지 ○,△,X로 평가해 보는 과제이다. 시간이 오래 걸리는 과제, 지나치게 어려운 과제는 아이의 의지를 낮출 수 있으므로, 아이들이 노력하여 할 수 있는 과제를 부모님과 아이가 함께 정하는 것이 중요하다. 이 때 학습과 관련된 과제뿐만 아니라 식물 돌보기, 동물 돌보기 등 다양한 분야에 관련된 과제를 정하도록 시야를 넓혀준다.

바르게 인사하기 — 아이가 학교에서 역할놀이를 통해 상황에 알맞은 여러 가지 인사말을 배운 후, 스스로 했던 인사말을 매일 떠올려 부모님과 함께 알림장에 적는다. 인사를 통해 주변 사람들과 인간관계를 부드럽게 만들고 예절 바른 아이로 성장할 수 있도록 하기 위한 과제이다.

짜증 X — 듣는 사람의 기분을 생각하며 자기의 기분을 말하는 방법을 배운 후 부정적인 감정을 짜증이 아닌 말로 표현을 하였는지 ○, △, X로 평가해 보는 과제이다. 아이들이 자신의 생각이나 기분을 말로 표현할 수 있도록 부모님께서 먼저 다정한 말투와 목소리로 차분하게 말하는 모습을 보여주는 것이 중요하다.

20분 책 읽기 — 수업 시간에 알맞은 목소리로 책 읽기, 실감 나게 책 읽기를 배운 후, 매일 20분 동안 책을 읽는 시간을 정한다. 이를 지켰는지 ○, △, X로 평가해 보는 과제이다. 읽은 책 제목을 알림장 옆에 적는 것도 좋다. 아이들이 학교에서 배운 방법을 되살리며, 매일 꾸준히 책을 읽으면서 조금씩 책을 읽는 즐거움에 푹 빠질 수 있도록 하는 것이 목표이다.

※ 높임말 — 아이가 학교에서 다른 친구들에게, 가정에서 부모님에게 높임말을 사용했는지 ㅇ, △, X로 평가해 보는 과제이다. 부모님이 직접 동참하시는 모습을 보여줌으로써 아이가 높임말을 쓰는 것의 중요성을 마음으로 느끼고, 자발적으로 높임말을 쓸 수 있도록 하는 것이 중요하다.

※ 티컴폰 X — 아이가 TV, 컴퓨터, 핸드폰을 절제하며 사용했는지 ㅇ, △, X로 평가해 보는 과제이다. 가족회의를 통해 미디어의 문제점에 대하여 이야기를 해보고, 아이가 꼭 필요하거나 정말 좋아하는 것만 일정 시간 하도록 같이 정하는 것이 중요하다.
예) TV : 1주일에 2편 (프로그램 제목 :   )
    컴퓨터 : 주말에 1시간, 하지 않음.
    핸드폰 : 아예 사용하지 않음.

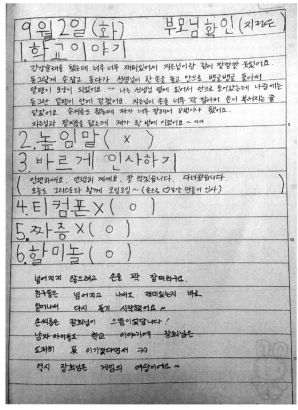

▲ '알림장'에 부모님의 확인을 받는다.

(2) 팀티칭을 통한 학년 공동 수업

　1학년 2학기가 시작되는 가을학기에는 통합교과로 '우리나라'와 '가을'을 배운다. 여름이 길어져 아직 무더운 9월, '가을'이란 주제를 배우기엔 어울리지 않았고, 특히나 2014년 추석은 9월 초라 '추석' 단원을 먼저 배치했다. 추석은 우리나라의 대표적인 전통이기에 통합교과 '우리나라'와 '가을'의 추석 단원을 함께 구상하기로 하였다.

재구성 목표		'우리나라'의 문화, 예절, 명절, 위인들을 배우기		
재구성 이유 또는 근거		추석 명절이 9월초라 통합교과 '가을'의 '추석' 단원을 먼저 배우기가 곤란해 통합교과 '우리나라'를 배우며 그 안에 '추석'을 명절 문화의 한 부분으로 통합한다. 보다 효과적인 교수학습을 위해 팀티칭 방식을 택하였다.		
재구성 편제	교과	단원명	시수	비고
	통합교과 '가을'	차례를 지내요 힘겨루기 놀이 베 짜기 달두 달두 밝다 달맞이해요	9	팀티칭으로 진행
	통합교과 '우리나라'	우리나라를 빛낸 사람들 우리나라를 소개합니다 우리의 집 우리의 그릇 우리의 음식 우리의 옷 우리의 인사	7	팀티칭으로 진행
		얼쑤 좋다	2	5학년 전수 학습
		대한민국 전시장 소중한 우리의 전통	2	박물관 프로젝트
	계		20	

1) 팀티칭 계획과 실행

통합교과 '우리나라'와 '가을'의 일부를 엮어 팀티칭으로 구성하였다. 여기에 역사 프로젝트 일환으로 봉산탈춤을 배운 5학년 언니나 형들로부터 1학년 아이들이 그것을 직접 전수받는 시간으로 '탈춤' 주제를 교육과정에 추가했다. 이렇게 수업을 통해 아이들이 배우고 조사한 것, 만들어낸 결과를 모두 모아 교실 전체를 박물관으로 꾸며서 가을학기 마지막 날 전시회를 열기로 기획하고, 여기에 학부모님들을 초대해서, 아이들이 찾아오신 학부모님들께 전시물에 대해 설명해드리는 큐레이터 역할을 하는 시간을 준비하는 것으로 계획했다.

'추석'이라는 대주제를 5개의 소주제로 나누고 소주제별로 교사가 한 명씩 수업을 맡아 연구하고, 각 소주제는 80분씩 되도록 구성하였다. 이를 통해 교사는 수업 준비의 부담을 덜 수 있고 다른 반 아이들까지 두루 살펴볼 수 있게 된다. 아이들은 새로운 분위기에서 공부하는 긴장과 즐거움을 느낀다.

대주제	소주제	학습 활동
추석	우리의 전통 놀이	전통 놀이 중 하나인 씨름에 대해 알아보고 다양한 씨름 놀이를 한다.
	우리의 옷	색종이로 씨실과 날실을 만들어 저고리 완성하기, 베짜기로 만들어진 옷 관찰하고 옷이 만들어지는 과정 알아보기
	우리의 예절	한복 각 부분의 이름을 알아보며, 바르게 입고 절하기
	우리의 가무	강강술래 장단 및 노래 배우기, 덕석몰기와 덕석풀기
	우리의 음식	차례상에 대해 공부하고 전통음식 만들기, 색혼합하여 색감 느껴보기

▲ 한복을 서로 입혀주는 모습

▲ 한복을 곱게 차려입고 절하는 모습

▲ 덕석몰기와 풀기 놀이하는 모습

▲ 강강술래 노래 배우는 모습

2) 언니, 오빠, 누나, 형들에게 배우는 탈춤

가을학기에 신은 5학년 아이들은 '역사 프로젝트'의 일환으로'
12시간에 걸쳐 봉산탈춤을 배우고 교내 공연을 했었다. 이에 1학
년의 '우리나라'와 관련하여 5학년 아이들이 배우고 익힌 탈춤을
1학년 동생들에게 전수하는 시간을 갖기로 5학년 교사들과 협의
하였다. 1학년과 5학년이 학급별로 80분씩 시간을 내고, 언니나
형이 동생을 개별적으로, 또는 모둠별로 지도하였고 간단한 발표
까지 했다. 1학년 동생들은 언니나 형에게 배운다는 것에 큰 기대
를 하며 열심히 배웠고, 언니나 형이 대단해 보이면서 고마운 마
음을 갖게 되었다. 5학년 언니나 형들은 동생을 가르치면서 내가
배운 것을 다시 한 번 정리해 볼 수 있었고, 또 가르치는 것이 얼
마나 수고롭고 보람 있는 일인가를 잘 배웠다. "잘한다", "그렇지"

▲ 탈춤을 배우는 모습

▲ 탈춤 배운 후에 발표하는 모습

하며 칭찬하고 다독이며 동생들을 가르치는 언니나 형들과 열심히 보고 배우는 동생들 사이에 '탈춤'이라는 학습 내용 이상의 교류와 성장이 있었을 것이다.

3) 박물관 프로젝트 학습

그동안 팀티칭으로 배웠던 '우리나라'를 정리하는 활동으로 무엇이 좋을까? 중학년 이상에서나 가능한 프로젝트 학습을 한번 시도해볼까? 우리 1학년 아이들이 할 수 있을까? 고민이 되었지만 호기심 많고 발표하는 것을 좋아하는 우리 아이들의 특성상 가능할 것이라는 기대에 도전해 보기로 하였다.

팀티칭을 통해 배웠던 것, 만들었던 것들을 전시하여 박물관으로 꾸미고 '우리나라'라는 주제로 조사하고 싶었던 것들을 박물관 큐레이터가 되어 교실 전시장을 찾은 학부모님께 직접 설명해 드리기로 하였다. 우와~ 1학년에서 박물관을? 물론 조사 학습을 아이 혼자 하기는 역부족! 먼저 가정학습으로 각자 우리나라를 빛낸 인물, 우리나라에서 소개하고 싶은 장소, 우리나라의 문화 중에 관심 있는 것을 조사한 후에 정리하는 작업을 하였다. 하지만, 아직 한글 읽기도 서투른 아이도 있고 앞에 나서는 것에 어색해하는 아이도 있어서 실제 자료가 만들어진 이후에도 꾸준히 발표 연습을 해야 했다. 작은 목소리로, 혹은 부끄러워 발그레한 얼굴로 큐레이터 역할을 했지만 이 과정에서 우리 아이들은 더없는 값진 보물을 얻게 되었다.

▲ 숭례문에 대해 조사 자료 만드는 모습　　▲ 문익점에 대해 조사 자료 만드는 모습

스스로 준비하는 발표 자료

아이들은 자신이 관심 있는 분야를 정해 먼저 자기 가정에서 조사 학습을 간단히 하였다. 그리고 학교에서는 조사해온 자료로 자신만의 발표 자료를 만들었는데, 사진 자료와 동영상 자료, 활동 자료까지 준비하는 열의 있는 모습을 보여주었다.

어떤 아이는 '허준'을 조사하였는데, 직접 허준 박물관을 찾아서 조사 학습을 하고 '인증 사진'까지 찍어온 열의를 보여주어 모두가 감탄했다.

"우리나라 국보와 보물이 궁금해요!"

"그래요? 그럼 이번 기회에 한번 국보 1호부터 20호까지, 보물 1호부터 20호까지도 조사해 볼까요?"

이렇게 시작된 국보와 보물찾기에서 아이들은 국보와 보물의

▲ 친구들이 조사한 우리나라의 국보

용어 차이부터 순위가 바뀌거나 빠진 보물들에 궁금증을 더해가며 열심히 조사하였다. 그리하여 자신이 조사한 국보와 보물을 교실에 전시하였다.

큐레이터가 되어보자~~!!
"저는 이런 곳을 소개하고 싶어요!"

우리나라에서 소개하고 싶은 곳으로 어느 아이는 시골 할머니 댁의 옛날 기와집을 조사해서 발표했으며, 다른 아이들은 우리의 문화재가 숨어있는 창덕궁, 불국사, 지리산, 한국민속촌, 숭례문, 문무왕릉을 조사하여 발표하였다. 특히 숭례문에 대해 설명한 아이는 불타 버린 숭례문을 다시 재건축하는 어려움에 대해서 언급

하면서 우리 문화재가 없어질 뻔한 사실을 안타깝다고 표현하기까지 하여 대견함을 자아냈다.

"여기는 우리나라를 빛낸 인물들의 전시관이에요."

아이들은 자신이 조사하고 싶은 인물을 스스로 정하여 율곡 이이, 김정호, 세종대왕, 허준, 장영실, 김수환 추기경, 한글 점자의 창안자 박두성에 대해 발표하였다. 김정호에 대해 발표한 아이는 김정호는 우리나라 모든 곳을 직접 가보신 것은 아니라는 새로운 사실을 알려주었고, 박두성을 발표한 아이는 박물관을 찾은 사람들에게 직접 이름을 점자로 나타내는 코너도 스스로 준비하여 흥미를 이끌었다.

박물관 수업이 끝난 후에 다른 교과에서 우리나라의 인물이 언급되었을 때, 신기하게도 자신이 맡은 인물에 대해 정확히 기억하고 더 자세한 설명을 해주어 자칭 박사라는 호칭을 얻은 친구도 있을 정도로 학습 효과는 만점이었다.

"문화 전시관에 오신 것을 환영합니다."

문화 전시관에서는 우리나라의 문화에 대해 '한복', '김치', '문화재' 등을 조사하였다. 특히 한복을 조사한 아이는 직접 한복을 입고 큐레이터를 하여 인상 깊었다. 왕관에 특히 관심이 많은 친구는 왕관을 집중 탐구해, 문화재 중에 가장 아름답다고 생각되는 왕관을 골라 조사했다. '김치'를 조사한 학생은 직접 여러 가지 김치를 가져와서 실물로 보여주고 싶어 했지만 여러 종류의 김치를

▲ 한국의 가옥을 소개하는 장면 　　　　▲ 우리나라 김치에 대해 설명하는 모습

담글 수가 없어서 사진으로 대체하였다.

　통합교과 '우리나라'를 배우면서 그동안 반에서 했던 활동들도 모아 전시하기로 하였다. '찰흙을 이용한 그릇 만들기'와 '무궁화 꽃 표현해보기', '전통 문양 만들기', '우리나라 지도 알아보기'를 전시 했다. 우리나라 지도를 도별로 완성한 후 전시했는데, 친구들은 다음 과 같은 질문을 하였다.

　"지도에서 우리 집은 어디일까?"

　"우리 할아버지 댁은 어디일까?"

　그리하여 단순히 우리나라 지도를 통해 8도를 공부하는 것에서 확장하여 서울 지도에서 우리 집이 있는 위치를 알아보는 시도를 했 다. 아이들은 정확한 구 이름을 알지는 못했지만 서울의 어느 방향

▲ 우리나라 그릇 전시 모습

▲ 무궁화와 우리나라의 문양을 전시한 모습

팀티칭으로 배운 베 짜기 학습 결과물 전시 ▲
강강술래 노래 배우는 모습 ▶

에 집이 위치하고 있는지를 알게 되었고, 이를 무척이나 신기해했다.

박물관 학습을 끝내며

'1학년 아이들이 박물관 프로젝트를 해낼 수 있을까?'라는 걱정은 우리 아이들의 능력을 과소평가한 담임교사들의 기우였다.

여러 사람 앞에서 자신이 조사한 것을 발표하는 것을 어색해하고 긴장한 친구들이었지만, 한 번, 두 번 설명을 계속하다 보니 스스로 자신감이 생겼고 참관 오신 부모님들도 아이들의 발표 모습을 응원해 주셨다. 옆 교실에서는 6학년 언니와 형들이 '세계의 여러 나라'를 주제로 박물관 체험 프로젝트를 하고 있었는데, 참관 오신 학부모님들 모두 1학년 아이들이 6학년 못지않은 실력이라면서 칭찬을 아끼지 않으셨고, 친구들 스스로도 뿌듯하게 여겼다. 1학년도 가능하다는 확신. 새로운 도전을 통해 알게 된 소중한 경험이다.

(3) 배움을 생활 속으로

'이웃'과 '겨울' 부분은 통합하여 실제 생활로 가져가서 함께 나눌 수 있는 가치를 배우고 실행해보고자 했다. '겨울' 책의 소주제인 '따뜻한 겨울'을 두 갈래로 나누어서 수업하였다. '가게'와 관련된 나눔 장터 수업은 반 친구들과의 나눔에 중점을 두었고, '이웃' 부분은 아이들의 일상과 밀접하게 관련 있는 이웃, 그 중에서도 아래층 이웃과의 나눔에 초점을 맞추었다. '겨울' 책에는 도움이 필요한 상황에 처한 사람들과의 나눔, 봉사에 대해 이야기하고 있는데 다소 피상적이기에 보다 직접적으로 아이들의 삶과 연결된 나눔 교육을 해보고자 하는 의도를 가지고 겨울학기 통합교과에 접근하였다.

1) 가게놀이 방식을 빌려 나눔의 가치를 경험해보자

"선생님, 우리는 되살림 장터 안 해요?"

우리 학교는 게릴라 형식으로 각 학년에서 되살림 장터를 연다. 언니나 형들이 여는 되살림 장터에서 소비자로서 즐거운 경험을 해 본 아이들은 줄곧 위와 같은 질문을 한다.

이렇게 기대에 부푼 아이들이 의미 있는 나눔 장터를 경험하게 하기까지 교사들의 많은 고민이 있었다. 어떻게 하면 화폐의 가치를 아직 잘 모르는 아이들에게, 화폐에 휘둘리지 않는 아이들이 되기 위한 가게놀이를 할 수 있을까? 그리고 '나눔'을 '돈'이 아닌 다른 방법으로 할 수는 없을까?

가게놀이와 나눔을 결합한 방식을 논의하던 북서부 아메리카 원주민들의 풍습이라는 '포틀래치'(Potlatch)에 대한 이야기가 나왔다. '포틀래치'는 '다 풀어놓고 마음껏 베푼다'는 뜻으로, 그 사회의 족장이나 지도자가 인근 마을의 지도자나 주민들을 초대해서 베푸는 일종의 나눔 축제이다. 포틀래치를 모티브로 삼아 아이들이 지금은 쓰지 않지만 자신에게 소중한 물건을 몇 개 가져와 그 물건이 가장 필요할 것 같은 친구에게 나누어 주는 방식의 나눔 장터를 열기로 했다.

재구성 목표	나눔 장터를 통해 진정한 나눔의 의미를 깨닫고 공유하기				
재구성 이유 또는 근거	놀이시간에도 즐겨하는 물물교환 개념의 단순한 가게 놀이가 아닌 진정한 의미의 나눔을 생각해보고 체험하며 나눔이 가져다주는 기쁨과 행복의 가치를 경험해 볼 수 있게 하기 위해 재구성하였다.				
재구성 편제	교과	단원		시수	비고
	통합교과 '이웃'	2. 가게	아껴 써요	9	- 책 읽기 프로젝트와 시수 조정
			가게놀이를 계획해요		
			광고지 만들기		
			가게놀이를 준비해요		
			가게놀이를 해요		
	통합교과 '겨울'	1. 따뜻한 겨울	나누는 사람들	6	
			비밀친구		
			나의 선물이야		
			사랑의 온도계 놀이		
	계			15	

먼저 가정통신문으로 나눔 장터의 의미와 방법을 담아 가정에 안내를 했다. 안내문에는 아이들이 기증할 물건과 그 물건에 얽힌 이야기를 생각하여 적어올 수 있는 공간을 마련하였고, 일주일 정도의 시간을 줬다.

나눔 장터가 열리기 하루 전 아이들은 소중한 물건에 대한 광고지를 만들었다. 광고지에는 소중한 물건에 얽힌 이야기, 그 물건이 잘 어울릴 것 같은 친구(예: 책을 좋아하는 친구) 등의 내용이 담겼다. 드디어 나눔 장터가 열리는 날, 아이들은 다양한 물건을 가지고 왔고 책상에 광고지도 붙이고 자신의 물건을 진열하며 설

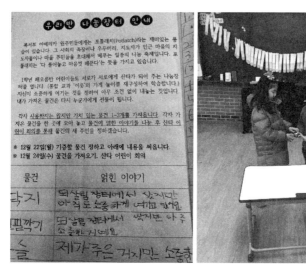

▲ 나눔 장터 관련 안내문   ▲ 소중한 물건을 나누는 모습

레는 마음으로 소중한 물건이 어떤 새 주인을 만날까 궁금해 하였다. 한 명 한 명 자신의 소중한 물건을 소개하고 잘 어울릴 것 같은 친구를 이야기하였다. 그리고 그 물건이 잘 어울릴 것 같은 친구에게 물건을 전달하였다. 물건을 전하는 아이도 받는 아이도 모두 흐뭇한 얼굴이다. 물건을 받지 못하는 아이들이 있을 수 있으므로 아직 물건을 받지 않은 친구들에게 물건을 주도록 사전에 약속을 해 두었다. 여러 개의 물건을 가져 온 아이들이 많아서 남은 물건들은 교과서에 나오는 방식으로 가게놀이를 하거나 포틀래치 방식으로 계속 서로 나누는 시간을 갖기도 했다.

단순히 쓰지 않는 물건을 사고파는 것이 아니라, 지금은 사용하지 않지만 소중했던 물건을 나보다 더 필요할 것 같은 사람에게 나누어 주는 것. 그 과정에서 아이들은 나눔의 의미를 글자가 아니라 마음으로 느끼지 않았을까?

2) 이웃과 실제로 잘 지내는 방법을 찾아보자

"선생님, 어젯밤에 우리 동생이 뛰어서 아랫집 할아버지한테 인터폰 왔어요!"

"선생님, ○○님 어머니와는 교통 봉사를 다른 날에 할 수 있도록 신경 써 주세요."

위 두 문장의 공통점은 무엇일까? 첫 번째 문장은 아침에 등교하자마자 긴급한 일이 있다는 듯한 표정으로 반 아이가 한 이야기이고, 두 번째 문장은 한 어머니께서 학년 초 교통 봉사를 신청하시며 부탁하신 말씀이다. 전혀 상관없어 보이는 두 문장이지만 사실은 층간 소음이라는 동일한 배경을 가지고 있다.

우리 학교에 다니는 아이들은 대부분 같은 아파트에 살고 있기 때문에 요즘 사회적 문제로 대두되고 있는 층간 소음 문제에 많이 노출되어 있는 상황이다. 게다가 저학년 아이들의 특성상 집에서 층간 소음을 일으키는 경우가 비일비재하기 때문에 아이들의 경험을 되돌아보고 반성하여 다짐한 것을 직접 실천해 볼 수 있는 수업을 계획하였다.

재구성 목표	아래층 이웃과의 교류를 통해 나눔의 의미를 알고 실천하고 내면화하기			
재구성 이유 또는 근거	나눔의 피상적인 접근에서 벗어나 보다 직접적으로 아이들이 고민하고 느끼고 실천할 수 있는 장을 마련함으로써 '이웃', '겨울'과 관련해 학교에서 배우는 것이 실제 삶으로 연결됨을 경험하게 하기 위해 재구성하였다.			
재구성 편제	교과	단원명	시수	비고
	통합교과 '이웃'	1. 이웃	우리는 이웃	13	─ 음악/신체활동은 별도의 시수를 확 보한다. ─ 책 읽기 프로젝트 와 시수 조정
			안녕하세요		
			함께 사는 우리		
			우리 가족과 이웃		
			함께 배려해요		
			나의 이웃은		
	통합교과 '우리나라'	1. 따뜻한 겨울	어떻게 나눌까?	1	
	국어	3. 알맞은 인사말		4	
	계			18	

『이웃』 책에 들어가면서 '당신의 이웃을 사랑하십니까?'와 같이 마음을 여는 놀이 활동을 하고, 이웃에 대해 이야기하는 시간을 많이 가졌다. 아이들은 저마다 자기가 겪었던 이웃에 대해 이야기하며 크고 작은 일들을 늘어놓았다. 역시 아이들은 나의 삶과 연결된 이야기를 할 때 흥분하고 몰입한다. 아이들의 이야기 속에서 자연스럽게 층간 소음의 문제가 나왔고 그 문제를 주제로 하여 자연스럽게 수업을 이어갈 수 있었다.

먼저, 층간 소음으로 피해를 입었을 때의 기분, 느낌 등에 대해 이야기를 충분히 나누고 반대로 층간 소음을 일으켰던 경험은 없었는지 조금 더 이야기를 나누었다. 아이들이 층간 소음을 일으켜 부모님이 난처해지신 상황, 그 상황에서의 아이들의 생각, 느낌 등에 대해 이야기를 나누다보니 어느새 아래층 이웃에게 미안한 마음을 가지고 있는 듯 보였다.

"그렇다면 우리가 어떻게 아래층에 사시는 분들께 우리의 마음을 표현할 수 있을까요?"

"음… 이제 뛰지 않아요!"

"살금살금 걸어 다녀요."

"동생을 잘 타일러요."

1학년 아이들답게 귀여운 대답들이 나왔다. 하지만 교사가 의도한 대답은 잘 나오지 않았다.

"그럼, 아래층에 직접 찾아가서 우리의 죄송한 마음을 표현하는 방법에는 어떠한 것들이 있을까요?

조금 더 구체적으로 질문을 하니 예상했던 것보다 다양한 대답들이 나왔다. '인형을 사서 가자', '요리를 해서 주자', '쿠키를 만들어서 가자', '편지를 쓰자' 등등……. 아이들의 대답 중에서 아이들과 교사가 함께 할 수 있는 것들을 의논하여 결정하였다. 결론은 달걀을 삶아서 편지와 함께 아랫집에 갖다 주자는 것이었다. 이렇게 수업이 흘러가고 있는데 한 아이가 다음과 같은 질문을 하였다.

"선생님, 그런데 저는 집이 1층인데요?"

그 앞에 있던 한 여자아이가 대답한다.

"그럼 윗집에 층간 소음을 내지 말라고 부탁하는 카드를 쓰면 되잖아요."

다 컸다. 똑같은 질문으로 혼을 쏙 빼놓던 아이들이 어느새 이

▲ 아래층 이웃에게 드릴 편지와 달걀　　　　▲ 아래층 이웃에게 전달하는 모습

렇게 자라 자기들끼리 질문하고 의견을 나누는 것을 보면.

　지난 며칠 동안 아이들은 서로의 이웃에 대해 충분히 이야기하였다. 그리고 교육과정에 제시된 이웃 간에 지켜야 할 예절, 이웃과 함께 할 수 있는 일에 대해서도 생각해보았다. 이제 지금까지 이야기 나눈 것을 실천에 옮기는 단계이다. 아이들은 정성들여 카드를 만들었다. 우리 반은 1학년 아이들에게는 다소 어려울 수도 있는 팝업카드를 만들었는데도 아이들은 열심히 만들었고 마음을 담아 편지를 썼다. 다음 날은 친구들과 함께 달걀을 삶아 예쁜 달걀 포장지에 포장도 하였다. 혹여나 달걀이 깨지진 않을까 조심스레 행동하는 아이들. 과연 이렇게 정성들여 만든 카드와 달걀을, 그리고 죄송한 마음을 잘 전달할까?

　주말이 지나고 아이들은 등교하자마자 저마다 겪었던 일들을 재잘재잘 이야기한다.

"선생님, 그때는 아랫집 할아버지가 화냈잖아요, 그런데 이번에는 웃으면서 고맙다고 했어요."

"선생님, 저는 아랫집에 사람이 없어서 두 번이나 갔다 왔어요."

"조용하다고 칭찬해 주셨어요."

"선생님, 근데 가다가 깨져 가지고 속상했어요."

주말 동안 아랫집을 찾아갔던 일을 사진으로 찍어 보낸 아이들도 몇몇 있었지만, 사실 아이들이 만들기만 하고 가장 중요한 자기의 마음을 전하고 나누는 것을 경험하지 않고 오지는 않을까 걱정이 되었다. 하지만 이런 걱정과는 달리 아이들은 여러 가지 이야기를 늘어놓았다. 흥분해서 이야기를 하는 아이들 모습을 보며 작은 나눔을 하나 경험했다는 생각이 들었다.

"아래층에 편지랑 달걀을 갖다드리고 나니 어떤 마음이 들었나요?"

"내려갈 때는 좀 창피하고 쑥스러웠는데 드리고 나니까 완전 기분이 좋았어요."

"왠지 뿌듯했어요. 다음에는 쿠키 구워 드릴 거예요."

아직은 받는 것에 더 익숙한 1학년 아이들. 받는 것과 나누는 것이 무엇인지 구분하는 것조차 어려울 수도 있는 나이의 아이들이지만, 스스로 무언가를 만들어 다른 사람에게 웃음을 주었다는 경험, 그 하나만으로도 충분히 값진 시간이었으리라.

2장

계절을 빚으며 자연을 닮아가는, 2학년 교육과정

"선생님, 『여름』 책 다 배웠어요. 『가을』 책 꺼내요?"

"응? 『가을』 책 배우고 싶어요?"

"네. 운동회 하고 싶어요. 운동회 언제해요?"

"선생님, 가을 나들이 먼저 가면 안돼요?"

"그러면, 여름에 『가을』 책 다 배울까요?"

"네!"

일시에 함성이 우르르 터져 나온다.

아이들은 이미 『가을』 책을 모두 넘겨 본 모양이다. 그리고 벌써부터 기대가 많다. 책 속에 가을 나들이 그림이 있고, 운동회 그림이 있으니 분명히 『가을』 책을 배우면 그러한 체험활동을 할 것이라고 마음은 풍선처럼 한껏 부풀어 있다.

하나의 주제에 3개의 교과를 연계·통합하여 개발한 주제 중심의 주제 책은 정서의 지속 시간이 짧으며 감성 위주로 활동하는 2학년의 발달 특성과 잘 맞다. 그리고 사계절·4학기제를 운영하는 우리 학교 교육과정에 잘 어울려 아이들에게 학기별로 교과서를 다 배웠다는 성취감과 함께 새 책을 빨리 배우고 싶다는 설렘을 주기도 한다.

그러나 한 주제를 중심으로 교육과정을 재구성했다 하더라도 아이들의 삶과 통합을 이룬다는 일은 결코 쉬운 일이 아니다. 그래서 동학년 선생님들이 열정을 가지고 모여서 진정한 통합의 해결책을 찾아야 할 것이다. 그리고 실제 체험과 유사한 과정을 경험하게 함으로써 지식을 일정한 맥락 속에서 구성하게 하는 학습 방법을 모색하는 과정도 필요하다. 이에 우리 2학년에서는 학년의 중심 주제로 교육과정을 통합 재구성하면서 프로젝트 학습 방법을 주로 선택하였다.

주제별 활동 내용은 통합교과에 제한하지 않고 모든 교과를 포함하여 포괄적인 통합을 하였으며, 아이들의 흥미와 요구를 어떻게 반영할 것인가에 초점을 두었다. 그렇게 해서 우리 학년이 운영한 교육과정 및 학습 프로그램을 몇 가지 소개하고자 한다.

1. 어떻게 교육과정을 재구성했는가?

(1) 학년 주제는 어떻게 정할까?

학년을 시작하면서 가장 먼저 고려해야 할 기본적이면서도 중요한 질문이다. 왜냐하면 교육과정의 설계는 바로 이 학년의 중점 주제에서 비롯되기 때문이다. 우리 학년은 우선 국가 수준의 교육과정과 교육청의 교육목표 등을 살펴본 후에 우리 학교 교육과정의 기본 목표를 확인하였다. 그리고 전년도 2학년의 학년 중점 주제를 이어가면서 새 학년도의 중점 주제가 잘 연결될 수 있는 중심점을 찾아내었다. 그와 동시에 교육의 궁극적 목적과 연결될 수 있도록 학년 수준에 맞는 교육과정으로 재편성하였다. 물론 중점 주제가 학년에 따라 겹칠 수도 있지만, 같은 주제라도 저학년과 고학년의 학습 내용의 깊이나 방법 등이 다르기 때문에 오히려 연계성이 있어서 잘 활용되면 장점이 될 수 있다.

그렇게 해서 우리는 '평화'라는 중점 주제를 정하게 되었다. 여기서 '평화'란 나와 가족, 이웃, 국가 나아가 지구촌 모든 사람 사이의 평화만이 아니라, 봄 · 여름 · 가을 · 겨울 등 지구촌 모든 자연까지도 포함한다. 그래서 우리는 '남을 배려하는 마음가짐으로 자연과 더불어 아름다운 평화 만들어가기'를 학년 주제로 정하고, 교육과정을 통합하는 재구성 작업을 시도하게 되었다.

(2) 학습 주제는 무엇이 좋을까?

이제 학년 주제를 정하면, 학년 주제에 어울리는 학습 주제를 선정하고 통합교육과정을 재구성한다. 학습 주제를 선정하여 교육과정을 재구성할 때에는 학년 주제에 어울리도록 해야 하며, 학교나 학년 교육과정, 계절, 학교 행사 등을 고려하여 작성하도록 주의해야 한다. 우리 학년은 몇 가지 학습 주제를 정하고 이 주제를 중심으로 교육과정을 통합하여 수업 시간에 학습 망을 짜고 실제 교육과정을 운영하였다. 사계절 현장체험학습을 비롯한 4~5가지의 대주제를 결정하고, 이 학습 활동을 하면서 이루어지는 사람과 사람 사이의 배려, 사람과 자연 사이에 이루어져야 할 배려심을 통해 자연스럽게, 그러나 교육적으로 의도된 최소한의 평화를 습득하도록 계획하여 실시하였다. 이때 교육과정은 통합교과에만 국한하지 않고 가급적 국어와 수학을 포함한 모든 교과를 유의미하게 연결시키고, 또한 창의적 체험활동과 같은 비교과와의 통합도 잊지 않았다.

(3) 성취 기준이나 평가 과정은 꼭 필요한가?

당연한 일이다. 성취 기준이나 평가는 우리가 왜 이 학습 활동을 하는가에 대한 근거가 될 뿐 아니라, 학습목표 도달점에 대한 중심적인 확인 과정이 되기 때문이다. 주제 중심 통합교육과정 재구성을 한 뒤에 무엇을 핵심 성취 기준으로 둘 것인가를 동학년이 함께 의논해서 결정한 후에는 무엇을 어떻게 평가할 것인가에 대한 기본 계획을 세워 두어야 한다. 이 때 통합교육과정을 재구성한 후에 프로젝트 학습과 같은 방법으로 학습을 진행한다면, 결과보다는 과정을 중시하는 교육 활동이므로 행동목표보다는 표현목표 진술을 많이 사용하는 것이 좋다.

평가는 각 활동을 할 때마다 수시로 개인 또는 모둠 활동 과정을 주로 관찰한다. 각 활동 주제별 성취 기준을 참고하여 상황에 맞게 평가하되, 친구들과 잘 어울리며 활동에 적극적으로 참여하는 것에 주안점을 둔다.

(4) 실제 교육과정 재구성의 개요

교육과정을 분석하고 학년 주제를 선정한 후, 프로젝트 학습 주제로 사계절 현장체험학습을 결정한 후에 다음과 같이 주제 중심의 통합교육과정을 재구성하였다. 다음 단계로는 단원의 목표에 따른 핵심 성취 기준을 설정하였다.

	재구성 목표	사계절에 맞는 자연의 모습과 계절에 따라 달라지는 사람들의 생활 모습을 안다. 또한 교과서에서 배운 자연을 배려하는 마음을 갖고 실제 현장체험학습을 통하여 사람과 사람, 자연과 사람 사이의 사랑과 평화를 지키기 위한 노력을 알고 실천한다.

재구성 이유: 사계절의 의미를 정확히 알게 하기 위해서는 단지 교과서의 주제가 같은 것끼리 묶는 것만으로는 무의미하다. 교과서의 사계절과 학교 밖의 사계절을 같은 시기에 '현장학습'이라는 적절한 관계를 부여하여 만나게 함으로써, 현장학습 활동을 하면서 친구 사이의 '배려하는 마음'과 자연과의 사이에 '아끼고 사랑하는 마음'을 직접 실천하도록 체험의 기회를 마련한다.

대주제	주제	교과	단원	시수
봄	사람과 자연의 평화1	봄나들이 가요. (누구를 만날까요?)	통합 (봄)	2. 봄나들이 누구를 만날까요(즐) 어디로 갈까요(슬) 약속해요(바)	3
				다녀왔어요(슬)	2
				아끼고 나누고 모아서(바) 아끼고 나누고 모아서(즐)	2
			창체	현장학습에서 자연보호	1
			수학	5. 분류하기	2
			국어	6. 알기 쉽게 차례대로	2
		계			12
여름	사람과 자연의 평화2	여름을 찾아서 (여름 냇가에서)	통합 (여름)	1. 곤충과 식물 여름에 찾은 보물들 (슬) 힘겨루기 한판(즐) 잠깐! 조심하세요(바) 2. 여름 풍경 열매 담을 바구니 만들기 (즐) 건강을 지켜요(바)	5
				도화지 속 여름 이야기(즐)	2
			창체	현장학습에서 자연보호	1
			국어	9. 느낌을 나타내어요	2
		계			10

	대주제	주제	교과	단원	시수
가을	사람과 자연의 평화3	농촌, 전통 문화체험활동 (양평 보릿고개마을)	통합 (전통문화 체험)	1. 가을 체험 감사하는 생활(바) 전통문화체험(슬) 내가 참여하고 싶은 행사(슬) 가을 풍경 표현하기(즐) 가을 고기잡이(즐)	6
		학교 밖 가을행사 (단풍 숲 속, 전통 문화체험)	수학	4.시각과 시간 시간을 구하기	2
			통합 (가을)	1. 가을 체험 가을 행사 조사하기(슬) 학교 밖 가을 행사(슬) 울긋불긋 가을 세상(즐)	6
			통합 (창체)	우리 함께 지켜요(바) (자연보호활동)	
			통합	가을 작품 전시, 발표하기 (신은혁신한마당)	6
		계			20
겨울	사람과 자연의 평화4	겨울 속 겨울 (가자, 눈과 얼음의 세계로!) (눈썰매장)		1. 겨울 풍경 춥대장 덥대장 노래 부르며 눈썰매장 입장(즐) 겨울철 건강 스스로 지켜요(바) 추울 땐 이런 놀이를(즐) 겨울을 즐기자(즐) 겨울 놀이터(즐)	4
			통합 (창체)	겨울을 안전하게 (바) (현장학습 후 자연보호활동)	2
		계			6
		총 합계			48

그리고 계절별 주제 책을 시작하는 첫 시간에 아이들과 함께 어떤 활동을 하게 될지 또는 어떤 활동을 함께 하고 싶은지 주제 망을 작성한다. 아이들은 계절과 상관없이 자기가 하고 싶은 것을

마음대로 이야기 한다. 그러므로 수업을 시작하기 전에 학습과 관계되는 계절을 미리 알려주고 이야기를 꺼내면 주제와 관련된 학습 방향을 잘 이끌어 줄 수 있다.

프로젝트 학습 일정 계획

순	프로젝트 주제	기간
1	봄나들이(봄동산에서 누구를 만날까요?)	4월 2주~3주(16일~18일)
2	여름을 찾아서(여름 냇가에서)	6월 3주~4주(18일~20일)
3	농촌 전통문화 체험(보릿고개 마을 체험)	9월 2주(18일)
4	학교 밖 가을 행사(단풍 숲 속, 전통문화 체험)	10월 3주(10일)
5	겨울 속 겨울(가자, 눈과 얼음의 세계로!)	12월 3주(15일)

『우리나라』 책은 북한에 대한 이해에서 주변 국가로 세계관을 넓혀가는 사회적 지식을 주로 담고 있다. 북한에 대한 정확한 정보와 긍정적인 통일관을 심어주려면 어떻게 접근해야 할까 고민을 많이 하던 중, 동학년 선생님들이 팀티칭을 하자는 의견이 나왔다. 적극적으로 동의하여 선생님들은 북한에 대한 주제를 나누기로 하였다.

재구성 목표	우리나라의 평화를 주제로 북한에 대한 지리적 위치, 전통문화, 언어생활, 놀이, 춤, 노래 등의 다양한 모습을 탐구해나가는 과정을 경험하게 한다. 아울러 우리나라의 평화와 통일에 대한 중요성과 필요성을 인식시키며, 생명 존중에 대한 마음가짐을 갖게 한다.
재구성 이유	통합교과 〈우리나라〉와 연관하여 팀티칭의 방법으로 '남북의 평화'에 중점을 두고, 북한 바로알기의 6주제를 정하여 프로그램을 만들고 학급별로 아이들이 순환하며 학습한다. 이 교과서와 단원을 재구성하여 팀티칭을 통해 수업을 진행하면 교사는 진도나 시수에 구애받지 않고, 자기 학급이 담당한 주제를 좀 더 깊이 있게 연구할 수 있다. 이를 통해 효과적인 교육과정을 운영할 수 있으며, 아이들은 다른 학급의 교실을 옮겨 다니면서 새로움과 더불어 다음 학급의 주제에 대한 흥미를 가질 수 있고, 진지한 학습을 할 수 있어 매우 효과적이다.

재구성 편제	대주제	주제	교과	단원	시수
재구성 편제	평화	우리나라의 평화(북한)	통합 (우리나라)	우리는 한민족(바)	16
				북한 자연 환경과 생활 모습의 이해 (바) (슬)	
				북한에 남아있는 우리의 전통문화(음식) (슬)	
				북한 어린이들의 놀이문화(전통놀이) (즐)	
				북한의 언어생활 (같은 말, 다른 말) (슬)	
				통일이 된 우리나라 (슬)	
				북한 어린이들의 노래문화(전래동요) (즐)	
				통일을 위해 (바)	
			창체	되살림 장터(북한 어린이 돕기)	1
계					17

2. '사계절 현장학습' 프로젝트

(1) 봄나들이 - 봄 동산에서 누구를 만날까요?

3월 첫 만남의 어색함도 어느덧 사라지고, 친구들과 친해진 따뜻한 교실 속에서 봄나들이에 대한 아이들의 기대가 커갔다.

"봄 동산 나들이는 어디로 갈까요?"

"벚꽃놀이가요.", "동물원 가요.", "놀이동산 가요."

선생님의 질문에 첫 현장체험학습을 기다렸다는 듯이 많은 이야기들이 쏟아져 나왔다.

"야, 놀이동산은 봄이 아니어도 되잖아."

"그래, 놀이동산은 가족들과 가기로 하고, 봄나들이는 동물, 식물친구들을 만나는 것이 어떨까요?"

"좋아요."

그렇게 봄나들이 장소는 봄도 느끼고, 동식물 친구들을 함께 볼수 있는 가까운 인천대공원으로 정했다. 우리는 아이들과 함께 의논하면서 인천대공원으로 가면 무엇이 좋은지 생각해 볼 기회를 가지게 되고, 무엇보다 자신들이 결정했다는 생각에 아이들은 더 큰 만족감을 느꼈다.

이어서 자유 시간에 친구들과 함께 할 놀이에 대해서도 이야기를 나누었다.

"봄 동산에서 무슨 놀이를 하면 좋을까요?"

"수건돌리기요."

"축구해요."

"무궁화 꽃이 피었습니다요."

"야, 축구하면 공 때문에 사람들 다치잖아."

"그렇겠다. 공원에서 공놀이 하면 다른 사람한테 피해를 줄 수 있겠네. 그럼 다른 사람들에게 피해 주지 않는 놀이인 수건돌리기를 하자."

현장학습 가기 전에 주의 사항에 대하여 아이들끼리 먼저 이야기를 나누게 했는데 기특하게도 서로 묻고 답하는 과정에 문제점을 찾아 해결해 냈다. 현장학습 활동을 원활하게 진행하기 위

◀ 봄나들이 학습지
'보물을 찾아라!'

▲ 꽃길을 걸어요. 벚꽃잎 떨어지는 날, 너무 멋있었어요.

해 모둠끼리 활동하여 동식물을 찾을 수 있도록 '보물을 찾아라!' 라는 학습지를 제작했다. 학습지에 대한 부담감을 줄여주기 위해 동식물을 찾아 간단히 'O'표를 하도록 했다. 아이들에게 보물 찾기라고 이야기해주니 아이들은 커다란 모험이라도 나서는 듯이 매우 신났다. 우리는 현장학습 실시 전에 동물원에 있는 동물 전부의 사진과 대공원 안 길가에 피어 있는 봄 식물 몇 가지를 찍어 와서 학습지로 제작했다. 사전에 안전지도를 충분히 한 후에 아이들에게 모둠별로 돌아다니며 보물을 찾게 하였다. 사전 답사 후 활동 목표와 성취 기준에 맞는 내용을 학습지에 담아내는 준비 작업은 힘들었지만, 아이들이 보물을 찾으며 성취감을 느끼고 좋아하는 모습에 큰 보람을 느꼈다.

동물을 찾아다니는 아이들의 모습은 마치 보물찾기를 하는 것 같았다. 먼저 찾은 아이가 소리를 치면 나머지 아이들이 찾아가고, 뛰어다니지 말라고 하는데도 동물 찾는 재미에 너무나 바쁘

▲ 보물찾기 - 동물원 보물들 모두 찾았어요.

다. 그리고 조금 지나니 서로 찾은 동물이 어디에 있는지 정보를 교환하고 뿌듯한 얼굴로 헤어져 동물을 또 찾으러 다니곤 했다.

처음에는 동물만 찾더니 이제는 서로 동물에 대해 알고 있는 것들을 가르쳐 주기 시작했다. 어떤 것은 선생님도 미처 몰랐던 자세한 것까지 아는 아이들도 있었다. 궁금해서 물어보니 직접 키워보았다는 아이도 있었고, 워낙 동물을 좋아하여 따로 공부했다는 아이들도 있었다. 선생님이 설명하는 것보다도 친구가 설명해주니 아이들도 더 쫑긋 귀 기울이며 들었다. 책 속에 있는 동물 이야기가 아니고 직접 눈으로 볼 수 있는 동물 이야기이니 더욱 아이들의 관심을 끄는 것 같았다.

동물 찾기가 끝난 뒤 아이들은 서로 봄꽃에 관한 이야기도 자연스럽게 나누었다. 이 아이가 "나는 개나리를 알고 있다."고 하니, 저 아이는 "나는 목련도 알고 있다."고 서로 자랑하기 여념이 없었다. 학습지에 나와 있는 봄 식물을 여기저기 찾아다니던 아이들은 서로 이마를 맞대고 알고 있는 정보들을 주고받더니 "선생님, 이제 보물을 모두 찾았어요."라고 외쳤다.

잔디밭에서 친구들과 즐거운 식사를 한 후, 수건돌리기를 하거나, 개미를 관찰하는 등 나름대로 관심 분야에서 신나게 자유 시간을 보냈다. 아이들의 움직임이 둔해질 즈음 집으로 돌아갈 시간이 되었다. 봄이 오는 길목에서 만난 동물 친구들과 식물 친구들이 아이들의 기억 속에 어떤 모습과 감동으로 남게 될지는 모르겠지만, 그날 아이들은 정말 신나는 봄나들이라고 말하고 있었다.

(2) 여름을 찾아서 – 여름 냇가에서

여름이 시작되면서 푸른 나무가 물길을 머금듯이 아이들의 얼굴에 생기가 넘친다.

"선생님, 우리 현장학습 안 가요?"

"어디로 갈까요?

"물놀이 하러 가요."

"자, 우리 냇가를 볼 수 있는 숲속으로 가면 어떨까요?"

"좋아요. 그런데 물놀이는 못하고 뭐해요?"

"흙 놀이 하지요. 그리고 비눗방울 놀이도 하고, 또 힘겨루기 한 판도 하는 것은 어때요?"

"흙 놀이?"

"네, 좋아요!"

이 모든 곳을 할 수 있는 곳을 고민하다가 냇가가 있는 숲 속 도자기 나라로 결정했다.

도자기 나라에서는 흙 놀이(좋아하는 여름과일, 캐릭터), 도자기 만들기(조화문기법), 여름 냇가에서 친구들과 밥 먹기, 여름나무 그늘 느끼기와 산책, 힘겨루기 한 판, 신나는 미니 운동회 등을 할 수 있어서 좋았다.

요즘 아이들은 모래나 흙을 손으로 만질 기회가 별로 없다. 아파트마다 모래 놀이터가 있기는 하지만 아이들이 마음껏 만지고 뒹굴 수 없다. 통합교과 시간에 찰흙으로 만들기는 하지만 작품을 보관하는 일도 쉽지 않고, 시간상 아이들이 정성들여 만들기도 어렵다. 여름나들이의 현장학습에서는 이런 면에서 아이들에게 흙을 만지고 느끼며 자기가 원하는 모양을 만들어서 생활에까지 쓸 수 있는 물건을 만들어 보기로 했다.

일단 초벌구이가 된 도자기를 받아 아이들이 그곳에 자기가 새기고 싶은 문양을 그리면 그곳에서 잘 구워 완성해서 학교로 보내준다. 아이들은 도자기를 만드는 새로운 체험에 빠져 하나하나 정성을 다해 문양을 새겼다. 다 그린 아이들은 점토로 자기가 만들고 싶은 여름 과일이나 캐릭터 등을 만들면서 흙 놀이를 하였다.

나중에 아이들의 작품이 학교로 도착했을 때 하나하나 나누어주는데 모두들 신기해하고 기뻐했다. 소중하게 들고 가는 모습이 마치 무슨 보물 상자를 옮기는 손길이다.

오전에는 감수성을 흠뻑 담은 활동을 하고, 오후에는 현장학습에서 빠질 수 없는 재미있는 활동을 위주로 진행했다.

▲ 여름 냇가에서 친구들과 먹는
  점심식사는 꿀맛

▲ 흙으로 여름 열매 담을 도자기 만들기
  도자기에 나만의 무늬 그리기

▲ 비눗방울 잔치

▲ 시원한 비눗방울 놀이하기

▲ 신나는 미니 운동회 콩 주머니 넣기

▲ 힘겨루기 한판 - 여름 숲, 냇가에서 친구들과

아이들이 더운지 그늘을 찾아 나섰다. 점심은 냇가에 앉아 친구들과 이야기 나누며 두런두런 모여 먹었다. 매미 소리가 들려오고 흘러가는 시원한 냇물 소리로 여름이 실감난다.

비눗방울로 큰 방울도 만들고, 여러 가지 모양도 만들며 친구들과 어울려 놀았다. 오전의 진지하던 모습은 어느새 사라지고 어울려 노는 모습이 역시 아이들답다. 그리고 아이들을 위해 작은 운동회를 청백으로 나누어 진행했는데, 목청이 터져라 응원하는 함성이 운동장에 가득했다. 마치 예전 가을 운동회를 보는 듯하다. 날씨가 더워 얼굴에 땀이 흘러내렸지만, 아이들은 아랑곳하지 않았다.

마지막으로 여름 숲을 산책하는 시간을 가졌다. 먼저 여름 하면 생각나는 것들을 친구들과 함께 이야기 나누고, 여름에 할 수 있는 것, 여름이 좋은 이유, 싫은 이유 등도 함께 이야기 나누며 걸어보자고 했다. 여름에 관한 여러 가지 이야기를 나누며 숲을 걷다 보니 이야기는 아예 다른 곳으로 흘러 가 버리기도 했지만, 그래도 여름이어서 이 숲 속이 더욱 좋다는 건 아이들도 충분히 느끼는 것 같았다.

세월호 참사로 현장체험에 대한 걱정이 많이 있던 상황이라 실시 여부 자체에 대하여 전면 재검토를 통해 어렵게 이루어진 체험학습이었다. 그래서 학부모와 여러 선생님들의 의견을 들어 물가에서 물놀이하는 일은 자제하게 했다. 아이들의 바람대로 현장학습을 하게 되었고 사회적으로 깊은 슬픔을 간직한 시간에 아이들과 함께하면서 많은 생각을 하게 되었다.

(3) 농촌 전통문화 체험활동

우리 반 아이들을 찬찬히 살펴보면 맞벌이하는 가정의 자녀도 많이 있고, 엄마가 집에 계신 경우에도 다자녀 가정이 많아 집에서 꼼꼼히 아이들을 챙겨주기 어려운 경우가 많다. 그래서인지 친환경 먹거리보다는 인스턴트 음식을 먹을 기회가 많아 항상 안타까운 마음이 들었다. 그런데 마침 서울시 식생활 네트워크에서 주관하는 바른 식생활 및 농어촌 현장학습 응모 기회가 있어 지원해보니 당첨이 되었다. 이런 기회는 해마다 있으니 다른 학교의 선생님들께도 도움이 되는 정보라서 이곳에 소개하고자 한다.

먼저 체험학습 전에 올바른 식생활에 대한 이론 교육을 먼저 했다. 아이들도 하나하나 귀 기울여 듣더니,

"우리 엄마는 우유 살 때 색소 들어간 것 샀어요."

"햄보다는 고기가 몸에 좋아요."

엄마 흉보기가 여기저기서 한창이다. 아이들이 집에 가면 엄마들의 교육도 저절로 이루어지니 일석이조이다. 이런 기회가 모든 아이들에게 있다면 얼마나 좋을까?

아이들에게 농촌 체험을 간다고 하자 아이들 얼굴은 호기심과 기대로 가득 찼다. 특히 송어 잡이를 한다는 말에는 모두가 함성을 질렀다.

"송어를 잡아서 어떻게 해요?"

"우리가 직접 잡아보고, 구워서 먹어 볼 거예요."

"불쌍하지 않아요? 정말 고기 잡아서 먹을 거예요?"

아이들은 살아있는 물고기를 직접 잡아먹는다는 것이 무조건 나쁜 일이고 불쌍하다는 생각이 드나보다. 역시 마음만은 비단결이다. 하지만 직접 송어를 잡았을 때 아이들의 반응이 재미있다.

"어떻게 먹을 거예요."

"집에 가져가면 안 돼요?"

"우리가 더 잡을 거예요."

그 불쌍해하던 눈망울은 어디로 가고, 그저 먹으려는 굳센 의지가 얼굴에 가득하다.

한바탕 송어 잡이가 끝나고 아이들은 달걀 꾸러미를 만들기 시작했다. 짚으로 달걀을 넣을 꾸러미를 만들고, 원래는 생달걀을 넣어야 하지만 깨질 우려가 있어 삶은 달걀을 넣었다. 가게에 파는 종이판에 있는 달걀을 보아왔던 아이들이 예전에는 이렇게 달걀 꾸러미를 만들었다는 것에 신기해했다. 사진으로 보는 것과는 달리 손수 만들어보고 만져 보니 느낌이 다른가보다. 이 체험활동을 도와주시는 도우미 분은 체험학습장이 있는 마을의 어르신이었다. 아이들은 자신들이 힘들어하는 체험활동을 척척 해내시는 할아버지들과 할머니들을 대단하다는 듯이 바라보고 있었다. 다른 곳과는 달리 이곳은 전형적인 농촌 마을이라 정말 할아버지, 할머니들이 나오셔서 손자들을 대하는 마음으로 하나하나 도와주셨다. 아직은 손이 야무지지 않은 2학년이라 힘이 많이 들었지만 아이들은 농촌의 따뜻한 정을 느껴보는 시간을 가졌다. 아이들은 외갓집에 온 것처럼 할아버지들과 할머니들을 편한 마음으로 대하였다.

점심은 그곳에서 만들어주신 보리 비빔밥이었는데, 평소 급식 시간에 편식하는 습관이 있던 아이들도 무엇이나 척척 잘 먹었다. 아니! 아이들이 이렇게 잘 먹었나 싶게 먹고 또 먹는 것이 참 신기했다. 우리는 급식실에서 농촌으로 장소만 옮겼을 뿐인데 갑자기 달라진 아이들 모습에 놀랐다. 이런 자연환경이 아이들에게는 무척 자연스러운 것 같았다. 이러한 자연 속에서 편안해하는 도시의 우리 아이들을 보며 좀 더 이런 기회를 자주 갖게 해야겠다는 생각이 들었다.

마지막 활동으로 손수건에 꽃물을 들이는 활동을 했다. 마을 여기저기 다니며 마을 구경도 하고, 물들이고 싶은 꽃과 나뭇잎들을 먼저 아이들이 모았다. 그리고 하얀 손수건에 꽃잎이나 풀을 올리고 나머지 손수건을 반으로 덮은 다음 숟가락을 두드려 꽃잎과 나뭇잎이 베어 나오도록 하는 것이다. 손수건을 열면 대칭으로 꽃과 나뭇잎의 모양이 나타난다. 단순한 활동 같지만 교실에서는 이렇게 신명나도록 숟가락을 두드려 댈 수는 없으리라. 숟가락으로 두드리는 아이들의 입은 쉴 새 없이 조잘대고, 얼굴에는 웃음이 흘러넘치고, 마치 예전 어느 시골 마을 빨래터에서 빨래 방망이를 두드리는 모습의 한 장면 같았다. 이런 단순한 활동에서 생기를 느끼는 것은 이 자리가 교실이 아니라 높고 맑은 가을 하늘 아래 시골 한 마을이기 때문인 것 같았다.

농촌의 어르신들께서는 아이들을 그냥 보내기 섭섭하셨던지 트랙터를 태우고 마을 구경도 시켜 주셨다. 아이들은 트랙터 위에서 고래고래 노래를 부르고, 할아버지는 마을 소개를 해 주시

▲ "송어 잡으면 구워먹을까?"

▲ 맛 좋고 몸에 좋은 보리밥 먹기 체험

▲ 달걀 꾸러미 만들기
　"낑낑 서로 도와주면서 만들어 봐요."

▲ 꽃잎으로 손수건 염색하기
　"숟가락 하나면 끝!"

▲ 덜컹덜컹 시골길
　"트랙터를 타면서 애국가를 불렀어요."

▲ "송어 정말 맛있어요. 고추장은 어디 있어요?"

고, 늦어져서 돌아가야 하는 선생님들의 마음은 바쁘기만 한데 아이들은 아랑곳없었다. 여기저기서 날아가는 잠자리에 아이들의 눈이 따라다니고, 잠자리 그림자는 아이들의 얼굴에 닿았다. 마치 잠자리가 직접 얼굴에 내려앉은 듯 서로를 바라보며 신명이 났다. 할아버지들과 할머니들은 마지막까지도 그냥 보내시지 않으셨다. 보리개떡을 아이들마다 모두 싸주셔서 아이들은 한 손에는 달걀 꾸러미, 한 손에는 개떡을 바리바리 싸서 버스에 탔다. 마치 시골에 있는 외갓집에서 실컷 놀고 아쉬운 마음으로 떠나는 것 같았다.

하루 종일 어린 아이답게 신나게 놀고 지쳐 잠든 아이들의 얼굴이 천사 같았다. '그래, 아이들은 정말 자연 속에서 자연스럽게 살아야 하는구나.' 하는 생각이 한 번 더 드는 현장학습이었다.

(4) 학교 밖 가을 행사 – 단풍 숲 속, 전통문화 체험

하늘은 파랗게 드높고 아이들도 자연과 더불어 포동포동 살찌는 계절이다. 통합교과 '가을'을 공부하며 아이들에게 학교와 집 주변에서 가을에 볼 수 있는 낙엽과 열매를 잘 살펴보라고 하였다.

"선생님, 우리 가을 맞으러 가요."

"어디로 갈까요?"

"가을이 있는 곳으로요."

아이들은 지난번 보릿고개 현장학습을 다녀온 지 얼마 되지 않았는데도 또 나가고 싶은가보다. 지치지도 않는 우리 예쁜이들이다.

"가을은 어디에 있을까?"

"하늘 속에요."

"나뭇잎 속에요."

▲ 전통문화 체험활동 - 강정 만들기　　　▲ 생태 체험활동 - 미꾸라지 잡기

　이리하여 우리가 이번에 현장학습을 가는 곳은 가을을 느끼고 여러 체험활동이 가능한 숲 속 '한터'이다. 다양한 활동을 위해서는 학교에서 가까운 곳으로 가는 것이 좋은데 한터가 여러모로 적합하였다.

　한터에서 우리가 하는 활동으로는 교과 내용과 관련이 있으면서 저학년에 맞도록 다양하고도, 신체 활동이 많으며, 흥미로운 것을 선택했다. '모험 개척 활동'(에버슬라이드), '전통문화 체험활동'(난타 배우기와 강정 만들기), '생태 체험활동'(미꾸라지 잡기), '가을 숲 속 산책하기' 등이 우리가 함께할 활동들이었다.

　여러 활동 중에 아이들이 가장 눈을 반짝이며 기대하는 활동은 뭐니 뭐니 해도 미꾸라지 잡기였다.

　"나 미꾸라지 잡아 봤어."

　"미끈미끈해."

　"그러니까 미꾸라지지."

　"아이 징그러워."

다양한 반응이 나왔다.

"그럼 갈아입을 옷도 필요하겠네요?"

여러 번의 체험활동을 통해 준비물을 챙기는 질문도 자연스럽게 나왔다. 이제는 준비물도 알아서 척척 챙기는 모습에 선생님들은 흐뭇한 미소를 지었다.

먼저 체험활동을 가기 전 우리는 그곳에서 이루어질 활동들에 대해 모둠별로 충분히 이야기 나누는 시간을 가졌다. 특히 이번에는 가을 통합교과를 중점에 두고 함께 가는 현장학습이라 그곳에서 만나게 될 가을에 대해 여러 가지로 접근해 보았다. 우리가 먹는 것에는 가을에 나오는 열매와 곡식들로 만들어진 것이 있을 거란 아이도 있고, 우리가 볼 풀, 꽃, 나무 등에서 가을을 찾을 수 있을 거라는 아이도 있었다.

직접 한터에서 체험활동을 하면서도 이곳에서 가을을 찾아보자는 선생님의 말을 아이들은 마음에 꼭 가지고 있었나 보다.

"선생님, 강정 속 쌀알에 가을이 들어있어요."

"나무 아래 낙엽 속에 가을이 있어요."

"요기, 꽃향기 나는 노란 꽃 속에도 가을이 들어 있어요."

이곳저곳에서 가을을 찾는 소리가 들려왔다.

가을체험학습을 마치고 돌아오는 버스 속에서도 창문을 내다보며 가을을 찾는 아이들의 소리가 끊임이 없다. 늘 보는 바깥 풍경 속에서도 조금만 다른 관심으로도 늘 새로운 것을 찾아내는 것은 우리 아이들이기에 가능하지 않을까 싶다. 그 속에서 우리들의 마음도 가을 하늘만큼 높아지고 넓어지는 느낌이다.

(5) 겨울 속 겨울 – 가자, 눈과 얼음의 세계로!

　겨울에 아이들이 가장 기다리는 건 바로 눈이다. 눈이 내리면 몸은 교실에 있지만 마음은 어느덧 운동장에 가 있어 그럴듯한 핑계를 대며 선생님들도 아이들과 함께 운동장으로 나간다. 흔히 겨울은 야외 활동이 어려워 겨울 현장학습을 계획하기 쉽지 않다. 하지만 봄, 여름, 가을 계절별로 온몸으로 즐거운 현장학습을 이미 경험한 아이들은 이미 겨울 현장학습을 기대하고 있었다.

　우리 학교에는 연못이 하나 있는데 봄에는 자라나는 물풀들로 아이들의 눈을 끌고, 여름에는 피어나는 꽃들로 마음을 사로잡고, 가을에는 열매로 아이들의 발길을 잡는다. 겨울에는 아무런 생명체가 없는 듯 보이지만 연못 위로 꽝꽝 얼어 있는 얼음만으로도 아이들의 사랑을 받는다. 얼음을 만져보고, 두드려보고, 심지어 귀까지 대어보는 아이들에게 눈과 얼음은 정말 겨울 아니면 가지고 놀 수 없는 자연 장난감이다.

　물어보지 않아도 아이들은 눈과 얼음의 세계로 가고 싶겠지만, 선생님들은 아이들의 마음을 확인해본다.

　"여러분 우리 겨울 나들이는 어디로 갈까요?"

　"눈썰매 타고 싶어요."

　"추워서 아무 데도 가고 싶지 않아요."

　대부분의 아이들은 우리가 예상한 대로 눈과 얼음의 세계를 택했지만, 간혹 추워서 바깥 활동을 하기 싫어하는 아이도 한 둘 있다. 하지만 그런 아이들도 현장학습 계획을 짤 때는 언제 그랬냐는 듯이 점점 겨울 속으로 빨려 들어왔다.

모둠별로 현장학습 장소를 의논하다 보니 아이들이 원하는 장소는 신나게 놀 수 있는 곳이면서도 너무 춥지 않은 곳이었다. 처음에는 야외에 있는 눈썰매장을 생각해 보았는데 역시 겨울 칼바람에 아이들의 활동에도 지장이 있을 것 같아 안전한 실내로 장소를 변경했다.

학교에서 멀지 않으면서도 아이들의 요구를 충족할 수 있는 실내 썰매장으로 장소를 결정한 다음 우리는 아이들과 현장학습 준비를 했다.

현장학습 날 아침 아이들을 보니 방수 바지에 스키 점퍼까지 준비가 철저했다.

"여러분, 실내라서 안전하고, 그렇게 춥지 않을 거예요."

중무장을 하고 온 아이들을 보니 겨울 현장학습에 대한 기대와 설렘까지 느껴져 저절로 웃음이 나왔다.

그곳에 도착해 아이들이 처음 한 활동은 튜브 눈썰매였다. 3인 1조로 타는데 경사가 있는 편이라 활동적인 아이들은 타고 내려오면서 소리도 지르고 재미있어했다. 땀이 날 정도로 열심히 눈썰매를 타기 위해 오르락내리락 하였다. 하지만 겁이 많은 아이들은 조금 무서운 마음이 드는지 얼굴이 밝지 않았다. 또한 눈썰매에 대한 공포가 있는 아이들도 있다. 이때 선생님이 한 번쯤 먼저 함께 타주면 용기를 얻어 계속 잘 탈 수 있는 경우가 많다. 그래서 그런 아이들은 선생님과 함께 탔다. 앞으로 3인 1조를 잘 구성해 주면 아이들은 계속 즐거운 눈썰매를 경험하게 될 것이다.

튜브 눈썰매를 타고 난 다음 아이들은 이글루 체험장으로 갔다.

"북극지방에는 우리들이 사는 집과는 달리 얼음으로 만든 집이 있어요. 북극에서는 얼음으로 벽돌 모양을 만들고, 아주 추운 날씨를 이용해서 눈 벽돌을 쌓아서 집을 만들어요. 눈끼리 어떻게 붙을 수 있는지 참 신기하지요? 그리고 눈으로 만든 집이니 집 안이 추울 것 같지만 사실 속은 따뜻해요. 그 속에서 불도 피울 수 있어요."

"그런데 여기는 왜 이글루가 얼음이 아니에요?"

"여기는 실내라서 얼음으로 만들면 녹아서 그래요. 진짜 이글루가 보고 싶으면 북극으로 가야 해요."

"그럼 우리 다음에는 북극으로 현장학습 가요."

▲ 이글루 체험

엉뚱한 아이의 말에 모두 크게 웃고 말았다.

아이들은 모형 이글루이기는 하지만 이글루 앞에서 이글루에 대한 설명을 들으니 실감이 나는가 보다. 모두들 열심히 이야기에 집중했다. 아이들은 실내 눈썰매장에 있지만 마음만은 북극의 어느 마을에 있는 것 같았다.

3. '우리나라의 평화'

(1) 주제별 팀티칭

신은초는 개교일을 기념하여 10월 말에 '신은혁신한마당'을 운영하고 있다. 학년별로 여러 가지 프로그램을 운영하는데, 우리 학년은 전시 마당, 꿈 발표 마당, 탐구 마당, 놀이 마당 등의 여러 분야 중 탐구 마당에서 '평화'를 주제로 팀티칭을 실시하였다. 교사들이나 아이들 모두 매우 즐겁고 신선한 경험을 할 수 있는 학습이었다.

"북한 사람들의 생활 모습을 일반 가정과 학생들의 학교생활로 나누면 어떨까요?"

"음식 문화, 놀이 문화, 노래 문화 등 북한의 전통적인 생활문화를 중심으로 나누면 좋겠어요."

"학생들의 학교생활에 아이들이 관심이 많을 것 같아요. 우리의 생활과 비교해 보면 좋겠어요."

"선생님은 동요를 많이 아시니까, 노래 문화에 관한 내용을 지도해 주시면 좋을 것 같아요."

"선생님, 저는 통일 후의 생활 모습을 미니 북 만들기를 활용하여 정리하고 꾸밀게요."

"저는 북한의 현재 모습을 정확히 알게 하고 싶어요. 그리고 왜 탈북 주민이 생기는지 이유를 알아야 할 것 같아요."

"저는 북한 사투리에 관심이 많아요. 언어생활을 비교하며 가르쳐보고 싶어요."

선생님들은 각자 관심 있는 분야나 특기 등을 고려하여 다음과 같이 6가지로 내용을 정리하였다.

담임 교사	해오름 담임	물오름 담임	잎새 담임	푸른 담임	누리 담임	열매 담임
분야	북한자연의 환경과 생활 북한 주민의 생활 모습	북한에 남아있는 우리의 전통음식	북한 어린이들의 전통놀이	북한 사람들의 언어생활	통일이 된 우리나라	북한 어린이들의 전래동요
마무리	· 통일을 위해 북한 친구들을 생각하며 (되살림 장터 수익금으로 후원하기)					

팀티칭의 마무리 단계에서는 되살림 장터를 도입하였다. 11월에 있을 되살림 장터는 나눔의 행사로 계획하였는데, 우리가 배운 북한 수업과 연관하여 나눔의 행사에 의미를 더 부여하고자 했다. 배움 마당, '우리나라'를 배우는 시기가 가을이고 10월에 '신은혁신한마당'이 있기 때문에 10월로 계획을 세웠다. 그래서 2014년에는 10월 15일

~17일 3일 동안 진행하고 마무리 활동인 되살림 장터는 11월 둘째 주에 학년 교육 활동 행사로 운영하기로 했다. 팀티칭의 윤곽은 다음과 같았다. 통합교과 '우리나라'와 연계하여 평화통일 교육으로 진행하되, 각 학급별로 한 가지 소주제를 맡고, 자기 학급부터 시작하여 매일 두 주제씩 수업한다. 아이들은 80분씩 6개의 교실을 3일 동안 순회하며 공부한다.

담임	활동 내용
해오름반 담임	· 북한 땅 그리기 · 북한의 주민이 탈북 하는 이유와 과정 동영상 시청 · 우리 주변의 북한이탈 주민에 대한 생각 나누기
물오름반 담임	· 북한 학생들의 수업 시간, 소조활동 등의 내용 확인 · 북한의 대표적인 전통 음식 5가지 만들기(고무찰흙) 　- 송편, 만두, 물냉면, 비빔냉면, 조랭이 떡국
잎새반 담임	· 북한 어린이들이 즐겨하는 놀이 살피기 　- 팽이치기, 고무줄놀이, 공기놀이, 씨름, 까막잡기 놀이, 반지놀이, 두밤놀이 · 우리들이 하는 놀이와 비슷한 것과 다른 놀이 알아보기 　- 까막잡기, 반지놀이, 토끼뜀 뛰기, 공기놀이하기
푸른반 담임	· 11 VS 12(남과 북의 학교생활) 　- 북한 : 1년(유치원)+4년(소학교)+6년(고등중학교) -11년 　- 남한 : 12년 · 북한 학생들의 학교생활, 방과 후 생활 동영상 시청 · 북한 학생들의 생활 관련 OX퀴즈 풀기 · 북한 낱말 보고 알맞은 우리말 찾기 　- 돌가위보게임, 빙고게임 · 알쏭달쏭(새리새리)퀴즈로 북한말의 뜻 유추하기 　- 북한말을 넣어 문장 짓기
누리반 담임	· 북한의 유명한 관광지 · 통일 주사위 놀이 · 여행 계획서 쓰고 앨범 미니북 만들기
열매반 담임	· 다리빼기 노래하기(파주, 황해도) · 친구들과 함께 다리빼기 놀이하기(여자/남자)
되살림 장터 전체	· 수익금 북한 어린이 돕기 단체에 기부

(2) 아이들의 활동과 반응

▲ 토끼뜀 뛰기 놀이 시작!

▲ 반지놀이는 이렇게 하는 거야

▲ 맛있겠죠, 평양냉면!

▲ 백두산은 어디 있나?

    마지막 차시에 해당되는 '실천하기'에서는 되살림 장터와 연계하여 통일 학습을 마무리 한다. 이 때 되살림 장터를 실시하기 전에는 아이들과 수익금을 어떻게 사용할지 각자 생각해보고, 학년 다모임을 통하여 생각을 나누고 토론한다. 저학년의 경우 전체 학년의 다모임이 운영상 어렵기 때문에 학급 다모임을 먼저 하고,

전체의 뜻을 모으는 방법도 괜찮다.

"선생님, 어떤 북한 친구들은 배가 너무 고프겠어요. 도와주고 싶어요."

"선생님, 우리가 번 돈을 전부 기부하면 안돼요?"

"근데 왜 빵을 사줘요? 밥으로 사주면 안돼요?"

"쌀이 밀가루보다 더 비싸지 않을까요?"

"아, 그래서 밀가루 실은 트럭이 가는 거구나."

신은초 2학년 아이들의 다모임 결과 어려운 사람을 위해 기부한다는 의견이 나왔고, 그 가운데 우리가 배웠던 북한 어린이들의 실상을 확인한 아이들이 배고픈 북한 어린이들을 돕고 싶다는 방향으로 모아졌다. 기부금은 자발적으로 1,000원 이상 모으고, 선생님들은 북한 어린이를 후원할 수 있는, 한 어린이 복지 재단을 소개한 후, 재단에서 온 모금원에게 직접 후원하도록 도왔다. 아이들은 자기에게는 덜 필요한 물건을 팔아서 돈을 벌어 기뻐했으며, 그 중 일부를 기부하여 어려운 친구들을 도왔다는 사실에 매우 뿌듯해했다. 이것은 나중에 각 학급에서 선정한 10대 뉴스 중 단연 3위 안에 드는 잊지 못할 추억이었다.

아이들은 체험 중심의 다양한 학습 활동 경험에 흥미 있어 하며, 집중하여 활동하였고, 팀티칭 수업에서 만들어낸 결과물에 애착을 갖고 소중히 여기며 자랑스러워하였다. 3일 동안 이루어지다 보니 다음은 어느 반에서 무엇을 배우는지 궁금해하며 팀티칭을 기다리는 모습을 보였고, 다른 반에서 공부하고 돌아와서 쉬는 시간에 북한의 언어, 음식 등에 대해서 서로 문제를 내고 맞추며

▲ "뭐 살래? 뭐 살까?" - 되살림 장터　　　▲ "여기 좀 보세요." - 후원 확인서

북한에 대해 알게 된 것들을 뽐내고 즐거워했다. 저학년 아이들에게는 교실을 바꾸어 공부하는, 그 자체만으로도 흥미로운 일이 될 수가 있다.

북한에 대한 아이들의 생각은 다양하다. 언론에 나오는 모습 때문인지 친근감보다는 '무섭다', '가난하다' 등의 이미지가 강하고, 같은 민족이라는 개념은 부족하다. 그래서 통일에 대하여 생각해 보는 일도 무리일지 모른다. 이 프로젝트를 공부하면서 북한 사람들의 생활 모습과 통일에 대한 관심을 보이거나, 북한 어린이들의 놀이와 노래를 배우고 친구들과 사이좋게 체험해 보는 것으로도 아이들에게는 북한이라는 나라가 가깝게 느껴질 것이다. 중요한 점은 통일에 대한 긍정적인 의식을 심어주고, 통일을 위해 아이들이 할 수 있는 일들은 무엇이 있는지 생각해보게 한다. 더 나아가 통일을 위해 아이들이 할 수 있는 일을 실천할 수 있게 한다면 교과와 아이들의 삶을 통합하는 좋은 수업이 될 것이다.

4. 동학년 선생님들의 한마디

각 계절과 교과 과정에 맞게 현장학습 장소를 정하고 일정을 계획하고, 답사를 하고, 교과 과정을 연계한 학습지를 제작하고, 답사 후에도 사진 편집 작업 등 많은 시간과 노력이 필요했다. 힘들고 지친 과정이라고 생각되기도 했지만, 노력한 만큼 아이들과 학부모가 만족해하는 체험활동이었다. 또한 선생님들도 각 계절과 관련하여 현장학습 장소를 선정하였기 때문에 현장감 있는 수업을 할 수 있어 학습에 많은 도움을 주는 활동이었고, 선생님 스스로도 만족과 보람을 느낄 수 있었다.

그 외 2014학년도에 현장체험학습 활동에서 가장 우선적으로 고려한 점은 무엇보다도 안전이었다. 그래서 물놀이나 야외 썰매타기를 실내로 옮겨 체험활동을 하기도 하였다.

평화통일(북한)에 대한 여섯 가지 주제가 체계적으로 구성되어 교육과정상 누락되는 부분 없이 아이들의 호기심을 끌어내기에 적합하였으며 단기간이지만 집중적으로 평화통일에 대한 학습이 이루어질 수 있어서 효과적이었다. 수업 구상 및 자료 준비에 있어서 처음에는 힘든 부분이 있긴 하지만 전체적으로 보면 한 번 구상한 수업으로 여섯 번 수업을 하니 차츰 수업을 할수록 완성도 높은 수업이 될 수 있었다.

그리고 2학년 모든 학생들을 살펴볼 기회가 되어서 좋았으며, 크게 복잡하거나 힘들이지 않고 새로운 활동을 제공하여 뿌듯하였다. 가르치는 교사와 배우는 교실이 바뀐 것만으로도 아이들에 게는 신선한 경험이 되었으며 그 낯선 환경이 긴장감과 학습 의욕을 생기게 하여 자기 반에서 활동하는 것보다 오히려 더 열심히 집중하여 참여하는 모습을 보여 기특하였다. 팀티칭은 일상의 수업에서 벗어나 교사나 학생에게 긴장감과 활력을 주는 활동이었다.

　지금까지 신은초 2학년 교육과정을 통합 재구성하여 운영하면서 주안점을 두었던 몇 가지 프로그램을 적어 보았다. 이러한 학습들을 할 때는 참 힘들고, 1년이란 시간이 왜 그렇게도 빨리 지나가 버렸는지 모르겠지만, 또 막상 글로 옮겨보자니 초라하다는 느낌이 들기도 한다.

　하지만 통합 재구성된 교육과정으로 많은 프로젝트 학습을 실시하면서, 이제 아이들은 과제를 주면 그것을 어떻게 해결할까 고민하고 해결 방법을 토론하여 찾을 수 있는 나름의 성장을 가져왔기 때문에 그 많은 느낌과 과정을 제한된 지면에 모두 담을 수는 없다. 책을 비롯한 모든 자료는 결국 정보일 뿐, 더욱 좋은 교수-학습은 다른 사람들의 성공이나 실패 경험까지도 포함하는 여러가지 다양한 경험들을 참고하고, 자신의 것으로 재구성하는 교사 개개인의 창의적인 아이디어에서 나오는 것이라고 생각한다. 물론 교사들의 노력과 열정이 전제되어야겠지만 그러한 헌신조차 행복하다고 느끼는 학교, 그리고 그곳이 우리 아이들에게도 즐겁고 행복한 곳으로 정착되기를 바라는 마음이다.

3장

생태·환경·노작 교육으로 함께 성장하는, 3학년 교육과정

대한민국에서 2014학년 초등학교 3학년 담임을 맡은 교사들은 교육과정을 제대로 완성하지 못하고 학년을 시작했을 것이다. 3학년 교육과정이 바뀌었고 아이들을 맞이한 후 교과서와 지도서를 받았기 때문이다. 새 학년 시작도 만만치 않은데 교육과정 재구성이라니…….

3월을 바쁘게 보내고 조금씩 학교생활에 익숙해지면서 뭔가 재미있는 공부에 대한 갈증이 찾아왔다. 그렇지만 하루하루를 정신없이 보내고 있는 처지라서 3학년 선생님 다섯 명이 둘러앉아 교육과정을 분석하는 일은 쉽지 않았다. 그럼에도 열정 넘치는 다섯 명의 교사가 교육과정을 들고 한자리에 모인 것은 법정 수업일수와 수업시수에 맞춘 교육과정 계획은 여유가 없었고 텃밭 가꾸기나 생태, 환경, 에너지 교육 등에 필요한 창의적 재량활동 시수도 부족했기 때문이다. 그리고 무엇보다 재미있는 공부, 즐거운 학교생활에 대한 아이들의 기대를 저버릴 수 없어서였다.

'교육과정 재구성으로 길을 찾아보자.'

우리 학교는 개교할 때부터 3~4학년 중점 교육 활동을 생태·환경·노작 교육으로 정하고 있다. 그래서 현장학습도 환경교육을 할 수 있는 곳으로 가고, 텃밭 가꾸기, 생태 교육, 에너지 교육도 어느 학년보다 열심히 한다. 체험활동을 비롯하여 이런 다양한 공부를 많이 하다 보니 교과 통합의 필요성이 절실하였다. 과목별 통합이나 주제 통합을 통하여 부족한 시수를 확보할 수도 있지만 단순한 교과 통합보다는 아이들이 관심을 가지고 즐겁게 공부할 수 있고, 스스로 공부할 수 있는 프로젝트 학습으로 교과와 주제 통합을 해보기로 하였다. 물론 아직은 어린 3학년 아이들과 프로젝트 학습을 과연 어떻게 할 수 있을까 고민이 없었던 것은 아니다. '적극적이고 발표 교육도 잘되어 있지만, 저학년을 겨우 벗어난 3학년인데…….' 다행히 아이들은 무엇이든 가르쳐 주면 스펀지처럼 받아들였다. 1학기 시작과 함께 '조사하는 방법', '자료를 찾는 방법', '찾은 자료를 정리하는 방법'을 차근차근 배워나갔다. 아이들이 개인 학습에서 2명이 함께하는 학습으로, 4명이 한 모둠이 되어 조사·정리하고, 준비해서 발표하는 학습으로 발전하는 모습을 보면서 교사들은 아이들이 프로젝트 학습을 충분히 할 수 있겠다는 자신감을 얻었다.

"적어도 한 학기에 한 번은 교과 통합 수업을 하고, 팀티칭 수업도 해봅시다."

첫 단추는 모든 교사들이 '아, 바로 이거야!'라며 의견을 모은 '지구 프로젝트'였다. '지구 프로젝트'는 2012학년도에 4학년 아이들과 함께했던 교육과정이었기 때문에 한 번 경험이 있었고, 국가 수준 교육과정이 개정되면서 기존에 4학년 교육과정으로 있던 많은 내용이 3학년 교육과정에 포함되었기 때문이다. 그래서 3학년 아이들과 함께하면 좋겠다는 생각에 준비를 시작했다. 늘 하던 것이 아니라 뭔가 다른 학습 방법에 관심이 많은 우리 3학년 교사들은 이미 마음속에서 교육과정을 재구성하고 있었다. 그래서 아이디어가 나오면, 그것에 더하여 구체적인 계획부터 실천까지 일사천리로 멋지게 해내었다. 1학기에는 '소중한 지구' 프로젝트와 수학 팀티칭 수업을, 2학기에는 신은혁신한마당 준비를 위한 프로젝트와 '김치' 프로젝트, 그리고 여유가 되면 팀티칭 수업을 하는 것으로 의견을 모았다.

우리 학교 교사들을 포함하여 대한민국의 교사는 정말 대단한 능력자라는 생각이 든다. 위대한 교육학자들의 이론은 알지 못하더라도 아이들과 1년을 지내면서 맡은 학년에 가장 적절한 교육 방법과 아이들의 특성을 바로 파악할 수 있기 때문이다. 또한 아이들이 살고 있는 지역과 학교의 특수성까지 고려한 가장 적합한 방법을 찾아서, 아이들의 눈빛과 말, 행동을 보며 학습 방법을 수시로 바꾸어 적용한다. 우리 3학년 담임교사 다섯 명도 그러했다.

어떤 학년보다 호기심이 많고 적극적이며 배움에 대한 열의가 높은 3학년 아이들에게 가장 적합한 학습 방법을 찾아나갔다. 4학년 아이들과 함께했던 프로젝트 수업이라 3학년 아이들의 수준이 4학년에 미치지 못할 것이라 생각하고 시작했지만 준비 과정이나 발표 과정이 4학년 아이들보다 결코 뒤지지 않았다. 2012학년도 4학년 지구 프로젝트 수업은 개교와 함께 여러 학교에서 전학 온 아이들이 처음으로 접한 수업이었고, 2014학년도 3학년 '지구는 소중해' 프로젝트 수업은 신은초등학교에 입학하여 1~2학년을 보낸 아이들의 수업이라는 차이가 있었다. 또한 가장 활발하고 적극적이며 자신의 생각을 망설이지 않고 잘 발표하는 학년 특성을 지닌 아이들이라 더욱 지구 프로젝트와 사회과 프로젝트 수업을 멋지게 해냈다.

1학기 '지구는 소중해' 프로젝트 수업이 교사가 미리 준비하고 의논하여 아이들을 이끌어간 수업이라면 2학기 사회과 중심 '옛날 옛날엔' 프로젝트 수업은 아이들 스스로 계획하고 준비하여 만들어 간 수업이었다. 김치 프로젝트는 1학년 때부터 해왔던 농사 체험을 좀 더 구체적이고 체계적으로 공부하며 김치 만들기를 통하여 완성한 프로젝트 수업이었다. 이런 다양한 교과 통합 프로젝트 수업은 아이들의 무한한 능력을 발휘하며 함께 성장할 수 있도록 도왔다.

1학기 '지구는 소중해' 프로젝트 수업과 수학 팀티칭 수업을 하면서 3학년 아이들은 3학년 교사 모두를 자신들의 선생님으로 받아들였다. 그저 옆 반 선생님이 아니라 '우리 선생님'이 되고, 3학년 공동체가 이루어진 것이다. 2학기 사회과 중심 '옛날 옛날엔'

프로젝트 수업과 김치 프로젝트, 과학 팀티칭 수업을 하면서 아이들은 더욱 성장했다. 공부는 배우는 것만이 아니라 나누는 것임을 알게 된 것이다. 3학년 전체가 함께 모여서 의논하고 결정하는 어린이 자치활동인 '학년 다모임'도 성장에 큰 몫을 했다. 자신의 의견은 학급 다모임에서 주고받고, 그 후 학급 의견을 모아 학년 다모임에서 의논하고 결정하는 과정을 거치며 아이들은 미래의 훌륭한 시민이 될 준비를 한 것이다. 아이들과 다섯 명의 교사는 이렇게 3학년 공동체가 되어 함께 성장했다.

1년 동안 3학년 아이들과 교사들은 열심히 공부했다. 교사들은 아이들의 배움을 위해 고민하고 아이들은 즐겁고 신나게 배워나갔다. 교과 통합을 통한 프로젝트 학습만이 아이들의 배움을 성장시킬 수 있는 것은 아니지만 교육과정 재구성을 통하여 3학년 아이들과 함께한 공부는 아이들의 배움을 도와주고 성장시키는 중요한 역할을 했다.

1. '지구는 소중해' – 지구 프로젝트

(1) 프로젝트 준비 – 소주제, 교과, 흐름

3학년은 학습에 대한 의욕이 높고 탐구 활동이 가장 활발한 학년이다. 단순한 암기나 주입식 교육보다 스스로 활동하면서 배우는 활동과 협력 활동에 대한 욕구도 높다. 그러므로 아이들과 함께 통합교육과정에 의한 주제 중심 활동을 하기에는 가장 적절한 학년으로 생각한다. 1학기 시작부터 조사 활동을 하는 방법, 컴퓨터에서 자료를 찾는 방법, 찾은 자료를 친구들과 함께 정리하는 방법 등에 대하여 배운다. 또 활동 결과를 모둠별로 발표할 수 있는 자료를 만들어 발표하는 방법도 공부한다.

1~2학년에서 비교적 발표 연습이 잘되어 있어, 3학년 아이들이지만 그리 어렵지 않게 활동을 진행할 수 있었다. 몇 번의 활동 후에는 주제만 던져주어도 스스로 자료를 찾고 정리하며, 친구들과 함께 발표 자료를 준비하는 활동을 척척 해낸다. 3학년은 또한 자연과 환경에 대한 관심과 사랑도 남다르다. 자연의 작은 변화에도 감탄할 줄 알고, 주변의 상황에 민감하게 반응하며 훼손된 환경에 진심으로 마음 아파한다. 마음이 맑고 감성이 풍부하여 바람직한 가치관을 형성하기에 가장 좋은 시기라고 할 수 있다.

그렇다면, 3학년 아이들과 '어떤 주제로, 어떤 활동을 할까?'

"이제 아이들이 조사 학습도 제법 익숙해지고 재미있는 공부에 대한 열의도 생긴 것 같아요."

"1학기에 배워야 할 내용을 살펴보았는데, 우리 학년의 중점 활동인 생태·환경교육과 관련지어 대주제를 선정해 보면 좋을 것 같습니다."

"동물, 생명 존중, 지표, '우리가 살고 있는 곳' 등 여러 교과를 한데 묶을 수 있는 주제로 '지구'는 어떨까요?"

머리를 맞대고 고민한 결과, 지식정보화사회를 살아갈 아이들의 감성을 더욱 발달시키며 내가 살고 있는 지역을 중심으로 주변 환경에 대한 사실과 발전 방향까지도 공부할 수 있는 '소중한 지구'를 주제로 선정하게 되었다. 그리하여 5명의 교사들은 머리를 맞대고 '소중한 지구' 프로젝트를 준비하였다.

"'지구'라는 큰 주제에 포함되는, 아이들이 배워야 할 작은 주제로, '지구' 하면 무엇이 생각나는지 찾아보는 수업은 어떨까요?"

그래서 1) 대주제와 소주제를 학년 중점 교육 활동―생태·환경교육―을 근간으로 선정하고, 2) 주제에 알맞은 교과별 내용을 분석하였다.

이것은 어디까지나 교사들에 의해 세워진 계획이며, 실제 각 반에서 공부할 때는 아이들과 함께 의논하여 대주제 안에서 시수나 소주제를 자유롭게 정할 수 있도록 하였다.

이제 교사들은 준비가 되었고 각 반으로 가서 아이들과 함께 공부할 내용을 의논하고 계획해갔다.

"푸른반 친구들~, 우리가 더욱 재미있게 하고 싶은 공부를 말해 볼까요?"

"체육을 많이 해요~", "놀이로 하면 좋겠어요~", "친구들과 함께 할래요."

"여러분이 친구들과 함께 재미있게 공부할 수 있는 주제를 찾아 보아요. 3학년은 우리가 살고 있는 지역의 환경과 동물, 흙, 생명 의 소중함 등을 배우는데 이것을 한데 묶을 수 있는 낱말이 있을 까요?"

재구성 목표	우리 주변의 자연환경과 사회에 관심을 가지고 그 속에서 일어나는 다양한 문제를 합리적으로 해결하려는 태도와 능력을 기른다.			
재구성 이유 또는 근거	1. 학생들의 자발적인 학습 의욕을 높이면서 서로 협력하여 문제를 해결할 수 있는 능력을 기른다. 2. 여러 교과에 흩어져 있는 비슷한 주제를 하나로 통합하여 밀도 있는 학습을 한다. 3. 교과서에 갇혀 있는 지식이 아니라 몸으로 익히는 공부를 한다.			
	교과	단원	시수	비고
재구성 편제	국어	5. 내용을 간추려요	2	학급별로 재구성 시수나 소주제는 자유롭게 정함
		6. 알맞게 소개해요	8	
		7. 아는 것을 떠올리며	4	
		8. 마음을 전해요	6	
		9. 상황에 어울리게	4	
	사회	2. 이동과 의사소통	5	
		3. 사람들이 모이는 곳	3	
	과학	3. 동물의 한살이	11	
		4. 지표의 변화	11	
	도덕	4. 생명을 존중하는 우리	2	
		5. 내 힘으로 잘해요	2	
	미술	• 자연환경과 미술 • 관찰표현 • 상상표현 • 디자인과 생활	8	
	창의적 체 험활동	• 자율 활동 (창의적 특색활동, 자치활동)	4	
		• 진로활동	1	
	계		71	

지구 프로젝트 흐름도

지구 프로젝트 시작

마인드맵으로
지구와 관련된 것
소주제로 찾기

물   흙   공기   생명

1주일씩 소주제
학습 및 팀별 발표

정리 학습

박물관 꾸미기

학부모, 학생 초청 전시회

지구 프로젝트 마침

어떤 배움이 일어날까?

- 더불어 살아가는 세상의 소중함을 안다.
- 협력학습을 통해 함께 발전하는 기회를 갖는다.
- 우리가 살고 있는 지구에 대해 다시 한 번 생각해 본다.
- 환경 문제에 대한 경각심을 일깨운다.
- 환경을 보호하기 위한 방법들을 강구하고 스스로 실천해본다.
- 꾸준히 생명을 돌보고 가꾸면서 생명의 소중함을 느낀다.
- 조사 학습을 통해 스스로 학습하는 습관을 기른다.
- 박물관 학습을 통해 직접 설명함으로써 주도적인 의사표현력을 키운다.

"우리 동네요.", "동물원이요." "텃밭이요.", "우리가 사는 곳에 있어요.",

"아! 모두 지구에 있네."

(2) 마인드맵으로 소주제 찾기 – 첫째 주

마인드맵으로 소주제를 찾는 수업은 다음과 같이 진행했다.

① 소중한 지구에 대한 이야기를 서로 나누고 '지구' 하면 떠오르는 것들을 포스트잇에 쓴다.

② 서로 비슷한 것끼리 묶어서 칠판에 붙인다.

③ 비슷한 내용의 주제를 선정한다.

④ 4가지 정도 소주제를 정한다. (생명, 물, 흙, 공기)

⑤ 소주제 안에서 함께 공부하고 싶은 내용을 생각해 온다. (4~5가지 정도)

⑥ 아이들이 준비한 내용을 바탕으로 선생님과 함께 기본 학습을 한다.

Tip 1

주제별 전문가들로 모둠 만들기

첫 시간에 소주제를 나누고, 아이들 각자 자신이 공부하고 싶은 것을 정합니다. 그리고 공부하고 싶은 것이 비슷한 아이들끼리 모여 모둠을 구성하고 함께 연구해서 발표할 소주제를 정합니다.

▲ 지구에 대해 생각한 것을 포스트잇에 적어 칠판에 붙인다.

▲ 소주제를 보고 공부하고 싶은 내용을
적는다.
◀포스트잇을 주제별로 분류한다.

▲ 모둠별로 자신들이 맡은 소주제에 대해 정보를 찾는다.

Tip 2

전문가 모둠별로 연구와 발표 준비

전문가 모둠은 소주제별로 진행되는 수업에 따라 자신들의 연구 결과를 발표할 수 있도록 일주일 동안 준비합니다. 일주일이 지난 후 그 소주제 수업에서 연구 결과를 간단하게 발표합니다.

Tip 3

소주제별로 일주일씩 모두 함께 학습하기

소주제별로 일주일씩 학습이 진행되도록 소주제별 수업 계획을 아이들과 함께 정하도록 합니다. 교사와 함께 모든 아이들이 소주제에 따라 일주일 동안 교과의 기본 내용을 익히도록 합니다.

(3) 소주제 '생명' – 둘째 주

"푸른반 친구들은 어떤 공부를 하고 싶다고 했지요?"

"우리가 키우고 있는 올챙이와 배추흰나비를 자세히 관찰할 거예요."

"제가 좋아하는 공룡이 사라져 안타까워요. 그래서 공룡에 대한 공부를 할 거예요."

"우리가 정한 것은 아니지만 저는 우리 텃밭에 심은 상추와 감자에 대하여 자세히 관찰하고 조사하고 싶어요."

"여러 가지 동물들에 대하여 조사할 거예요"

"저는 집에서 키우고 있는 햄스터에 대하여 자세히 알아볼래요."

소주제는 생명이지만 아이들이 공부하고 싶은 내용은 정말 다양했다. 교실에서 키우고 있던 배추흰나비와 개구리알 뿐만 아니라 다양한 동물과 식물에 관심이 정말 많았다. 마지막 주 박물관 수업을 위하여 비슷한 주제를 정한 친구들끼리 함께 공부하면 더 훌륭한 발표를 할 수 있다는 것을 안내하였지만 최대한 아이들의 관심과 공부하고 싶은 내용을 인정했다. 개성이 강한 아이나 관심 분야가 독특한 아이들은 혼자나 둘이서 조사 학습을 하고, 비슷한 내용을 묶은 아이들은 3~4명이 함께 조사 학습을 하였다. 이때 전문가 모둠은 다른 아이들보다 더 많이, 더 자세하게 조사하고 준비를 해야 한다는 점을 말해주었다.

일주일 동안 교사는 생명과 관련된 교과서 내용을 함께 공부하며 아이들이 조사할 내용을 보충하고 자료를 찾을 수 있는 방법을 안내했다. 생명 소주제 수업의 마지막 날에는 모든 아이들이 일주일 동안 공부한 내용을 발표했다. 3학년 수준에 알맞은 내용으로 발표할 수 있도록 일주일 동안 수시로 점검했다. 친구들 발표를 보면서 전문가 모둠은 더 많은 자료를 얻게 되고 도움을 받을 수 있다. 또한 남은 기간 동안 자료를 더 보충할 수 있다.

아이들이 조사한 내용

'나는 동물 박사', '우리 집 구피', '감자와 감자 꽃', '사라진 공룡들', '공룡 시대', 화석동물, '귀염둥이 햄스터', '고슴도치의 한 살이', '올챙이 친구', 배추흰나비, '내 친구 장수풍뎅이', '희귀 동물들', '사라진 동물들', '나는 곤충 박사', '개구리와 비슷한 동물들' 등

Tip 4

도서실 책을 많이 이용해요~

소주제와 관련 있는 책들을 모아 도서실에서 빌려 옵니다. 이때 아이들이 집에 가지고 있는 책도 함께 모아서 교실에 두고 마음껏 읽을 수 있는 시간을 주면 큰 도움이 됩니다.

▲ 사라진 공룡을 찰흙으로 만들어 전시

▲ '생명'을 조사한 모둠의 자료와 전시물
◀ 장수풍뎅이에 대해 조사한 내용을
　전시한 모습

(4) 소주제 '흙' - 셋째 주

"'소중한 지구'와 흙은 어떤 관계가 있을까요?"

"지구는 땅으로 되어 있어요."

"흙이 없으면 식물이 자라지 못하고 식물이 없으면 사람도 살
수 없어요."

"흙에 따라 식물이 잘 자라기도 하고 잘 자라지 못하기도 해요."

"흙을 밟으면 기분이 좋아져요."

"옛날보다 지금은 땅이 많이 더러워졌어요."

"땅속에는 많은 동물들이 살아요."

"도시에서는 흙을 밟을 일이 별로 없다는 말을 들었어요."

텃밭 가꾸기 활동을 항상 하는 아이들이라 흙에 대한 생각이 다
양하고 많았다. 또한 흙의 종류와 식물이 잘 자랄 수 있는 흙에 대
해 공부해서인지 중간에 조사 내용을 바꾸는 아이들도 있었다.
흙을 공부하며 텃밭의 흙에 감사하는 마음을 많이 표현했다. 이
미 체험학습을 통하여 지렁이가 흙을 살리는 동물이라는 것을 알
고 있는 아이들은 지렁이를 키우겠다며 지렁이를 구해오기도 했
다. 미술 활동으로 헌 스타킹을 이용하여 지렁이를 만들었다. 헌
신문지나 못 쓰는 종이를 넣고 눈알을 붙이기만 하면 되는 간단한
활동이었지만 아이들은 자신이 만든 지렁이를 보며 지렁이에게
고마운 마음을 전했다. 또 지렁이를 함부로 다루지 않겠다는 다
짐도 했다. 텃밭 농작물을 가꾸며 아이들은 상추나 감자잎에 붙

은 진딧물을 어떻게 해야 할지 고민에 빠졌다.

"선생님, 진딧물을 잡아야 할까요? 진딧물 없애는 좋은 방법은 없을까요?"

농약을 사용하지 않고 진딧물을 없애며, 흙을 좋게 만들 수 있는 방법을 고민하다 'EM'을 알게 되었다. 'EM'은 Effective Microorganisms, 우리말로는 유용미생물군의 약자로 자연계에 존재하는 많은 미생물 중에서 사람에게 유익한 미생물 수십 종을 조합해서 배양한 것을 말한다. 전문가 모둠 하나는 EM에 대해 조사하고 EM을 만들어서 박물관 수업에 오신 학부모님들께 나누어 드리기도 했다.

아이들이 조사한 내용

'흙이 만들어지는 과정', '우리 텃밭의 흙', '식물이 잘 자라는 흙', '땅속에 사는 동물들', '흙이 중요한 이유', '흙이 서로 달라요', '꼼틀꼼틀 지렁이', '농촌이 좋아요', 'EM을 아시나요?' 등

Tip 5

EM 준비 방법

생활협동조합이나 인터넷 사이트에서 원액과 유기농 설탕을 한 봉지씩 학년 교육 활동비로 구입합니다.

▲ 지렁이들 만들어 전시하고 설명하는 모습

▲ 스스로 만든 EM 용액을 보여주면서 EM에 대해 설명하는 모습

(5) 소주제 '물' - 넷째 주

"물이 없으면 사람이 살 수 없어요."
"깨끗한 물과 더러운 물이 있어요."
"쓰레기를 함부로 버리면 물이 더러워져요."
"물이 부족해서 깨끗한 물을 마실 수 없는 나라도 있어요."
"물을 아껴 써야 해요."

프로젝트 학습 기간 중 실시한 현장체험학습(난지 물 재생센터)을 통하여 물이 정화되는 과정을 설명 듣고, 또 직접 눈으로 보고 온 아이들이라 물의 소중함과 중요함에 대한 이야기가 많이 나왔다. 시야를 더욱 넓혀 물 부족 현상으로 고통 받고 있는 어린이들이 있다는 것도 함께 공부했다. 먼저 영상 자료로 〈아프리카의 눈물〉을 보여주고 이야기 나누기를 했다. 그 다음 시간에 『맑은 하늘, 이제 그만』, 『관을 짜는 아이』 두 권의 동화책을 실물화상기를 이용하여 아이들에게 읽어주었다. 물의 소중함에 대해 더이상 설명이 필요 없었다.

"제가 물을 아껴 쓰면 그 만큼 아리안(『맑은 하늘, 이제 그만』책 속의 주인공)에게 줄 수 있을까요?"

아이들은 '물'을 공부하면서 아프리카 어린이 돕기 활동을 제안했다. 그래서 2학기 나눔 활동인 되살림 장터를 통해 아프리카 어린이 돕기 활동을 하기로 했다.

"우리 반만 아니라 모두가 물을 아껴 써야 해요. 그래서 캠페인 활동을 할 거예요."

아이들은 미술 시간을 이용하여 물의 소중함에 대한 표어도 만들고 포스터도 그려서 교내 곳곳에 붙였다. 쉬는 시간을 이용하여 캠페인 활동을 한 것은 물론이다. 물을 아껴 쓰고 깨끗하게 쓰기 위해 각자 집에서 해야 할 일을 정하고 꾸준히 실천하는 아이들이 생겼다. 물을 더럽히지 않기 위해 쓰레기를 함부로 버리면 안 된다고 생각한 아이들은 쓰레기 분류에 대한 전문가 집단을 만들었다. 그 아이들은 박물관 수업할 때 자신들이 직접 동네 재활용 쓰레기장에서 가져온 각종 재활용품을 한곳에 모아 분류하는 작업을 보여주면서 그 방법을 진지하게 설명할 수 있었다.

"집에서는 제가 잔소리쟁이라고 그래요. 샴푸는 조금만 쓰세요, 설거지할 땐 물을 받아서 해요, 양치질할 땐 컵을 이용하세요, 쓰레기는 꼭 분류해서 버려요, 이런 게 잔소리가 아니잖아요?"

아이들이 조사한 내용

'물은 중요해요', '물이 없다면?', '물을 아껴 쓰는 방법', '물은 어디서 올까', '깨끗한 물을 만드는 방법', '어떤 물일까?', '한강의 변천사', '쓰레기 분류 배출 방법' 등

(6) 소주제 '공기' – 다섯째 주

"공기는 지구에만 있어요."

▲ '물을 아껴 쓰자'는 캠페인 활동

▲ 한강의 변천사와 여러 가지 물맛의 비교

"공기가 없으면 사람들은 잠시라도 살 수 없어요."

"매연이 없었으면 좋겠어요."

"자동차를 조금만 타면 공기가 더 좋아질 거예요."

"나무를 많이 심어요."

"사람들은 산소를 마시고 이산화탄소를 뱉어요."

"지구 온난화로 점점 살기가 힘들어져요."

"후쿠시마 핵발전소가 터져 방사능 오염도 심각해요."

우리 교실은, 원래 음악실로 사용하도록 만들어진 곳인데, 학교에 교실이 부족하기 때문에 현재 어쩔 수 없이 교실로 사용되는 곳이다. 그래서 한 학기 내내 창문을 조금씩 열고 생활한 아이들이라 '공기'는 아이들에게 더욱 쉽게 다가온 주제였다. 바닥과 새 가구에서 나는 냄새가 건강에 좋지 않다는 것을 공부한 아이들이라 공기를 깨끗하게 하는 방법에 대해 많이 이야기했다. 또 공기를 더럽히는 것에는 무엇이 있는지 알아보는 아이도 있었다. 책을 많이 읽은 아이나 주변에서 들은 이야기가 많은 아이들은 지구온난화나 공기를 구성하고 있는 물질에 대한 공부도 했다. 자동차에 관심이 많은 남자아이들은 친환경 자동차에 대한 공부를 많이 했다. 여자아이들 중에는 공기를 오염시키지 않으면서 좋은 향기를 얻을 수 있는 천연 향수에 대해 공부한 전문가 모둠도 있었다. 또한 후쿠시마 원전 사고가 난 것을 알고 있는 아이들은 방사능오염에 대한 공부를 하기도 했다.

▲ 친환경 자동차에 대해 조사한 것을
   전시하여 설명하는 모습

◀ 공기를 더럽히는 물질에 대해
   조사한 것을 전시하여 설명하는 모습

아이들이 조사한 내용

'공기를 더럽히는 물질', '공기를 깨끗하게 하려면?', '숲의 파괴', '나무를 심어요!', '지구가 더워져요', 지구온난화, '공기 속에는', '무서운 원자력', '핵발전소를 없애요', '향긋한 냄새 - 천연 향수' 등

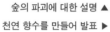

숲의 파괴에 대한 설명 ▲

천연 향수를 만들어 발표 ▶

(7) 드디어 박물관 수업 – 여섯째 주

"제가 준비한 조사 자료가 부족하지는 않을까요?"

"설명 자료를 놓을 삼각대가 필요해요."

"제가 만든 천연 향수 냄새가 괜찮은가요?"

"달걀판을 이용하여 커다란 공룡을 만들고 싶은데 친구들 도움
이 필요해요."

"자료가 조금 부족한데 컴퓨터실에 가서 보충하고 올게요."

"이 사진 자료는 꼭 컬러로 출력해 주세요."

박물관 수업을 준비하는 과정은 시끌벅적 하면서도 활기가 넘

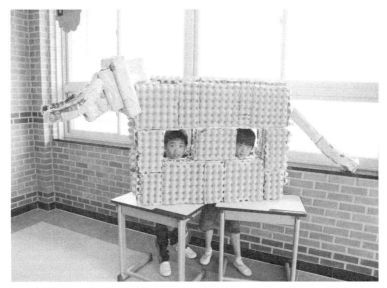

▲ 달걀판을 재활용해서 만든 공룡

쳤다. 학부모님과 언니, 동생들 앞에서 자신이 준비한 것을 잘 발표할 수 있을까에 대한 긴장감과 열심히 준비한 공부를 나눈다는 설렘이 가득했다. 선생님의 조언도 구하지만 서로 자신이 준비한 자료들을 보여주며 친구들의 이야기를 듣고, 서로 도와주며 준비하는 모습은 아름다움 그 자체였다.

Tip 6

저렇게 많은 달걀판을 모으는 방법

5주 동안 학급 어린이들이 부지런히 모았답니다. 덕분에 교실은 재활용 쓰레기장에 버금가는 공간이 되었지요.

박물관 수업을 구상할 때는 모든 아이들이 빠짐없이 발표를 하는 것을 목표로 했지만 은근히 걱정이 되는 면도 있었다. 발표를 하지 않겠다는 아이는 없을까, 자신이 준비한 발표 자료가 마음에 들지 않는다며 중간에 포기하는 아이는 없을까 염려했지만, 우리 아이들은 그 걱정과 염려를 한 방에 날려 버렸다. 전문가 모둠의 위력이었다. 아이들이 서로 협력하며 자료를 준비하고 만드는 과정을 통하여 '나'의 발표가 아니라 '우리' 모둠의 발표가 되었기 때문이다. 한 모둠 안에서도 두서너 가지의 발표 자료를 서로 의논해서 결정하였다. 이렇게 함께 준비하고 도와주며 완성해가는 모습은 아이들의 무한한 능력을 증명해주었다.

(8) 프로젝트를 마무리하며

우리 학교 아이들은 조사하고 정리하여 발표하는 활동에 익숙해서인지 모르지만 3학년 아이들이라고 하기엔 너무 수준이 높지 않았나(?) 하는 생각이 들 정도로 준비 과정부터 정리, 발표까지 즐거운 마음으로 진행하였다. 친구들과 의논을 하며 발표 순서를 정하고 설명이 부족한 부분은 서로 도와가며 하였다. 아이들은, 특히 자신들이 가장 좋아하는 중간 놀이 시간을 반납하면서까지, 작품을 제작하는 친구들의 일을 도와주었다.

 "넌 긴장되니?"

"응, 좀 떨려."

"잘할 수 있을 거야. 우리 파이팅하자!"

부모님과 형님, 동생들에게 발표한다는 긴장감과 흥분이 이곳 저곳에서 느껴졌다. 아이들은 서로를 격려하며 준비하는 시간을 슬기롭게 보냈다.

"와 ~~ 수업이 끝났다."

"오늘 공부는 어떠했나요?"

"제가 박사가 된 기분이 들었어요."

"5학년 형님을 가르쳐 주어 기분이 좋았어요."

"2학년 동생이 설명을 열심히 들어주어서 고마웠어요."

"자꾸 질문하는 친구가 있어 조금 힘들었어요."

"다음에 또 이렇게 재미있는 공부를 하고 싶어요."

"지구에 대하여 공부를 엄청 많이 했어요."

연계 학습 체험활동 프로그램

'지구는 소중해' 프로젝트 학습과 연계해서 다음과 같은 체험활동도 함께 진행했다.
① 물 재생센터, 자원 회수 시설, 자원순환 테마 전시관 견학
　　- 현장학습을 가기 전에 사전 예약을 반드시 해야 한다.
② 농촌 마을 체험학습
　　- 학교로 지원 프로그램이 왔을 때 재빨리 신청해서 할 수 있었다.
③ 'PVC 없는 학교 만들기' 교육과 '천으로 리코더집 만들기', '우유팩을 이용한 재생 종이 만들기' - 시민 단체 '발암물질 없는 사회 만들기 국민행동'의 학교교육 지원 프로그램에서 도움을 받았다. 하루에 한 학년을 모두 수업할 수 있는 강사 선생님을 보내준다.

아이들은 일주일 동안 소주제 수업을 하며 한 번씩 발표 과정을

거쳤기 때문에 더욱 완성되고 전문가다운 발표를 할 수 있었다. 자신이 알게 된 공부를 나눈다는 의미를 온몸으로 터득한 아이들은 서로를 칭찬하기도 했다. 물론 개인적으로 자신감을 가지게 된 면이나 자료를 준비하고 조사하는 방법을 익히게 된 것은 당연한 일이다. 박물관 수업에 참여하신 학부모님들의 적극적인 칭찬과 수업 참여도 아이들에게 자신감을 더하는 역할을 했다. 또한 우리 교사들도 한층 성숙할 수 있는 계기가 되었다.

박물관 전시회에 오신 학부모님들의 소견

- 프로젝트라는 새로운 수업을 보게 되어 신기하고 이러한 수업을 통해 배운 내용은 아이들에게 오랫동안 자신의 지식으로 남을 것 같다. 다른 학교에도 이러한 수업이 많이 전파되었으면 한다.
- 아이들이 직접 설명을 한다고 해서 잠깐 나와서 앞에서 발표하고 마는(?) 수업이겠지 하면서 기대 없이 왔는데 자신만의 분야를 전문적으로 설명해주는 모습에 놀랐다. 수준이 매우 높은 것 같다.
- 박물관 학습을 보러 온 사람들에게 직접 경험해볼 수 있는 코너들이 있어서 좋았다.
- 아이들이 스스로 공부하고 준비했다는 사실이 믿기지 않는다. 내가 생각했던 우리 아이 모습보다 훨씬 훌륭한 우리 아이 모습을 발견했다.
- 공부가 무척 즐겁다는 것을 알게 되었다.

아이들의 능력은 교사의 생각보다 훨씬 크다. 바른 길로 인도하여 돌부리에 채이지 않도록 도와주는 것이 교사의 역할일 수 있지만 돌부리가 있는 흙길도 있다는 것을 알려주고 아이 스스로 조심해서 걸어갈 수 있도록 안내하는 것 또한 교사의 역할이 아닐까? 교사가 아이들에게 너무 높은 수준의 결과물을 바라지 않는다면, 모든 학교의 3학년 아이들에게 적극 권하고 싶은 학습이다. 아이들에게는 자신이 있는 그 자리에서 출발하여 자신의 능력을 최대한 발휘하며 서로 도와주고 나누는 공부를 할 수 있는 기회가 된다. 완벽한 학습 결과가 아니라 준비하고 진행하며 발표하는 과정에서 얻는 작은 배움의 과정들이 아이들과 선생님 모두를 즐겁고 행복한 배움으로 이끄는 큰 힘이 되리라 생각한다.

2. '옛날 옛날엔' – 아이들 스스로 정한 교육과정

(1) 사회 과목에서 아이들이 스스로 주제 고르기

2학기 개학을 하자마자 3학년 전체 아이들과 동학년 선생님들은 바로 신은혁신한마당 준비를 위한 시동을 걸었다.

"3학년 아이들이 이제 저학년 티를 벗고, 선생님과 부모님의 도움을 벗어나 주인이 되어 축제를 진행해 나갈 수 있으면 좋겠어요. 아이들이 자기가 하고 싶은 주제를 직접 선정할 수 있도록 우리가 도와주면 될 것 같아요."

"교과에 대한 긍정적이고 행복했던 경험이 학습 의욕에 큰 영향을 미친다고 하잖아요. 그래서 신은혁신한마당 주제를 교과와 연계하면 더 좋을 것 같아요. 국어를 중심으로 했던 교실 열기와 수학 팀티칭에서, 아이들은 국어와 수학을 놀이로 접근하며 무척이나 즐거워했어요. 신은혁신한마당 직전에 과학 팀티칭도 계획되어 있으니, 사회 과목을 주제로 던져주면 여러 과목에 골고루 흥미를 느낄 수 있고 좋을 것 같아요."

"좋아요. 그럼 과목은 정해졌고, 아이들을 위한 축제의 마당이니 사회 교과 주제부터 아이들이 직접 정하는 것은 어떨까요?"

3학년 선생님들은 사회 교과를 중심으로 신은혁신한마당을 계획하며 주제 선정부터 고민에 빠졌다. 자신이 공부하고 싶은 내용을 스스로 선택하여 학습을 하였을 때 공부 효과가 가장 크다는 것은 이미 많이 알려진 사실이다. 하지만 학교라는 틀 속에 있는 교육과정에서 자신이 하고 싶은 공부를 스스로 찾는다는 것이 얼마나 가능할 것인가에 고개를 갸우뚱했다. 그것도 3학년 아이들에게.

"3학년 아이들이 과연 할 수 있을까요? 많이 어려워할 것 같은데요"

"못 하더라도 아이들에게 기회를 주는 거지요. 스스로 하고 싶은 공부를 찾을 수 있는 기회, 처음 해봐서 서툴겠지만 아이들이 서로의 생각을 공유한다면 내용이 더 풍성해질 수도 있을 것 같아요."

"그거 좋은 생각이네요. 그렇다면 아이들이 자신의 생각을 공유하고, 하고 싶은 주제를 발표할 수 있는 다모임 자리를 마련해주어야겠어요. 다모임에서 자신들이 선정한 내용을 발표해 보고, 서로 정보를 공유하면 부족한 부분도 스스로 보충할 수 있고요."

3학년 선생님들은 각 반에서 아이들에게 신은혁신한마당 주제로 과목이 '사회'라는 것만 제시하고 나머지 구체적인 주제는 스스로 결정하도록 이야기했다.

"이번 신은혁신한마당은 2학기 사회 교과서를 중심으로 여러분이 하고 싶은 주제를 선정해서 발표해볼 수 있도록 할 거예요. 그러니 무엇을 준비해보고 싶은지 각자 생각해보고, 내일 학급 다모임을 통해 모둠별로 발표를 한 후 다음 주에 학년 다모임에서 주제를 최종 결정할 거예요"

아이들이 힘들어하고 걱정할 것 같다는 교사들의 막연한 예상과는 달리 아이들의 반응은 너무나 기대에 차 있었다.

"와! 재밌겠다. 정말 우리가 하고 싶은 것 해도 되요?"

"그럼. 사회 교과서 내에서 하고 싶은 것 다 해도 된다니까요."

"야~, 우리 빨리 정하자. 우리가 하고 싶은 걸로."

아이들은 사회책을 꺼내서 숨도 안 쉬고, 바쁘게 페이지를 넘겨가며 읽고, 자신들이 하고 싶은 단원을 찾으며 사회책에 몰입해 나갔다.

"난 '3단원 다양한 삶의 모습들'에서 옛날과 오늘날의 백일잔치, 돌잔치에 대해 공부해 보고 싶은데. 와, 이것도 재미있겠다. '2단원 옛날과 오늘날의 놀이의 변화'. 하고 싶은 것이 정말 많네."

"나도 나도! 옛날 놀이에 대해 알아보고, 해보면 재미있을 것 같아. 우리 이거 같이하자."

아이들은 자신이 해보고 싶은 주제를 찾기 위해 사회 교과서를 샅샅이 뒤지며, 오랜 시간 진지하게 친구들과 의견을 주고받았다.

'아이들 스스로 교과서를 읽고 또 읽는 모습을, 이리 진지하게 교과서를 고민하는 모습을 그 전에 내가 본 적이 있었나?'

아이들이 잘할 수 있을까를 걱정하던 교사들의 얼굴엔 저절로 흐뭇한 미소가 번졌다. 아이들은 이미 잘하고 있다.

(2) 학급, 학년 다모임 - 주제 선정과 안내

"어제 예고한 대로 오늘 모둠별로 주제 선정에 대한 이야기를 나눌 거예요. 나온 내용을 바탕으로 학급 전체 주제를 선정해서 다음 주 학년 다모임에서 발표를 할 겁니다."

아이들은 자신이 정한 주제를 모둠원과 이야기하며 의견을 공유했고, 결정된 내용은 노트에 빼곡히 적어서 발표를 했다. 주제 선정 이유도 3학년답다.

"우리 1모둠은 여러 의견들이 나왔지만, 옛날과 오늘날의 옷에 대해 조사해보기로 했습니다. 민준이가 할머니네 시골집에 옛날 옷이랑 모자가 있다고 해서요. 또 서영이는 집에 한복이 있다고 합니다."

"2모둠은 옛날과 오늘날의 놀이에 대해 알아보기로 했어요. 이거 하면 우리가 놀이도 다 해볼 수 있잖아요"

예상 외로 아이들의 마음은 일치하였다. 학급 전체가 '2단원 달라지는 생활 모습'에서 주제를 찾은 것이다.

"모든 모둠이 '2단원 달라지는 생활 모습'에서 주제를 찾았네요. 그럼 우리 반은 2단원을 중심으로 신은혁신한마당을 구성해 봅시다. 오늘 우리 반에서 나온 다양한 의견들은 전체 다모임에서 발

▲ 학급 다모임에서 모둠 활동을 의논하는 아이들

표할 것이니, 공책에 정리해 보세요. 정리 내용을 한 번 더 들어 보고, 학급 대표를 선정해서 학년 다모임에 내보내겠습니다."

학교 무지개터에 전 학년이 모였다. 아이들 모두 학년 전체가 모여 다모임을 한다는 사실에 들떠 있었다. 3학년 전체 친구들과 자신들의 의견을 나눈다는 것이 아이들에게는 처음 있는 경험이기 때문이다. 반별로 대표들이 나와 반에서 정한 주제들에 대해 발표를 시작하였고, 아이들은 진지하게 경청했다.

"누리반에서는 '2단원 달라지는 생활 모습'을 주제로 선정하기로 했으며, 각 모둠에서는 다음 표와 같이 준비할 예정입니다."

2단원 달라지는 생활 모습	1모둠	2모둠	3모둠	4모둠	5모둠
	의복	집	놀이	음식	물품

▲ 3학년 아이들 전체가 무지개터(시청각실)에
　 모여 학년 다모임을 진행하는 모습

▲ 학급에서 결정된 사항을 종이에 적어
　 학년 다모임에서 발표하는 아이들

　반별로 발표가 끝나면 아이들은 큰 박수를 쳐서 격려해주었고, 자신들이 생각하지 못한 주제를 발표하는 반이 있으면 필기를 하며 받아 적는 모습도 보여주었다. 내용 발표 후 질의응답 시간이 주어졌는데, 아이들의 질문은 끝이 없었다.

　"푸른반에 질문하겠습니다. 옛날 음식을 만들어 시식을 한다고 발표를 했는데, 어떻게 음식을 만들 계획입니까?"

　"아직 어떤 음식을 만들지는 정하지 않았습니다. 그래도 무엇을 만들던 3학년 아이들 모두 시식을 할 수 있게 준비할 것입니다."

　"와~!"

　아이들의 질문은 꽤 구체적이었고, 진지했다. 다른 반이 정한 주제와 질의응답 시간을 통해 자신들이 정한 주제를 보충하고 보태는 작업을 하고 있었다.

(3) 모둠별로 신은혁신한마당 자료 준비 및 계획 세우기

학년 다모임 후 아이들은 우리의 걱정과는 다르게 일사천리로 자료 수집에 들어갔다.

"우리 중간놀이 시간이랑 점심시간에 밥 빨리 먹고, 또 학교 끝나고 학교 도서관에 가서 옛날 의복에 관한 책을 최대한 다 찾아보자."

"좋아. 도서관 검색 컴퓨터로 먼저 찾고, 사서 선생님께도 여쭤보면 될 거야."

"미안하지만 난 학교 끝나고는 빨리 집에 가야하니, 집에서 컴퓨터로 조사할 수 있는 자료는 다 저장해오고, 사진 자료는 종이에 뽑아올게."

"나도 컴퓨터로도 조사해 올 수 있어. 우와, 재미있겠다. 우리 내일까지 최대한 가져올 수 있는 자료는 다 찾아보는 거야."

아이들이 준비 과정에서 서로 의논하는 대화는, 교사인 내가 동학년 선생님들과 교육 내용을 준비하며 나누는 대화보다 훨씬 더 열정적이고, 순수하며, 계획적이었다.

'우와! 역시 혁신학교 3년차 신은의 아이들이구나!'

"선생님, 이거 책에서 찾은 자료 학교에서 복사해 주실 수 있어요?"

"당연하지! 여러분이 필요한 자료에 대한 복사뿐만 아니라, 컴퓨터를 통해 조사한 자료도 프린트해 줄 수 있으니 걱정하지 마세요."

자신이 좋아하는 일이 손에 쥐어졌을 때, 자발성의 힘은 폭발

▲ '옛날과 오늘날의 옷' 발표 자료

적이다. 아이들은 자신들이 조사해 온 내용을 의논하느라 정신이
없다. 재미있는 피구도 포기하고, 중간 놀이 시간에 삼삼오오 모
여 준비하는 모습이 꽤나 열심이다.

"자, 그럼 중간 점검에 들어가 볼까요? 1모둠은 어디까지 조사
가 진행되었나요?"

과연 아이들이 자료 조사를 잘 해냈을까를 고민했던 교사로서
준비 내용을 듣고 많이 놀랄 수밖에 없었다.

"저희 모둠은 달라진 의식주 중에서 옛날과 오늘날의 의복에 대
해 준비를 할 거예요. 신은혁신한마당에서는 의복의 변화에 대한
발표 후에 옛날 옷을 입어본다든지, 의복의 전설에 대한 인형극,
옛날 옷 종이접기, 발표 내용에 대한 퀴즈 등을 마련할 예정입니
다."

아이들이 직접 만드는 교육과정

교과	단원	시수	'옛날 옛날엔' 신은혁신한마당 내용
재구성 편제			
사회	2. 달라지는 생활 모습	14	〈1모둠 : 옛날 의복과 오늘날의 의복〉 - 옛날 옷 입어보기(옷고름 매기, 데님 묶어보기)
	3. 다양한 삶의 모습들	3	- 전통결혼식 재현해보기 - 옛날 옷 종이접기 - 인형극하기
국어	3. 내용을 간추려 보아요	3	〈2모둠 : 옛날의 집과 오늘날의 집의 변화〉 - 초가집, 기와집 모형 만들기
	4. 들으면서 적어요	2	- 찰흙으로 온돌 모형 만들기 - 옛날 집 사진집 만들어보기
	8. 실감나게 말해요	3	
도덕	7. 함께 사는 세상	1	〈3모둠 : 옛날의 놀이와 오늘날의 놀이〉 - 활쏘기, 팽이치기, 투호 놀이 등 해보기 - 옛날 놀이도구 전시하기 (윷놀이, 비석치기 등)
	5. 내 힘으로 잘해요	1	- 옛날과 오늘날의 놀이 차이점 알아보기
수학	5. 자료의 정리	1	〈4모둠 : 옛날의 음식과 오늘날의 음식〉 - 삶은 고구마를 이용하여 다식판으로 다식 만들어보기
체육	5. 여가활동	2	- 고무찰흙으로 옛날과 오늘날의 음식 모형 만들어보기
	4. 표현활동	2	- 음식 사진 퍼즐 맞추기
미술	1. 나는야 디자이너	2	〈5모둠 : 옛날의 물건과 오늘날의 물건〉 - 옛날과 오늘날의 다림질 체험해보기 - 찰흙으로 옛날 물건 만들어보기 (옹기, 갓, 신발 등)
	7. 내 마음의 표정	2	- 절구로 빻아보기 - 옛날 책 만들어보기

입이 떡 벌어진다. 아이들은 대단하다. 그 짧은 시간 동안 스스로 교과별 통합교육과정을 계획하고 완성해냈다. '의복의 변화'라는 사회 주제를 가지고, 발표하기(국어, 도덕), 옷 입어보기(미술, 사회), 종

이접기(미술), 인형극(국어, 미술), 퀴즈를 계획한 것이다.

이제 본격적인 준비를 시작했다. 우선 각 모둠에서 사용할 책상을 빼고 나머지 책상은 다 바깥으로 내보냈다. 각 모둠은 교실 테두리에 하나씩 자리를 차지하고 자신들이 준비한 것들을 풀어 놓았다. 각 모둠을 1팀과 2팀으로 나누었다. 1팀이 코너를 운영하는 동안 2팀이 다른 모둠과 다른 반이 준비한 코너를 돌아볼 수 있게 하였고, 2팀이 돌아보고 오면, 1팀이 역시 다른 곳을 둘러볼 수 있는 기회를 만들었다. 이런 방식을 통해 아이들 모두 자신이 코너를 운영하면서도, 다른 모든 코너에 참여할 수 있게끔 하였다.

(4) 자기만큼 큰 박스를 꽉 채워 가져온 아이

아이들이 오랜 시간 준비한 프로젝트를 잘 해낼 수 있을까 걱정을 하며 신은혁신한마당 당일 잠을 한숨 못 자고 교실로 들어서는데, 교실 앞에 아이의 키만큼 큰 박스가 눈에 띄었다.

"이 박스는 누가 갖고 왔어요?"

"혁신한마당에서 쓸 물품을 담아온 박스예요. 오늘날 옷을 다릴 때 쓰는 다리미판이랑, 다리미구요, 옛날 옷을 다리는 모습을 흉내 내려고 프라이팬이랑 집에 있는 숯을 가져왔어요. 아이들이 직접 해볼 수 있는 코너를 만들 거예요. 그리고 다릴 옷, 그리고 상품으로 쓸 사탕…… 또…….."

"비도 내리는데 이거 가져오느라 엄마랑 고생했겠군요."

"아니요. 저 혼자 가져왔는데요."

"이 큰 박스를? 너 혼자? 이 무거운 거를?"

"아니요. 하나도 안 무거웠어요. 선생님, 오늘 정말 재미있을 것 같아요."

"그럼 엄마가 박스에 넣어 주신 거예요?"

"아니요. 제가 이걸 다 가져오려고 봉지를 찾았는데 다리미판이 너무 커서 안 들어가더라고요. 집 앞에 재활용하는 데 가서 박스 구해서 거기에 다 넣어서 끈으로 묶어온 거예요."

박스를 보니 아이가 질질 끌고 왔는지 바닥은 이미 너덜너덜 변해 있었고, 아침에 살짝 내린 비로 빗물을 머금은 박스는 형태가 망가져 있었다. 아이가 이 박스를 얼마나 고생스럽게 갖고 왔는지 한눈에 알 수 있었다. 다리미와 다리미판도 상당히 무거웠다. 도대체 이 무겁고 큰 박스를 집에서부터 어떻게 학교까지 가져왔을까 믿어지지 않았다. 교사로서 아이가 대견하고 짠할 지경이었지만, 정작 본인은 오늘 있을 신은혁신한마당에 들떠 전혀 힘들어하는 기색 없이 설렘 가득한 표정으로 자신이 가져온 준비물들을 챙기고 있었다.

'와우, 자발성이 이런 큰 힘을 만들어 낼 수 있구나!'

내가 교사로서 준비를 시켰다면, 무모하게 저 무거운 물건들을 아이 손에 들리게 하지 않았을 것이고, 저걸 이용하여 설명할 아이디어도 내지 않았을 것이다. 하지만 아이는 본인이 생각할 수 있는 최대치를 넘어 아이디어를 내고 준비를 해왔다. 나는 감히 엄두조차 낼 수 없는 3학년 아이의 무모함과 열정이 교사인 나를 너무나도 기쁘게, 부끄럽게 하였다. 난 어젯밤부터 하던 걱정을 모두 거둬 버렸다. 벌써 내가 기대할 수 있는 교육의 효과를 뛰어넘어, 상상할 수 없는 자발성의 효과가 아이에게 일어났다. 그 결과는 매우 성공적이며 바람직하다. 이거면 충분하다. 다른 친구들과 부모님 앞에서 실수하지 않을까 잘할까를 고민했던 난 많이 부끄러웠다.

'내가 저걸 계획하여 가져오라고 시켰다면, 저 무거운 것을 오늘처럼 설레고 기쁜 마음으로 아이가 들고 왔을까?'

아이는 분명 무거웠을 것이고, 중간에 포기하고 싶었을 것이다. 하지만, 자기가 직접 준비한 신은혁신한마당에 대한 아이의 설렘과 기쁨이 그 모든 것을 즐거운 일로 만들었다.

(5) 신은혁신한마당에서 펼쳐진 '옛날과 오늘날'

'옛날과 오늘날의 놀이'를 준비한 모둠은 칠판 앞에 자리를 마련했다. 칠판 왼쪽에서는 옛날과 오늘날의 놀이에 대해 조사한 내용을 설명하는 코너와, 비석치기, 윷놀이, 연날리기 등의 놀이를 전시하는 공간, 그리고 활쏘기, 투호놀이, 공기놀이를 직접 체험해 볼 수 공간을 만들어 놓았다. 아이들이 조사한 놀이에 대한 내용을 들은 사람만 직접 놀이를 해볼 기회가 있어서, 신은혁신한마당에 참여한 고학년 남자아이들은 활쏘기와 투호놀이를 해보기 위해 3학년 아이들의 설명을 무시하지 않고 열심히 들어 주었다.

'옛날 집과 오늘날의 집'을 준비한 모둠은 종이접기를 통해 초가집과 기와집 모형을 만들어 전시하였다. 구들장 모형을 찰흙으로 만들어 구들장의 원리를 알기 쉽게 설명한 모둠도 있었다. 직접 만져볼 수 있는 모형이 있으니 설명하는 아이들도 듣는 아이들도 옛날 집과 오늘날의 집을 쉽게 이해하였고, 설명하는 아이들이 준비한 퀴즈가 난이도가 있었음에도 아이들은 즐겁게 정답을 외치며 맞히었다.

'옛날 음식과 오늘날의 음식' 코너는 다모임 때도 모든 아이들의 관심을 한 몸에 받았던 주제이다. 옛날 음식과 오늘날의 음식을 자세히 조사하여 친구들에게 설명한 후 다양한 체험활동을 준비하였다. 고무 찰흙을 이용해 옛날과 오늘날의 음식 모형을 만드는 활동을 하는 모둠도 있었고, 직접 삶은 고구마를 으깨서 다식판에 넣어 만들어낸 다식을, 찾아온 손님들이 시식할 수 있도록 준비한 모둠도 있었다. 자기 반에서 모든 활동을 해야만 오늘날의 음식 카나페를 만들수 있는 반도 있었는데, 그래서 그 반 아이들은 더 열심히 모든 모둠 활동에 최선을 다했다.

'옛날 옷과 오늘날의 옷'을 준비한 아이들은 한복을 준비해서 입고 코너를 진행했다. 아이들이 한복을 입고 코너를 진행한다고 했을 때 한복이 없는 친구들이 혹시나 상처를 받지 않을까 걱정이 되어 처음엔 반대를 하였다. 그래서 한복 대여를 알아보았는데, 한복 대여 비용이 만만치 않아 포기하자고 했었다. 그런데 모둠원들이 다른 코너를 준비하는 아이들 중 한복이 필요 없는 모둠을 대상으로 한복을 빌려줄 수 있는지를 일일이 물으며 도움을 구했

▲ '옛날의 놀이'에 대하여 발표하는 모습   ▲ '옛날의 놀이' 투호 체험

고, 반 아이들의 도움으로 집에서 입지 않는 한복을 십 여벌 넘게 구할 수 있었다. 최선을 다해서 친구들에게 도움을 구하는 모습도 놀라웠지만, 한복을 스스럼없이 빌려주는 모습도 성숙해 보였다. 이 모둠은 옛날과 오늘날의 의복과 관련하여 조사한 내용을 발표한 후에 의상과 관련된 인형극을 준비하여 공연하였다. 대본을 아이들이 직접 쓰고, 등장인물마다 어울리는 목소리로 실감 나게 대사를 해서 인기가 많았다. 신은혁신한마당이 진행되는 동안 공연이 10여 차례 펼쳐졌다. 아이들은 많이 힘들 법도 했지만 처음보다 점점 잘하게 된다며 좋아하였다.

'오늘날의 물품과 옛날의 물품'을 준비한 모둠은 처음 주제 선정 과정에서부터 우여곡절이 많았다. 아이들이 하고 싶어 하는 주제가 서로 달라 의견을 맞추기가 쉽지 않았던 것이다. 의식주와 관련된 주제를 뽑다 보니, 옷, 음식, 집에 관련된 주제는 이미

▲ '옛날의 집' 모형을 만들어 설명하는 모습　　▲ '옛날의 집' 모형을 만들어 설명하고 퀴즈 맞히기

다른 모둠이 선택을 하였고, 그것과 다른 주제를 잡아야 하는데 쉽게 찾아내지를 못했다. 그런데 이 모둠에 유난히 만들기를 좋아하는 아이들이 몰려 있었고, 아이들은 옛날 물건들을 조사하여 직접 그것들을 만들고 싶어 했다. 다른 모둠 아이들이 처음 시작할 때 주제에 대한 내용을 먼저 조사한 것과는 다르게 이 모둠은 물품 사진을 보고 만들기부터 시작하였다. 아이들 개인의 특성이 강하게 드러나는 내용 방식이었다. 몇 날 며칠을 찰흙과 종이 등을 이용해 옛날 물품을 그대로 재현해내는 것에 몰두하였고, 장독대, 그릇 등을 그대로 만들어냈다. 옛날 물품을 구하는 것에 한계가 있었지만, 아이들은 각자의 재치 있는 아이디어로 그것을 대신하였다. 절구 체험에서는 마늘 빻는 미니 절구에 과자를 빻아서 다른 친구들에게 나눠주었다. 옛날 다림질 체험에서는 집에서 쓰는 프라이팬에 숯을 넣어서 다림질을 해보는 자리를 마련했다.

▲ 아이들이 만든 음식모형들
◀ 음식 모형 만들기

▲ 국화전을 만들고 있는 아이들

언뜻 그 모습이 어설프고, 완벽하지는 않게 보이지만, 3학년 아이들이 자신의 수준에서 준비할 수 있는 최고의 방법을 찾아낸 것이다.

아이들이 준비한 내용을 보러 온 학부모님들은 아이들을 보고 많이 놀라셨다. 언제까지나 아기일 것이라 생각했던 아이들이 하나의 전시실을 맡아 방문객을 맞이하고, 당당히 설명해주며 이끌어가는 모습을 보며 감탄하셨다.

"선생님, 아이가 몇날 며칠을 준비한다고 왔다 갔다 했을 때는 '뭘 얼마나 하겠어.' 했는데 어쩜 아이들이 이렇게 열심히 준비하고 있는지 몰랐어요. 발표하는 걸 듣는데 정말 설명을 잘하네요."

"전 아이들이 열심히 준비하는 건지도 모르고, 축제 준비 그만하고 공부 좀 하라고 했었어요. 이렇게 열심히 공부하고 있었던 건데……"

공부 좀 하라고 잔소리를 했다던 어머님은 아이들의 대견함에 말을 잇지 못하시며 눈가가 촉촉해졌다.

어깨짝반 5학년 아이들도 자기들이 마냥 동생이라고 생각했던 3학년 아이들이 준비한 내용을 보고 많이 놀란 눈치였다.

"선생님, 얘네들 언제 이렇게 열심히 준비했어요? 와, 재미있겠다. 빨리 다 해보고 가야지."

▲ 의상과 관련된 인형극

▲ 색종이를 접어서 한복을 만드는 모습

▲ 옛날과 오늘날의 다리미질 비교

▲ '옛날의 물품'에 대하여 설명하는 모습

(6) 신은혁신한마당을 끝내며

신은혁신한마당 준비를 시작하며 우리는 많은 고민과 기대가 있었다.

'3학년 아이들이 준비하면 얼마나 해낼 수 있겠어? 잘 못하겠지……'

'3학년이니까 많이 서툴 거야. 기대치를 좀 낮추면 되는 거지……'

하지만 우리의 우려와는 달리 아이들은 처음으로 공부의 주도권을 선생님에게서 받자마자 선생님보다도 더 큰 열정으로 준비를 하였다. 그 과정을 충분히 즐겼으며, 말로만 듣던 '즐겁고 재미있는 공부'를 자신들도 모르게 실천하였다. 무엇이든지 챙겨 줘야 할 꼬마로 생각되었던 3학년 아이들은 스스로 자기가 챙겨야 할 것을 계획하고, 책임감 있게 완수하는 법을 터득했고, 이 과정 속에서 많은 사람들의 칭찬과 인정을 받는 경험을 통해 자존감을 높였다. 신은혁신한마당을 치르고 아이들에게서 보이는 가장 눈에 띄는 변화는 바로 행복함으로 시작된 공부에 대한 무한 긍정이다.

"우리 이거 해볼까?"

"네! 무조건이요. 재미있을 것 같아요."

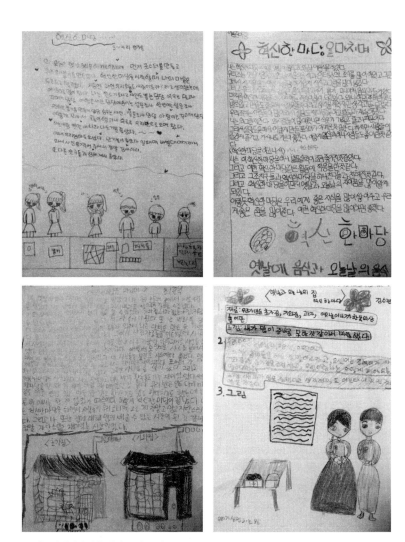

▲ 신은혁신한마당을 마치고 난 소감문

신은혁신한마당을 했어요

3학년 박○○

혁신 한마당을 했을 땐 정말 기대되고 신났다. 밤마다 열심히 사진 뽑고 글 쓰고 뭐 준비하고 정말 열심히 준비를 하여서 더 그랬던 것 같다. 중간에 힘들어서 포기했다면 그렇게 재미있게 신은혁신한마당을 하지 못했을 거다.

……

모두 다른 주제로 여러 가지 활동을 하였다. 모든 활동이 재미있었다. 정말 재미있었다.

그리고 나는 신은혁신한마당을 한 뒤 자신감이 많이 생긴 것 같다. 꼭 다음에 또 하고 싶다. 친구들아, 정말 수고 많았고 그렇게 재미있는 활동을 많이 해주어서 고마워.

3. 김치 프로젝트 – '더욱 가까워진 김치'

신은초는 서울형 혁신학교로서 개교한 학교이다. 그래서 학교에 본예산뿐만 아니라 혁신 예산이 지원된다. 개교 초부터 학교에서 10분 거리에 있는 주말농장을 혁신 예산으로 임차하였고, 반마다 5평 정도의 텃밭이 주어졌다. 도시에서 자라서 농사와는 거리가 먼 아이들이 농사를 체험할 수 있는 좋은 기회를 갖게 된 것이다. 일반 학교에서는 이런 구조적인 지원이 어렵기 때문에 화분이나 마대, 비닐 포대를 이용한 농사 체험을 하면 좋을 것 같다. 아이들은 양천구 신정 이펜하우스 1~5단지에 거주하며, 교과 기초 학습 능력은 서울시 내 초등학교 평균에 가깝다고 할 수 있다. 우리 신은초 아이들의 최대 장점은 입학 초부터 다양한 체험과 활동을 통하여 학습에 대한 흥미와 관심이 높고 적극적으로 참여한다는 것이다.

(1) 주제 선정과 교과 통합

주말농장을 이용하여 가을배추와 무씨 파종을 계획했다. '단순히 길러서 수확'하는 농사 체험뿐만 아니라 뭔가 의미 있는 학습으로 연결되기를 바라는 욕심이 생겼다. 학년이 시작되자마자 배추, 무와 관련된 '김치'를 염두에 두었다. 3학년 교육 내용을 포함하는 주제를 선정하고 구체화하기 위하여 교과 간에 관련되어 있는 내용을 주제 중심으로 통합하였다. 이렇게 해서 창의적 체험 활동, 국어, 사회, 미술 교과를 통합한 교육과정을 만들었다. 이를 바탕으로 하여 국가 수준 교육과정을 포괄할 수 있는 주제를 '더욱 가까워진 김치'라고 정하고, 프로젝트 학습을 활용하여 교수-학습을 전개하였다.

여기에 프로젝트 학습 방법을 적용한 데에는 몇 가지 이유가 있다. 학습은 학습자가 자신의 주변에서 주제를 선정하고, 그 주제를 중심으로 다양한 활동을 통합하여 학습할 때 효과적이다. 3학년 아이들은 자신의 주변을 둘러싼 것에 흥미와 관심을 갖고 있

	재구성 목표	김치와 관련된 사회, 문화, 역사, 경험을 내면화하고, 학습이 삶이 되는 유의미한 학습에 참여함으로써 협동심과 창의성이 발휘되고 자기 주도적으로 문제를 해결할 수 있다.

	재구성 이유 또는 근거	-일상적으로 먹고 있는 '김치'는 각 교과와의 연계성이 높고, 생활 체험을 직접 하면서 학습에 참여할 수 있기 때문에 프로젝트 학습 방법을 적용할 수 있다. -학습자의 다양성을 협동학습으로 유도할 수 있고, 활동경험과 생활에서 가져오는 실용성으로 관심과 의욕을 높일 수 있다.

	주요 활동	교과	단원	시수	장소
재구성 편제	주제 선정 이유와 학습의 목적 찾기	창체	김치 프로젝트의 목적	1	교실
	배추 모종과 무씨 파종하기	창체	농사체험	2	생태 텃밭
	김치의 역사 & 조상의 슬기	사회	3-2-2. 달라지는 생활 모습	2	교실
	물 주고 풀 뽑기	창체	농사체험	2	생태 텃밭
	김치의 종류 조사 발표하기	사회	3-2-2. 달라지는 생활 모습	2	교실
	동시 짓기	국어	3-2-1. 재미가 솔솔	2	생태 텃밭
	김치 만드는 방법 조사 발표하기	창체	김치 만들기	2	교실
	물 주고 풀 뽑기	창체	농사체험	2	생태 텃밭
	김치 모형 만들기	미술	3. 주제를 살려서- 대상의 특징 표현하기	2	교실
	대상의 특징 표현하기	미술 국어	2. 지각하고 소통하고	2	생태 텃밭
	김치 담그기	창체	생활 체험	3	교실
	소감 나누기	창체	소감 나누기	2	교실
		계		22	

다. 그래서 교과서 진도대로 따라가는 것이 아니라 교육과정을 재구성하여 프로젝트 학습을 진행하다 보면, 다양한 교육적 효과를 얻을 수 있다.

첫째, 김치라는 주제를 탐색하면서 아이들은 자기 주변의 사람,

사물, 경험, 관계, 생각 등을 주제와 통합해서 풀어나가게 된다. 지식과 문제 풀이 위주의 전통적인 교실에서 벗어나 문제해결 과정 자체에 의미 있게 참여함으로써 삶과 학습이 연결된다.

둘째, 관심 있는 주제에서 출발하므로 자율적으로 흥미를 갖게 되고, 단위 시간을 무색하게 할 만큼 집중하여 오랫동안 학습에 임할 수 있고, 자신에게 의미 있는 탐구 활동을 할 수 있다.

셋째, 소집단 학습 활동을 통하여 또래와 상호작용을 하고 자신의 사고를 수정하는 등 공동체 구성원으로서의 역할과 책임을 학습하며 협동 정신을 높일 수 있다. 이는 합리적인 의사결정을 할 수 있는 민주 시민을 기르고자 하는 사회과의 목표와도 부합이 된다.

넷째, 본주제와 관련된 프로젝트 학습 활동에는 '활동성'과 '표현성'이 많아서 아이들이 학습에 적극적으로 참여하게 되고, 자기 주도적 학습과 자기표현 능력이 신장되는 효과를 볼 수 있다.

이제까지는 주어진 수업 내용을 수동적으로 받아들이는 지루한 공부가 주류를 이루었다면, 배움 자체가 주는 기쁨을 맛볼 수 있는 주제 중심 프로젝트 학습법은 '김치'라는 주제를 학습하는 데 맞춤형이라 볼 수 있다.

(2) 학습의 필요성과 목적 찾기

김치 프로젝트 첫 시간에 아이들 앞에 섰다. '뭘 할까?' 하는 궁금한 눈으로 아이들이 나를 바라보고 있다. 드디어 한 녀석이 입을 연다.

"선생님, 이번 창체 시간에는 뭐해요?"

"그래, 질문으로 답하지요. 여러분, 학교 급식 반찬에 거의 빠지지 않는 반찬이 무엇인가요?"

여기저기서 "배추김치요.", "고기요.", "김치요.", "근데, 이게 창체랑 뭔 상관이예요?" 등등 말들이 많다.

"이렇게 각자가 다양한 맛을 느껴왔고, 나름대로 경험을 갖고 있는 김치에 대한 이야기를 바탕으로 연구를 하는 거예요."

"연구요? 우리가요?"

'연구라는 말이 어려운 단어구나' 싶다. 귀납적으로 접근할 필요가 있다.

"어제도 먹었고, 오늘도 먹고, 내일도 먹게 될 김치에 대해 다 아는 것 같지만 가만히 생각해 보면 모르는 것도 많거든요. 김치에 대해 알고 있는 것과 모르는 것을 생각하고, 알고 싶은 것도 찾아보세요."

모둠별로 이야기를 나눈다. 돌아가면서 이야기를 나누고 각자 메모를 한다. 발표한 내용을 보면 교육과정 재구성 편제에 들어갈 주요 활동들이 윤곽을 드러낸다.

중간중간에 재구성할 수 있는 활동들이 채워진 후, 드디어 맨 처음에 짚고 넘어가야 했을 질문을 한다.

"여러분, 우리가 왜 김치 프로젝트를 할까요? 하고많은 것 중에 왜 김치냐 이 말이죠. 여러분이 좋아하는 피자도 있고, 치킨도 있는데 말이지요."

나의 이런 부정적 뉘앙스가 파악되자마자, 청개구리 아니랄까 봐 아이들은 흥분해서 내 말에 공격을 한다. 김치의 좋은 점을 부풀려가면서 말이다.

이렇게 하여 작성된 주제 선정 이유와 김치 프로젝트의 목적을 정리한 후 가족들에게 숙제를 내 준다. 이 프로젝트를 통해 얻게 될 좋은 점을 적어 올 수 있도록 말이다. 가족 중 누구라도, 몇 명이라도 좋다. 이러한 과제는 아이에 대해 가족의 관심이 집중되고, 학교생활에 대한 이야기의 물꼬를 열 수 있는 계기가 된다.

(3) 배추와 무 키우기

1) 배추 모종 심기와 김장 무씨 파종하기

"밭을 갈지 말고 그냥 씨앗을 심으면 안 되나요? 너무 힘들 것 같은데요."

"식물이 잘 자라는 흙에 대하여 배웠잖아. 거름을 주어야 잘 자라지."

막연히 투덜거리던 아이들도 고랑과 이랑을 만들고 거름을 뿌리는 활동에 구슬땀을 흘리며 열심히 참여했다.

여름방학이 끝난 후 8월 말(늦어도 9월 초)까지는 배추 모종 심기와 김장 무씨 파종이 끝나야 한다. 흙을 파헤치고, 거름을 사서 흙에 뿌리고, 이랑과 고랑을 만들어 모종 심기와 파종을 한다. 아

▲ 흙 고르기 작업

이들에게 괭이나 쇠스랑을 안전하게 사용하도록 주의를 준 후, 아이들은 호기심을 갖고 의욕적으로 작업을 시작한다. 일을 끝내고 내려가는 아이들의 뒷모습은 그래서 예쁘다. 배추 모종을 심을 때는 40~50cm 간격으로 심는다. 무 씨앗은 이랑에 한 줄로, 3cm 간격으로, 2~3알씩 점뿌림을 한다. 이렇게 파종하면 나중에 연한 무 잎을 솎아서 나물 반찬을 할 수도 있다.

2) 물 주고 풀 뽑기

"오늘은 내가 호미를 들고 갈게."
"난 물 조리개 챙길게. 시원하게 마실 물도 들고 가야지."

▲ "텃밭에 물 주러 가요."

"와~ 배추가 정말 많이 자랐네. 자주 못 와서 미안해. 그래도 잘
자라줘서 정말 고마워."

텃밭에 가는 날은 현장학습 가는 날처럼 신이 난다. 가는 동안
친구들과 쫑알쫑알 얘기를 나누고, 알게 모르게 변해가는 자연의
모습을 느낀다. 여기서 중요한 것은 자신이 수고하고 노력한 만
큼 대상에 대한 애착을 갖는다는 것이다. 그 과정을 통해서 '나를
보듯이 너를 만나는' 경험을 하게 된다. 2주에 1회 꼴로 텃밭에 가
서 물을 주기 전에 풀을 뽑고, 호미로 흙을 살살 파헤쳐서 잘 자라
도록 하였다. 아이들이 풀을 뽑다가 배추나 무 잎이 다칠세라 조
심조심하는 모습을 보면서 마트에서 사온 배추를 보고도 저러랴

싶은 생각이 들었다. 그래서 자신이 재배한 작물이 쑥쑥 자라는 것을 직접 지켜보면서 흐뭇해하는 아이들의 모습은 절로 미소 짓게 한다.

(4) 김치의 역사와 조상의 슬기

"텃밭에서 배추와 무가 쑥쑥 잘 자라고 있지요? 이런 배추와 무로 만든 김치는 언제부터 먹었을까요?"

"……"

"매일 먹는 김치이지만 언제부터 먹기 시작했는지 궁금하지요? 오늘은 컴퓨터실에서 김치를 언제부터 먹기 시작했는지, 김치를 먹으면 어떤 점이 좋은지 공부합시다."

김치의 역사와 조상의 슬기는 사회과와 연계하여 수업을 진행할 수 있다. 조상의 슬기와 관련된 학습을 할 때, 한복이나 온돌 등 조상의 지혜를 엿볼 수 있는 내용을 같이 다루어 수업하면 좋다. 다만, 이 학습을 수행하기 위해 아이들은 인터넷 검색을 할 수 있어야 하고, 자료를 분석하고 정리하는 연습이 사전에 이루어져야 한다.

(5) 김치의 종류 조사 발표하기

1) 모둠별 조사 항목 정하기

컴퓨터실에 가서 직접 김치의 종류에 대해 대해 인터넷 검색을 한다. 이 과정을 통해 다양한 김치의 종류와 지역에 따른 독특한 김치의 종류도 알 수 있다. 아이들이 포스트잇에 김치의 이름을 적어 칠판에 붙인다. 그리고 서로 의견을 나눠 가면서 몇 개의 범주로 정하여 포스트잇을 모은다. 배추김치류, 무김치류, 물김치류 등으로 나눌 수 있고, 지역에 따라 나눌 수도 있다. 우리는 '지역에 따른 김치의 종류'를 알아보기로 하였다. 사회과의 경우 3학년 2학기, 1단원이 '우리 지역, 다른 지역'으로 우리나라 전 지역으로 공간이 확대되었기 때문에 연결되는 지점이 많다.

2) 모둠별로 하위 항목을 나누어 각자 조사하여 모으기

모둠별로 모여 지역별 김치를 파악한 후 각자 조사할 김치를 정하여 인터넷 검색을 한다. 김치의 이름, 재료, 만드는 방법 등을 간단히 적고, 그림이나 사진 등을 첨부할 수 있도록 사전 안내를 한다. 인터넷 조사 학습의 경우, 아이들이 화면에 보이는 내용을 그대로 옮겨 적는 경우가 종종 있기 때문에 필요하고 중요한 내용을 요약하거나 선택할 수 있도록 꾸준한 연습이 필요하다.

3) 모둠별로 자료를 모아서 발표하기

실물화상기를 이용하여 그림이나 사진 자료를 보면서 지역별 김치에 대한 이해를 높일 수 있다. 제법 컴퓨터 프로그램을 다룰 수 있는 아이는 프레젠테이션을 하는 경우도 있다.

(6) 김치 만드는 방법 알아보기

"드디어 김치를 담글 수 있을 만큼 배추, 무가 잘 자랐어요. 김치는 어떻게 담그지요?"

"김치 담그기는 엄마와 할머니께서 잘 하시는데……"

"그럼 김치를 맛있게 담그는 방법에 대하여 각자 알아보도록 합시다."

사전에 과제를 제시하고 수업 시간에 발표하는 방식이다. 따라서 우리 집에서는 어떤 재료와 방법으로 김치를 만드는지와 가족들의 기호 등을 알 수 있다. 여기서 '우리 집'은 개인 가정도 될 수 있지만, 실질적으로 김치를 만드는 친척 집을 다 포함한다.

(7) 김치 모형 만들기

"여러분, 보기에도 먹음직스러운 김치가 있지요? 그 모습은 어땠나요?"

"촉촉한 배추김치요."

"통통한 알타리무를 보면 침이 넘어가요."

▲ "김치 모형을 만들어요."

▲ 완성된 김치 모형

"네모 반듯하게 자른 깍두기요."

"와! 여러분 발표를 듣고 있으니까 선생님도 덩달아 먹고 싶어요. 그래서 이번 시간에 우리는 먹음직스러운 김치 모형을 만들거예요."

"난 깍두기를 좋아하니까 깍두기를 만들거야."

"김치는 배추김치가 최고지. 그런데 만들기가 좀 어렵겠네."

지점토를 이용하여 김치 모형을 만든 후 물감으로 색칠을 한다. 구, 직육면체 등 기본도형을 같이 만들어본 후 학습 활동에 참여하게 하면 조형의 형태가 더 잘 나온다. 분명한 색으로 나타내고자 할 때는 포스터 물감을 이용하는 것이 좋다.

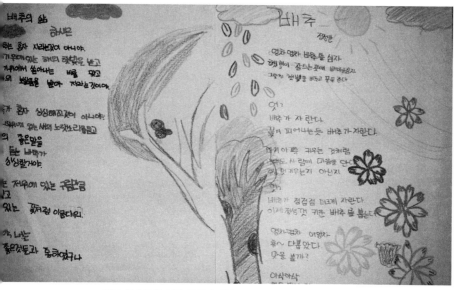

▲ 그림과 함께 표현된 '김치' 동시 작품

(8) 김치와 예술

1) 동시 짓기

동시 짓기는 텃밭에 직접 가서 물을 주고 풀을 뽑고 난 뒤, 시간을 내어 아이들과 같이한 활동이다. 교실에서 시를 지을 수도 있지만, 탁 트인 야외에 나가 직접 만지고 살피고 선선한 공기도 듬뿍 마시고 나면, 가슴을 열게 되고 더욱 살아있는 시를 지을 수 있다.

2) 대상의 특징 표현하기

동시 짓기처럼 직접 텃밭에 나가서 선, 형, 색으로 자연물을 표

◀ 배추의 겉잎과 속잎의 모양, 색깔, 크기, 배추와 함께 사는 벌레 등을 살펴보고 있는 아이들

◀ 배추와 무의 특징을 관찰하고 표현한 그림이나 글을 서로 자랑하는 아이들

현하였다. 먼저 아이들 모두 텃밭 주변에 빙 둘러앉아 자신이 표현하고자 하는 대상물을 자세히 관찰하게 했다.

"선생님은 지금 여기에서 선을 찾고 있어요. 배추에서부터 시작해볼까요?"

"뾰족뾰족해요."

"둥근 선도 있어요."

"여러분, 선의 굵기는 어때요? 요건 테두리가 가는 선인데……"

"눈을 크게 뜨고 주변 산과 환경을 둘러보세요. 와우, 무궁무진한 선들이 보이네요."

이렇게 선과 형태를 여러 아이들과 같이 찾게 되면, 자기 사고의 틀에 갇혀있던 아이들도 시야가 넓어지고, 생각이 깊어진다.

▲ 양념을 넣어가며 김치 담그기에 열중하는 아이들

▲ "제가 담근 김치예요."

"여러분이 그리고자 하는 대상을 넓게 잡아서 특징을 그려도 되고, 작은 대상 하나를 잡아서 자세히 그려도 됩니다."

(9) 김치 담그기

"드디어 김치를 담그네. 할머니께서 맛있게 하는 방법을 알려주셨어."

"내가 만든 김치는 다 맛있는 거야. 난 집에 가져가서 자랑해야지."

김치 담그기 전날 배추와 무를 수확했다. 넉넉하게 재배하였기 때문에 배추와 무 한 포기씩을 아이들 집으로 각자 가져가게 하고 나머지 배추와 무를 절이도록 했다. 다음 날 아침 일찍 몇 명의 아이들과 절여놓은 배추를 씻어서 물기를 뺐다. 직접 담그는 것은 2블록(3~4교시) 시간에 하는 것이 적당하다. 담가서 바로 점심을 먹을 수 있기 때문이다. 점심시간에 같이 먹을 양을 따로 남기고, 나머지는 아이들이 가져온 작은 통 속에 담아 집으로 가져가도록 했다. 직접 기르고, 직접 담근 김치라 그런지 아이들이 평소보다 많이 먹었다. 맛있다고 계속 먹다가 맵다고 물 마신 아이들이 여럿이 된다. 노동의 가치는 이런 것에서 그 모습을 보여준다. 감사하고, 감동하고, 소중하게 여기게 되니 말이다.

"여러분들이 담근 김치 맛이 어때요? 가족들은 어떤 반응을 보일까요? 김치를 함께 나눠 먹고 가족들이 한 이야기를 일기장에 적어볼까요?"

(10) 소감 나누기

"이번 시간은 김치 프로젝트의 마지막 시간입니다."

여기저기서 아쉽다는 소리가 들려온다.

소감을 나누며 그동안 배운 것을 정리하는 시간을 가졌다.

"프로젝트를 진행하면서 여러분이 알게 된 것과 얻게 된 것은 무엇인지 이야기해 볼까요?"

"프로젝트를 하고 난 뒤에 아쉬운 점이나 더 알고 싶은 것이 있나요?"

이렇게 나눈 이야기를 바탕으로 자기 점검표를 작성하고 결론과 제언을 덧붙이면서 프로젝트 학습을 마무리한다.

(11) '김치' 프로젝트에 대한 평가

김치 프로젝트 학습은 프로젝트용 공책을 따로 마련하여 학습이 진행되는 동안 아이들 자신이 포트폴리오를 만들어가는 방식을 기본으로 한다. 더하여 관찰과 토론, 자기 점검표 등을 활용한 여러 가지 평가가 이루어질 수 있다.

첫 시간에 주제 선정 이유와 김치 프로젝트의 목적에 대하여 서로 의견을 나누면서 동시에 공책에 정리를 한다. 이를 바탕으로 가족이 생각하는 '이번 프로젝트를 통해 얻게 될 좋은 점'을 추가하여 정리하고 다음 시간에 발표를 한다.

텃밭에 가서 생활 체험학습을 하는 동안 노동에 대한 성실성과 친구와 협력하는 정도를 교사는 관찰을 통해 확인할 수 있고, 바람직하지 않은 태도나 언행에 대해 바로 비판적 조언을 할 수 있다.

사회과와 관련된 지식을 조사·발표하는 학습은 지식과 이해에 대한 평가가 가능하다. 사회 현상을 탐구하는 데 필요한 각종 정보와 자료를 획득하고 조직하며 활용하는 능력을 파악할 수 있다.

미술과와 관련된 김치 모형 만들기와 대상의 특징을 표현하는 학습의 경우, 표현 능력과 창의성 그리고 제작 과정에 적극적인 참여 여부를 평가할 수 있다.

국어과와 관련된 동시 짓기 학습에서 재미있는 생각, 일상적인 장면을 새로운 시각으로 바라보기 등 창의적이고 진술한 표현에 주안점을 두고 평가할 수 있다.

주제 중심 통합으로 김치 프로젝트 학습을 진행하면서 아이들과 학부모님의 호응도가 상당히 높고 만족스러웠다. 일상적인 김치를 하나하나 살펴가면서 새롭게 접근하여 김치에 대한 이해와 애정을 높일 수 있었다. '김치가 이렇게 소중하다는 것을 알았어요.', '이제부터는 김치를 잘 먹어야겠습니다.', '김치에 많은 영양분이 있다는 것을 알게 되었어요.', '프로젝트를 완성하면서 제가 대학생 언니가 된 것 같아요.' 등의 소감이 많았다. 학습이 일상생활과 분리된 것이 아닌 생활과 학습의 통합이 가능하다는 것을 깨닫게 된 것이다. 통합의 일관성이 높았고 3학년 학생들의 수준에 적당한 내용의 난이도를 유지하였다. 물론, 실행 가능성이 높았기 때문에 효과도 높았다.

현장에 있는 많은 교사들은 통합을 지향하고 그 일환으로 교육과정 재구성의 필요성을 인식하고 있지만 이를 교실에서 실천하기는 어려운 것이 사실이다. 재정적인 지원뿐만 아니라, 교사들이 연구할 수 있는 시간이 부족하고 교과 교육과정 운영시수로부터 자유롭지 못한 측면도 있다. 형식적이고 정형화된 과목과 연간 시수에 얽매이다 보면, 새롭게 통합한다는 것은 또 다른 짐으로 다가올 수 있기 때문이다. 그래서 교육 전문 기관 등에서 교육과정 통합을 위한 기반을 구성하고 통합과 관련된 연구가 계속되기를 바란다. 물론, 교사 자신도 지속적인 자기 연찬을 통해 교육과정에 대한 분석과 교육 전문가로서의 자질을 높여야 한다.

4장

민주주의와 인권이 어우러진, 4학년 교육과정

우리 학교 또는 다른 학교에서도 가장 선호하는 학년군이 중학년, 그중에서도 4학년이 아닐까 싶다. 사춘기의 터널을 지나고 있는 고학년도 아니고 하루에도 수십 번 같은 말을 반복해야 하고 일일이 아이들을 꼼꼼하게 챙겨야 하는 것도 아닌, 교사의 학급운영을 잘 따라와 주고 알아서 척척 잘할 수 있으리라 기대를 해볼 수 있는 학년이 바로 4학년이다. 4학년 담임에 배정된다면 그해 학급운영은 술술 풀려나갈 것 같은 희망으로 가득 차 3월을 시작하게 될 것이다. 2014학년도 4학년 시작은 그런 희망으로 가득 찬 발걸음이었다. 작년에 미진하고 부족했던 학급운영을, 올해는 4학년 아이들과 멋지게 해보리라는 부푼 꿈을 안고서 말이다.

4학년 담임을 맡은 교사들 5명 중 3명은 이미 2년 전 혁신학교

2년 차에 2학년을 같이하면서 어설프게나마 교육과정을 재구성해본 경험이 있었다. 개정 교육과정이 적용되기 3년 전, 경기도 서정초등학교를 방문하여 교육과정 재구성에 대한 설명을 들었고, 서정초의 교육과정과 재구성 방식을 분석하였다. 그래서 국어, 수학, 바른생활, 슬기로운생활, 즐거운생활로 나누어진 교육과정에서 바·슬·즐 과목을 중심으로 하는 통합교육과정을 계획하고 시도했다.

그러나 처음 해보는 주제 통합교육과정은 바·슬·즐 교과목의 통합 주제를 찾고, 시수 계산을 하고, 교과서에 있는 내용을 한 차시라도 버리면 안 되는 줄 알고 모두 나열하며 재구성하느라 너무나도 벅찬 과정이었다. 또한 주제를 어떤 방식으로 수업에 녹여낼 것인지 날마다 고민의 연속이었다. 다행히 2학년이라 오전 수업 후 오후에는 매일 교육과정과 주제 통합에 대한 회의를 열심히 하며 수업에 대해 공유할 수 있었다. 그해 2학년을 마치면서 미진한 주제 통합 수업에 아쉬움이 많았지만, 수업에 대해 열심히 논의하고 공유했다는 것으로 위안을 삼고 각기 다른 학년으로 헤어졌었다.

그러다 2014학년도에 다시 4학년으로, 5명 중 3명이 다시 만나게 된 것이다. 교사들이 서로 소통하고 이해하는 데에 어느 학년보다 좋은 구성이었다. 교과서대로 수업하는 것보다는 교사들의 창의적인 생각을 바탕으로 교육과정을 재구성해야 살아있는 수업을 만들 수 있다는 것에 모두 동의했고 구체적인 논의로 들어갔다.

교사들은 3년 전의 경험을 교훈으로 삼아 그때와는 다른 방식으로 교육과정 재구성에 대해 논의했다. 2년 전 2학년 교육과정을 재구성할 때는 여러 교과를 나열하여 주제를 페어 맞추는 방식이었다. 그러나 올해 4학년에서는 그런 방식이 아니라 핵심 교과를 결정하여 프로젝트 수업을 하는 것에 의견을 모았다. 그리고 교과서를 분석해 보니 1학기에는 사회 3단원 '민주주의와 주민자치'가 프로젝트로 진행하기 가장 좋은 단원이라고 판단했다. 그렇게 하여 신은마을촌장 선거를 통한 프로젝트 수업을 하기로 결정했다. 나름 아이들과 교사들 모두 1학기의 프로젝트 수업이 만족할 만하다고 평가하였다. 이에 탄력을 받아 2학기 들어와서는 신은혁신한마당 등 바쁜 일정을 보내고 나서 민주주의의 핵심 가치인 평등과 인권 문제를 펼칠 수 있는 2단원 '양성평등과 소수자의 권리'를 주제로 잡아 'Same Same' 프로젝트를 계획하였다. 또한 신은혁신한마당 기간에는 아이들이 가지고 있는 능력을 십분 발휘하여 자기의 재능을 서로 나눌 수 있는 '재능 나눔 장터'를 열어 배움의 즐거움과 가르침의 보람도 느낄 수 있는 소중한 시간을 가질 수 있도록 하였다.

우리 학교의 좋은 점! 교사 간에 "선생님, 이런 것 어때요? 한번 해볼까요?"라고 말하면 모두들 눈을 반짝이며 "좋아요, 합시다."라고 즉시 마음이 모아진다는 것이다. 동학년이 함께 움직여야 하는 프로젝트는 학년의 화합과 교사들 사이에 합의가 필수적인 요소이다. 이 점에서 우리 학교 선생님들은 새로운 시도를 두려워하지 않고 도전을 즐기는 마인드를 갖고 있는 듯하다.

2014학년도에 3~4학년에는 개정된 국가 수준 교육과정이 적용되었다. 학기 초는 그야말로 아수라장이었다. 새롭게 구성된 교육 내용에 대한 분석, 교육과정 변화로 누락된 수학, 과학 단원들에 대한 보충 시수 확보에 새 학급 세우기까지……. 그런 와중에도 4학년에서 모두가 합의한 것이 있었다. 학기마다 프로젝트 활동을 한 가지 이상 꼭 하자는 것이었다. 학급의 경계를 허물고 서로 섞여 활동하는 경우가 많아 학년 선생님들의 마음이 잘 맞아야 가능한 일이었다. 그런데 정신없이 바쁜 중에도 해보자고 흔쾌히 손을 잡은 것만으로도 서로에게 참 고마운 일이 아닐 수 없었다.

프로젝트별로 한 달씩 수업을 진행하면서 주제에 대한 몰입도, 완성도, 만족도 면에서 조금 더 나아졌고, 나름 만족할 만한 성과를 거두었다고 생각한다. 이렇게 좋은 수업을 만들기 위하여 함께 연구하고 토론하는 과정이야말로 교사들에게 가르침의 즐거움에 앞서 배움의 즐거움을 함께하는 시간이었다. 또한 배우면서 성장하는 교사로서, 쓰디쓴 고통 뒤에 오는 달콤한 행복감도 느낄 수 있는 활동이었다고 생각한다.

1. 민주주의의 꽃, 선거를 체험하다

　　― 4학년 신은촌장 선거 프로젝트

(1) 학교의 문화와 선거 프로젝트 엮기

우리 학교의 좋은 것 하나! 반마다 회장, 부회장이 없다는 것!

그래서 일반 학교와 달리 인기투표하듯 만들어지는 인위적인 리더가 없다. 감투가 없으니 아이들 세계에 은연중에 스며든 특권 또한 없다. 스펙처럼 달고 오는 회장이 없어서 아이들은 누구나 자신이 강점을 보이는 활동에서 리더가 될 수 있음을 잘 알고 있다.

이 부분에서 선거를 주제로 한 프로젝트를 어떻게 엮어야 할지 고민이 되었다. 학교에 회장 선거가 없는 터라 혹시 의도한 바와 달리 학생, 학부모의 과열로 인해 왜곡된 방향으로 선거가 흘러가지 않을까 하는 생각이 들었다. 또 자칫 인기투표가 될 수 있다는 점과 선출된 학생이 가질 특권 의식이나 이후 생길 수 있는 다양한 변수들이 우려가 되었다.

선거 프로젝트가 학습 활동을 위한 것이라고는 해도 학교의 가치와 문화를 거스르지 말자는 것이 4학년 선생님들 모두의 생각이었다. 그래서 머리를 맞대고 의논한 끝에 '가상 선거'로 가닥을 잡았고 이번 프로젝트에 몇 가지 원칙을 세우게 되었다.

원칙 하나. 모든 아이들이 한 번씩 후보가 될 것.

원칙 둘. 모든 아이들이 선거의 전 과정을 체험할 것.

원칙 셋. 투표는 최대한 실제처럼 할 것.

이 세 가지의 원칙을 녹여낸 대략의 시나리오를 만들고 그것을 토대로 수정하고 추가해가며 프로젝트의 제목부터 시작하여 구체적인 활동들을 확정해 나갔다.

"무엇을 위한 선거를 할까요?"

"4학년 대표? 음, 그건 좀 아니네요."

"무슨 회장 선거도 아니고, 이러면 어떨까요? 우리 학교를 하나의 마을이라고 상상을 하고 마을 대표를 선출하는 거요."

"좋아요. 정식 명칭은요? 신은마을 이장 선거? 하하하. 이장, 회장도 좀 그러니 촌장은 어때요?"

"이번 프로젝트 정식 명칭을 신은마을촌장 선거로 합시다."

▶ 프로젝트 이름 : 신은 마을을 이끌어 갈 차세대 신은마을촌장 선거

▶ 프로젝트의 목적 : 함께 해결해야 할 공동의 문제, 즉 정치 문제를 해결하는 바람직한 방법으로서의 민주주의를 이해한다. 이를 바탕으로 신은 마을 촌장 뽑기라는 가상의 선거를 통해 지역의 대표를 뽑는 선거의 필요성과 과정, 원칙을 이해한다. 학생이 선거운동의 주체가 되어 선거 홍보 벽보 및 선거운동 계획을 세워보는 과정을 경험하고 지역 대표와 유권자의 바람직한 역할과 자세를 이해하도록 한다.

---

(2) 교과 버무리기 – 교과 재구성의 필요성? 자연스러운 일!

학기 초에 프로젝트의 주제를 선거로 정할 때만 해도 투표에 학교 전체가 참여하고 교직원과 학부모가 참여하는 열린 프로젝트가 되리라고는 생각지도 못하였다. 생각 외로 거대한 프로젝트가 될 것이라고는 예측도 하지 못하고 아이들에게 '제대로 경험하게 하자'는 생각에서 신은마을촌장 선거 프로젝트에 들어갔다.

사회 교과의 '주민자치와 선거' 부분을 중심으로 하여 수업을 이끌어갈 경우, 턱없이 부족한 차시에 맞닥뜨린다. 프로젝트 수업의 계획된 차시를 확보하기 위해 교과 재구성은 불가피하다. 또한 프로젝트의 성격상, 사회과의 선거 과정뿐만 아니라 국어과의 토론 활동 역시 꽤나 비중 있는 활동이다. 그리고 선거 과정에서 그리기, 꾸미기 등 미술 활동과 결과 분석을 위한 수학 활동도 필요했다.

시간 확보와 하나의 주제를 통해 다양한 교과의 활동들을 엮는 작업은 오히려 자연스러운 행보이다. 정해진 시간과 교과의 틀 속에서는 자유로운 활동에 제약이 생기게 마련이다. 그래서 교과의 재구성이 지극히 자연스러운 작업일 수밖에 없다.

먼저, 신은마을촌장 선거의 구체적인 시나리오를 만들고, 관련 교과의 내용을 분석하여 프로젝트 활동을 위한 차시를 확보하는 작업을 시작하였다.

잦은 학년 협의회를 통해 아이디어가 덧붙여져 구체적인 활동들을 구성하였고, 프로젝트 활동에 필요한 전체 차시를 계획하였다. 그런 다음 함께 둘러앉아 교과서와 지도서를 보며 통합 가능한 관련 교과와 단원을 찾아 차지게 버무리는 작업을 하였다. 이제는 프로젝트 수업을 통해 아이들과 한상 근사하게 차려 먹기만 하면 될 일이다.

버무린 교과와 차지게 확보한 차시

교과	단원 및 차시	성취 기준	프로젝트 주제와 관련성
사회	3-1. 함께하는 주민자치 (2차시)	주민자치의 의미를 민주주의의 원리와 관련지어 설명하고 주민자치의 필요성에 대해 말할 수 있다.	선거 공약 세우기 전 활동 우리 마을, 학교 문제에 관심 갖기
	3-2. 지역 대표를 뽑는 선거 (5차시)	우리 지역을 대표하는 사람들을 뽑는 선거 과정을 알아보고 이를 통해 대표자와 유권자의 역할과 중요성을 설명할 수 있다.	선거의 모든 과정 경험
국어	2. 학급회의를 해요. (4차시)	회의의 절차와 방법을 알고 능동적으로 참여할 수 있다. 제시한 의견의 타당성을 평가할 수 있다.	예비 후보 토론회, 대토론회
수학	6. 막대그래프 (2차시)	막대그래프가 가지는 특성을 알고 막대그래프를 그릴 수 있다.	주제 활동지에 각 후보의 득표수를 그래프로 나타내기

(3) 가상 선거에 '현실감'이라는 양념 뿌리기

가상 선거로 가닥을 잡은 것에는 미리 언급한 학교문화와의 관련성 외에도 또 다른 이유가 있었다. 그것은 바로 공약 문제였다.

범위가 좁은 학년 대표만으로는 제한되고 뻔한 공약만 나와 자칫 알맹이는 빠진 채 형식적인 선거의 과정만 따라 가게 될 것이라는 생각이 들었다. 다양하면서도 논쟁을 불러일으키는 공약이 필요했다. 따라서 아이들이 좀 더 다양한 의견을 제시할 수 있도록 공간적 범위를 학교 전체와 마을로 확장하고, 아이들 역시 스스로를 어른과 동격인 존재로 인식할 필요가 있었다. 다행히 실제 대토론회에서 뜨거운 논쟁이 벌어졌고 막판 투표와 개표까지도 아주 흥미로운 활동을 하게 되었다.

가상 선거이니만큼 현실과의 경계를 넘나들어야 하는 과제가 생겼다. 아이들의 학습동기를 높이는 데에 효과적인 방법 중 하나는 활동 환경을 그럴듯하게 구성해 주는 것이다. 주제에 대한 억지스러운 구성은 아이들의 3주간 활동에 추진력을 떨어지게 만들기 때문이다. 이 프로젝트가 가상으로 하는 것이니만큼 진지하게 몰입할 수 있는 장치가 반드시 필요했다. 선생님들의 말솜씨도 중요하겠으나 좀 더 구체적인 환경 조성이 더욱 절실했다.

그래서 현실감 있게 구현해내는 방법으로 최대한 실제 선거와 같은 방식과 환경을 만들어 주기로 하였다. 그래서 학교 업무전담팀장님께 실제 선거에서 사용되는 기표대와 투표함 대여를 부탁드렸고, 업무전담팀장님께서 기꺼이 발품을 팔아 선거관리위원회 사무실에 요청하여 기표대 3개와 투표함 1개를 가져다 주셨다.

비록 교사 주도로 기획된 프로젝트지만 활동의 모든 부분을 온전히 아이들 것으로 하고 교사의 역할은 최소한으로 줄이려고 노력하였다. 그래서 선거관리위원회의 활동을 활성화하여 프로젝트의 전 과정을 아이들 손으로 이끌도록 하였다. 선거관리위원회 위원들의 활동으로 교사들이 생각했던 것보다 프로젝트가 물 흐르듯 잘 흘러갔다.

(4) 신은마을촌장 선거 시나리오

선거는 크게 경선과 본선거로 나뉘었다.

경선에서는 아이들 모두 후보가 되어 공약 세우기, 선거운동, 토론회를 거쳐 투표와 개표를 하는 선거 과정을 체험하는 활동으로 각 반에서 이루어졌다.

본선에서는 각 반 경선에서 뽑힌 후보를 중심으로 반 친구들이 선거운동원이 되어 선거운동 활동과 대토론회를 경험하였다. 그런 다음 지금까지 운동원이었던 아이들을 유권자의 역할로 전환시키고, 아이들이 좀 더 객관적인 시각으로 각 후보의 공약을 분석하여 투표할 수 있도록 하였다. 이것은 짧은 시간이지만 선생님들의 역할이 매우 중요한 시점이다. 그리고 본선에서는 선거관리위원들의 활동이 본격적으로 시작되고 학교 내에 공고하여 선거를 알렸다. 신은가족(학생, 교직원, 학부모) 모두에게 투표권이 주어졌고, 사전투표와 본투표를 통해 대대적으로 투표를 실시하였다.

예비 후보 경선 과정의 기획

과정	활동 내용	일시 장소	대상	준비물	비고
선거관리 위원회 조직	실제와 달리 선거관리 위원회도 〈예비후보 토론〉까지 후보 자격으로 참여		학년 전체		
예비 후보 공약	공약 세우기 벽보 만들기 교실에 1~2일 게시	6.11~12 -4시간 각 교실	학급 전체	도화지1장 프로젝트 활동지	학생 전원 참여 및 수업 효과 극대화를 위해 실제 선거와 순서를 달리함.
예비 후보 토론	학급 전체가 예비 후보이므로 자유롭게 질의응답		학급 전체	학급전체 공약 편집한 출력물	
예비 후보 신청 및 공약 발표	우리 반 실제 예비 후보 신청 및 공약 게시 발표 본인 동의 시, 추천도 가능	6.13.금 -3시간 각 교실	신청한 학생만	프로젝트 활동지	반드시 공약을 보고 투표하도록 지도함.
예비 후보 투표 및 선출	예비 후보 투표와 선출 관리위원회에서 투표소 설치 및 투표용지와 선거인 명부 확인하기 공개 개표 및 투표 결과 공고 하기			투표용지 프로젝트 활동지	

과정	활동 내용	일시 장소	대상	준비물	비고
선거일정 공고	선거관리위원, 선거 일정 안내문 제작 및 공고하기	6.16(월) 방과 후			
후보 신청	각 학급이 정한 후보의 이름을 가상의 이름으로 바꿈	6.17(화) -1시간			후보의 공약을 크게 훼손하지 않게 반 아이들과 보완
후보 공약 세우기 및 선거운동 계획 세우기	학급이 가상 후보의 선거운동원이 되어 후보 선거운동 계획 세우기	6.18(수) ~19(목) -2시간		공약벽보	
공약 제출 (3장) 및 게시	중앙현관, 두리터, 야외놀이터 앞 설치	6.20(금) 중간 놀이 시간			
선거운동	전 학년 대상으로 실시	6.23~25			
대토론회	각반 5개 모둠으로 나누어 4학년 전체 반을 섞음. 각 반에서 후보 공약 토론	6.26(목) -1시간 (6교시)			★ 공약위주 선거 -실명을 쓸 후보일 경우, 인기투표가 될 우려와 인신공격이 가해질 가능성 있음 -사진은 그대로 이름만 바꾸어서 공약에 집중하도록 유도
각 후보 공약 살피기	각 후보의 공약을 다시 한 번 살피고 비교한 후 자신이 투표하고자 하는 후보 정하기 -선거운동과 별개로 유권자의 입장에서 선택하도록 지도	1시간		프로젝트 활동지	
사전투표 (1학년)	투표당일 1학년 현장체험 일정이 있음. 1학년 선생님들의 요청으로 사전투표 결정	6.26(목) 중간 놀이 시간 어울터	1학년	투표용지 기표대 투표함	
투표 및 선출	전 학년 대상으로 희망자에 한해 자유 투표함. 관리위원회에서 투표소 설치 및 투표용지와 선거인 명부 확인하기, 공개 개표 및 투표 결과 공고하기	6.27(금) 중간 놀이 시간 점심시간 무지개터 앞	2학년 ~ 6학년 학부모 교직원	투표용지 기표대 투표함	
개표 및 당선자 공고	투표용지 5등분, 각 반에서 개표하며 〈개표상황표〉에 쓰고 구글로 실시간개표 확인	6.30(월) -1시간 (1교시)		프로젝트 활동지	

(5) 후끈후끈! 신은마을촌장 선거 현장 속으로~

6 · 4 전국동시지방선거로 후끈 달아올랐던 2014년 6월, 아이들에게 과제로 서울시장, 서울시 교육감, 우리 지역 구청장 선거의 후보와 공약을 조사하도록 하였다. 그리고 선거에 대한 이해와 공약의 중요성을 함께 이야기해 나가며 프로젝트에 서서히 발을 디뎠다.

'교과도 버무렸겠다, 양념도 적당히 뿌려뒀겠다, 이제는 시작이다. 이제부터는 아이들의 몫이다.'

▲ 6 · 4 지방선거 후보와 공약 조사 활동지

1) 선거의 시작, 선거관리위원회 구성

선거관리위원회의 활동에 대해 알리고 각 반에서 2명씩 신청자를 받았다. 총 10명의 선관위를 조직하고 2명의 교사가 고문 역할을 하였다. 선관위 위원들 중에는 장난스러움과 흥이 가득한 친구들도 있었다. 선관위가 견인차 역할을 해야 하므로 좀 걱정이 되기도 했지만 꽤나 열심히 자기 역할들을 의젓하게 해주었다. 물론 장난치는 것도 잊지 않았지만……

선관위 아이들의 활동 역시 주어진 활동 내에서 서로 의견을 니누는 과정을 통해 일정 조정, 구체적인 내용 및 역할을 스스로 결정하고 구성해 나갔다. 또한 이후 후보 등록받기, 공고문 제작 및 부착, 선거운동 감시 그리고 투표와 개표를 이끌었다.

선관위 활동에 대해 모르고 있던 아이들도 프로젝트 중반 이후에는 "나도 선관위 할 걸. 다음에는 선관위 해야지." 하며 아쉬워하는 경우도 꽤 있었다.

2) 예비 후보 공약 세우기

프로젝트에서 가장 중점을 두었던 부분이 공약 세우기다. 공약을 세우기 위해서는 내 생활을 둘러보고 주변 실정을 잘 알고 있어야 했다. 그래서 신은마을(학교와 주변 아파트 포함)에서 '불편한 점, 고쳐야 할 점'과 '더 발전시키고 싶은 점'에 대해 각각 마인드맵 방식을 통해 생각을 꺼내기 시작했다. 이 과정을 통해 아이들은 자신이 어떤 공약을 내세워야 할지 감을 잡아나갔다. 이미 6·4 지방선거 당시 후보들의 공약을 보며 이야기를 나눈 터라

▲ 예비 후보 공약 포스터 게시

생각보다 쉽게 스스로 방향을 찾아내었다.

3) 예비 후보 30명의 열띤 토론

6 · 4 지방선거의 후보 포스터 등을 자료로 보며 자신만의 포스터를 만들고 공약을 넣어 교실에 1~2일 게시하였고 쉬는 시간을 활용하여 다른 후보들의 공약을 조사하고 생각해보도록 하였다. 그런 다음 우리 반 아이들 공약이 모두 들어있는 자료를 보고 질문하고 싶은 부분을 떠올리는 시간을 잠시 가진 다음 토론을 시작하였다.

"○○○ 후보에게 질문하겠습니다. 학교 텃밭을 넓히겠다고 했는데 어디에 만들겠다는 겁니까? 지금 우리 학교에는 텃밭을

▲ 예비 후보 토론

만들 자리가 없다고 생각합니다."

"학교 주차장에 텃밭을 만들면 됩니다. 선생님들 차는 지하 주
차장에 세우고 위에 있는 주차장을 텃밭으로 만들면 된다고 생각
합니다."

다른 후보의 공약에 대해 질문하고 답하는 과정에서 공약의 실
현 가능성과 예산 문제 등이 자연스럽게 거론되었다. 예산 문제
에 대해서도 아이들은 세금, 대출, 모금 등 다양한 대안을 내놓았
다. 얼토당토않은 것도 많았지만 아이들의 발언을 최대한 존중해
주고 진지하게 정리해 주었다. 또 장난스러운 부분은 같이 깔깔
대며 슬쩍 걸러내 주었더니 모두가 자유롭게 발언하고 즐거우면
서도 의미 있는 토론이 되었다.

◀ 예비 경선 투표

4) 후보 신청 및 투표와 개표

예비 후보 토론까지는 모든 아이들이 후보가 되어 활동하였다. 그러나 여기서부터는 자신의 의사에 따라 후보 신청을 하도록 하였다. 경선에서 뽑힌 친구가 본선거의 후보가 되므로 앞에 나서는 것을 꺼리는 아이들도 존중해 줄 필요가 있었다. 그래서 최대한 자율성을 주어 스스로 선택하여 신청하도록 하였다. 우리 반의 경우, 11명의 후보가 접수되었고 선관위 위원 2명이 선생님의 도움을 받아 간이 투표소를 설치해서 투표와 개표를 진행하였다.

5) 드디어 본선거의 시작! 선거 일정 공고

지금까지는 각 반에서 이루어진 선거 활동이었지만 본선거부

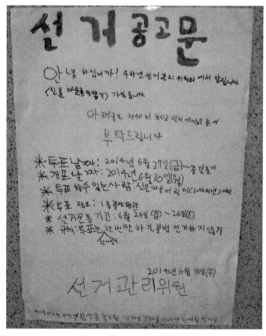

◀ 선거 공고문 게시

터는 대외적으로도 북적대는 활동의 시작이다. 선관위 위원들이 제작한 선거 일정 공고문을 학교의 곳곳에 붙여 선거 일정을 알렸다. 또한 각 반 투표 때 칠판에 사용했던 제목을 모아서 걸이 형식으로 재활용하여 신은가족들이 가장 많이 볼 수 있는 위치 몇 군데에 걸어 두었다. 다른 학년 아이들도 "우리 학교에서 선거를 해?", "저건 뭐지?" 하며 이제 궁금해지기 시작하는 시점이다.

이 시기 즈음하여 미리 각 학년 선생님들께 4학년 프로젝트의 취지와 방식, 일정들을 정리한 한글파일을 메신저로 보내고 아이들에게 홍보를 부탁드렸다. 또한 4학년 학부모님께도 같은 내용으로 가정통신문을 만들어 홍보하였다.

학교 곳곳에 이런 홍보물과 공고문이 붙으면서 4학년 아이들도 자신이 하는 활동에 슬슬 자부심을 갖고 더욱 적극적으로 임하기 시작했다.

6) 본선거 후보 신청

각 반에서 선출된 후보들이 본선 후보 등록을 하는 단계이다. 이 부분 역시 선생님들이 가장 많이 고민했던 부분 중 하나이다. 첫 부분에 쓴 고민처럼 개인적인 성향이 부각되어 상처를 받거나 인기투표, 과열의 우려가 있었기 때문이다. 이 문제를 해결하기 위해서 아이들이 후보 개개인이 아닌 공약에 집중할 수 있도록 해야 했다.

"후보도 가상으로 갈까요? 이름은 그대로 하되, 사진은 다른 캐릭터로 하는 건 어때요?"

"아예 사진 빼고 이름과 공약만 넣어서 포스터를 만들면 좋겠는데요?"

"사진이 빠지면 현실감이 떨어지니 차라리 사진은 실제 사진으로 하고, 이름을 바꾸면 좋지 않을까요?"

선생님들의 고심 끝에 본선거 후보의 이름을 반에서 함께 결정하고, 후보 신청할 때 가상의 이름으로 신청을 하도록 하였다.

그래서 나당선, 백민지, 장덕여왕, 이푸름, 변믿음 이렇게 다섯 명의 후보가 신청을 하였다. 후보 중 몇 명은 2학기까지 이때의 이름으로 불린 친구도 있었다. 이 방식은 꽤 효과적이고 적절한 선택이었다.

7) 공약 게시와 선거운동

각 반 후보의 공약에서 학급회의를 통해 원래의 공약을 크게 훼손하지 않도록 문구를 수정, 보완하였고 선거운동 계획을 세워 나갔다. 우리 반의 경우, 선거운동 할 날짜와 장소, 학년 등을 함께 정하고 나머지 방식은 모둠별로 자유롭게 하기로 결정했다. 명함, 전단지, 피켓 등 다양한 홍보 수단이 동원되었다.

선관위 공고에 따라 후보들은 자신의 공약이 담긴 홍보물을 선관위에 제출하였다. 또한 후보와 선거운동원들은 큰 우드락에 후보의 사진과 공약이 들어간 재치 넘치는 홍보 포스터를 2개씩 제출하였다. 5명 후보의 포스터는 학교의 두 곳에 각각 이젤로 세워

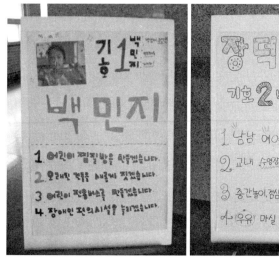
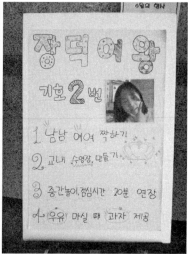

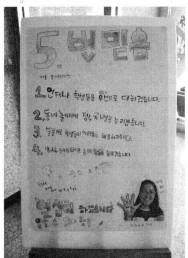

◀ 신은마을촌장 선거 본선에 나온 다섯 후보의
선거 후보 포스터.
처음부터 가상 선거로 기획된 것이기 때문에
후보들의 이름도 가상으로 설정되었다.

학교 전체에 일주일 정도 홍보하였다.

아이들이 많이 드나드는 곳에 놓았던지라 여러 아이들이 서서
공약을 읽는 모습이 자주 보였다. 4학년에서 이루어지는 가상 선

거의 취지를 충분히 알지 못하는 다른 학년 학생들도 "이게 말이 되냐?", "학교에 이걸 만들겠다고?" 하며 "말도 안 된다", "재미있다." 등 다양한 반응을 보였다. 아이들의 눈길을 끌기에 충분했다.

▲ 어울터(강당) 앞 복도에 게시된 후보 5명의 포스터를 살펴보고 있는 아이들

4학년 아이들의 홍보 덕인지 나중에는 "난 ○○○ 뽑을래." 등 자신이 뽑을 후보를 정하는 모습도 보였다. 막내인 1학년 아이들도 "6월 27일 날 투표한대. 난 ○○○을 뽑을 거야."라고 말하는 것이 심심찮게 들려서 저학년 아이들도 적잖은 관심과 흥미를 보였다. 그래서 투표율이 꽤 나오겠다는 예상도 조심스럽게 해보았다.

8) 신나는 선거운동

우리 학교는 80분 블록 수업을 하고 있으며 1~2교시를 묶어 1 블록, 3~4교시는 2블록, 5~6교시는 3블록으로 운영 중이다. 그 래서 1블록 후 30분의 중간 놀이 시간과 2블록 후 점심 쉬는 시간 이 있다. 선거운동이 조금 소란스러울 것으로 예상되어 다른 학 년에도 피해를 최소화하기 위해 중간 놀이 시간 30분 동안만 하 도록 하였다. 선거운동 전, 다른 학년에 방해되지 않도록 홍보하 는 방법에 대해 이야기를 나누고 신신당부를 했더니 몇몇 아이들 을 제외하고는 대부분 분위기가 잘 조성된 것 같았다.

3주간 프로젝트를 하는 동안 계획된 시간들 외에는 각 교과 수 업이 정상적으로 이루어졌다. 후보 공약 조사 활동이나 선거운동 등은 주로 쉬는 시간에 이루어져서 생각보다 많은 차시가 들어가 진 않았다. 그러면서도 3주 내내 북적거렸던 프로젝트였다.

다만 선거운동 기간에는 피켓을 들고 무리지어 다니는 재미에 한껏 흥분되어 1블록 말에는 술렁술렁 대는 것이 흠이긴 했다. 그 래도 그 정도는 귀여운 흠이다.

9) 후보 공약 대토론회, 그 뜨거운 현장

아, 대토론회! 무척이나 매력적이었던 대토론회는 프로젝트 과 정 중 선생님들과 아이들의 호응도와 만족도가 가장 높았던 활동 이다.

후보 토론을 하려고 하는데, 5명의 후보로만 하기에는 프로젝 트의 취지와 맞지 않았다. 그래서 아이들을 모두 참여시키기로

▲ 각 후보 선거운동원들이 학교 곳곳을 누비며 홍보하는 모습

했다. 아이들 모두가 자기 반 후보를 대변하도록 하여 각 반이 한 교실에 모여 토론을 하면 꽤나 멋진 토론이 될 것 같았다.

우리 4학년은 5개 반으로 되어 있으며 한 반에 30명 정도의 학생들이 있다. 그래서 각 반 학생들을 A, B, C, D, E 5개 그룹으로 자유롭게 나누고 대토론회에 참여할 반을 배정하였다. 각 반 A그룹은 해오름반, B그룹은 물오름반 등으로 한 교실에 5개 반 아이들이 약 6명씩 골고루 배치되도록 하였다.

대토론회 당일, 미리 조사한 각 후보 공약과 질문지를 들고 격전장으로 출발! 아이들은 이미 경선에서 공약 토론을 경험하여 질문들의 깊이와 수준을 어느 정도 파악하고 있었다. 토론을 위해 교실의 책상 배치를 바꾸었고 후보 번호 순으로 그룹을 지어 앉았다. 각 후보 진영의 공약 발표를 하고 공평한 발언 기회를 주며 자유롭게 질의, 응답을 이어갔다.

"후보 ○번 쪽에 질문하겠습니다. ○번 후보는 공약으로 수영장을 만든다고 했는데, 수영장을 만들려면 돈이 많이 들 것입니다. 그 돈을 어떻게 마련할 겁니까?"

"학교에서 하는 되살림 장터에서 돈을 모으거나 모금 운동을 하면 됩니다."

"그 정도로는 수영장을 못 만들 것 같습니다."

"우리가 학교 전기 요금를 아끼는 방법도 있고 모자라면 은행에서 대출을 하면 됩니다."

"학교가 은행에서 대출받는 것은 말이 안 된다고 생각합니다. 그럼 우리는 빚을 지게 됩니다."

대출 이야기가 나오니 아이들이 벌떼처럼 들고 일어나기 시작했다.

아이들에게서 예산, 장소나 실천 가능성 등 예상 질문에 따른 답변들과 더불어 즉흥적인 답변들이 흥미롭게 나왔다. 자기 팀이 궁지에 몰리면 발언을 잘 하지 않던 아이들까지 적극적으로 발언하기도 하였다. 너무나 열띤 토론에 선생님도 아이들도 모두 신나는 경험을 하였다. 대토론회에 1블록을 할애하였는데도 시간이 짧게 느껴졌고, 끝날 때 많은 아이들이 "더 하면 안돼요?"라며 아쉬워하기도 했다.

10) 나는 유권자! 각 후보의 공약 살피기

"선생님, 꼭 우리 반 후보를 찍어야 하나요?"

▲ 선거 후보 대토론회

선거운동 중 한 아이가 물었다. 선생님들이 예상했던 질문이 아이에게서 나왔다.

그래서 마련된 또 한 번의 중요한 전환점!

이제부터는 선거운동원이었던 아이들이 유권자로 역할을 바꿔야 할 때다. 선생님들의 역할이 중요한 때이기도 하다. 그동안 우리 반 후보만을 위해 달려왔던 아이들에게 선거의 필요성과 투표의 중요성을 다시 한 번 되새겨주는 시간을 가졌다. 그리고 후보의 됨됨이도 중요하지만 공약이 매우 중요함을 특히 강조하고 이번 선거는 각 후보의 공약을 중심으로 판단할 수 있도록 안내하였다. 아이들도 쉽게 이해를 하고 역할 변화를 자연스럽게 받아들였다.

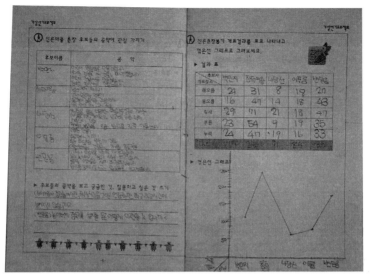

▲ 후보들의 공약 살펴보기 활동지

11) 사전투표와 본투표

6월 26일, 1학년을 대상으로 한 사전투표를 실시하였다. 사전투표는 이번 신은촌장 선거에서는 다소 억지스러운 면이 있어 아쉽지만 빼려고 했던 활동이었다. 하지만 다행스럽게도 본투표일인 27일이 1학년 현장체험학습 날이라 자연스럽게 사전투표까지하게 된 것이다.

26일 선관위 위원들과 선생님들이 어울터(강당)에서 미리 대여해 둔 기표대와 투표함을 설치하였다. 중간 놀이 시간과 점심시간에 선관위 위원들이 유권자 명단을 확인하고 투표용지를 배부하였으며 기타 안내도 맡아 투표를 진행하였다. 1학년 아이들 대부분이 투표에 참여했다.

27일 본투표 날, 1층 무지개터 앞 넓은 야외 통로에서 기표대와 투표함을 설치해 두고 중간 놀이 시간, 점심시간에 투표를 실시하였는데, 그야말로 문전성시를 이루었다. 길게 늘어선 줄과 몰려든 아이들로 통로가 막힐 정도였으니……. 덩치 큰 고학년과 작은 중·저학년이 엉켜 줄을 서고 중간중간 학부모님과 선생님, 보안관님 등 학교 교직원들도 참여를 해서 마치 잔치와 같은 선거를 치르게 되었다.

12) 두근두근 실시간 개표와 당선자 공고

선거 때마다 TV 실시간 개표는 시간이 지날수록 긴장감을 더해준다. 더구나 후보 간 득표수가 비슷할 경우는 더욱 그러하다. 우리의 선거도 마지막까지 긴장감 넘치는 개표를 하고 싶었다. 흥미롭게 투표까지 했는데 개표에서 김을 빼고 싶지 않았다. '개표도 긴장감 있게 할 수 있는 방법이 없을까?' 고민하던 중 웹사이트 구글을 떠올렸고 그곳의 프로그램을 실시간 개표에 활용하기로 하였다. 편리하게도 구글의 몇 가지 문서 공유 양식을 이용하면 다른 반에서 쓴 것을 실시간으로 볼 수가 있다.

27일 금요일 투표 마감 이후, 선관위 위원들이 투표함을 개봉하여 투표 용지를 대략 5등분 하였고 큰 비닐 봉투에 넣어 각 반으로 하나씩 배달해 주었다. 주말을 보내고 월요일 1블록, 결과를 궁금해 하는 아이들과 실시간 개표를 시작하였다.

먼저 TV에 구글의 스프레드시트 양식으로 각 반, 각 후보를 넣

▲ 1학년 아이들의 사전투표 모습　　　▲ 본투표 모습

은 표를 띄워놓았다. 각 반에서 동시에 개표를 실시하였고 먼저
개표 완료되는 대로 구글 양식에 기입하도록 하였다. 개표를 하
는 도중, 아이들이 웅성웅성 하기 시작하였다. 개표를 완료한 첫
번째 반의 결과가 TV에 떴기 때문이었다. 곧이어 속속 결과가 올
라왔고 그때마다 아이들은 '와!'하고 탄성을 질렀다. 개표가 완료
되고 당선자가 확정되는 순간이었다. 그리고 길고도 짧았던 프로
젝트가 끝나는 순간이기도 하였다. 후보별 득표수와 당선자를 알
리는 공고문을 학교에 붙이고 신은마을촌장 선거 프로젝트를 마
무리하였다.

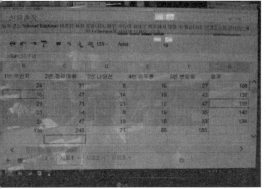
▲ 각 반의 동시 개표 현황

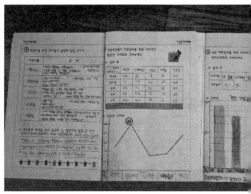
▲ 마무리를 위한 프로젝트 활동지

▲ 프로젝트 결과 나눔 전시를 통해 3주간의 활동을 정리했다.

(6) 신은마을촌장 선거를 마무리하며

뜨거웠던 프로젝트의 열기를 식히며 선거의 과정을 살피고 대
표 공약의 중요성, 유권자로서의 자세 등을 되짚어 보는 시간들을

가졌다.

"선생님, 장덕여왕(당선자)이 수영장 안 만들면 어떻게 해요?"
아이들이 한바탕 웃어재꼈다.

"그래서 투표한 것으로 끝난 건 아니에요. 장덕여왕은 예외지
만, 진짜 선거라면 우리가 뽑은 당선자가 공약을 제대로 지키는지
관심 있게 지켜봐야 해요. 만약 공약을 지키지 않으면 어떻게 해
야 할까요?"

"공약을 왜 안 지키는지 따져야 해요. 계속 지키라고 말해야 돼
요."

그래, 그거면 된다.

선거가 왜 필요하며 후보의 공약을 왜 꼼꼼히 살펴야 하는지를
알면 된다.

자신의 한 표를 포기하지 않고 투표를 해야 하는 이유를 알면
된다. 그리고 나아가 선거로 끝난 것이 아님을 알면 되는 것이다.

처음의 막연함은 사람과 사람이 부대껴 생각을 나누고 보완하
니 모든 것이 실체가 되어 나타났다. 짧고도 긴 일련의 과정을 겪
으며 '아, 되는구나! 할 수 있구나!'를 온몸으로 느끼고 아이들만이
아니라 교사 또한 성장하고 있음을 느낀 프로젝트였다.

한 교과에 얽매여 좁은 활동에서 그치기보다 교과를 재구성하여
더 의미 있는 활동을 할 수 있다면, 그리고 아이도 교사도 함께 성장
할 수 있다면 이처럼 매력적인 작업을 하지 않을 이유가 있을까?

2. 행복한 선물, 나누는 기쁨

— 재능 나눔 프로젝트

우리 학교의 자랑거리는 여러 가지가 있지만 그중에서도 아이들이 가장 기대하고 즐겁게 참여하는 신은혁신한마당 행사가 있다. 신은혁신한마당 주간이 되면 해마다 학년에서 새로운 프로그램을 계획하여 운영을 하고 아이들이 다양한 프로그램에 참여한다. 2014년 신은혁신한마당 준비를 위해 4학년 선생님들이 모여서 의견을 나누었다.

"올해는 어떤 프로그램을 운영하면 좋을까요?"

"1학기 때 했던 'I am a Teacher' 활동과 연계하여 아이들이 직접 선생님과 학생이 되어 가르치고 배우는 활동을 해보는 것이 어떨까요?"

"지난번에는 각자 교실 안에서 친구들과 활동을 했다면 이번에는 4학년 전체를 대상으로 하여 자신들이 가진 재능이나 특기를 다른 반 친구들과 나누고 각 반에서 모둠을 구성하면 어떨까요?"

"활동 내용 역시 아이들 스스로 정하고 계획해 보는 것은 어떨까요? 학급에 구애받지 않고 자신이 원하는 활동 내용을 선택할 수 있도록 하고요. 그리고 아이들뿐만 아니라 학부모님들께 안내하여 참여하기를 희망하는 분들도 함께할 수 있는 기회를 드리는 것도 좋을 것 같아요."

"그럼 이번에는 학부모님도 함께하고 어깨짝반인 2학년 동생들과 1학년 동생들을 함께 초대하여 4학년 아이들의 재능을 동생들에게 나누는 활동도 함께 진행해 봐요."

"저는 이번 기회에 아이들만 재능 나눔을 하는 것이 아니라 선생님들도 함께 참여했으면 좋겠어요."

다양한 선생님들의 의견을 모아 이번 신은혁신한마당 프로젝트를 '재능 나눔 프로젝트'라고 명칭을 정하고 1부에서는 학생과 학부모가, 2부에서는 교사가 재능 나눔 프로젝트를 운영하였다. 2부 교사 재능 나눔 프로젝트에서는 아이들이 희망하는 프로젝트를 선정하고 참여하는 것으로 결정하고 준비를 시작하였다.

(1) 사전 준비 활동 – 4학년 'I am a Teacher'

평상시의 수업과 달리 어린이들 스스로가 선생님이 되어 자신의 수업 내용을 구상해 보고 자신의 특기를 살려 친구들을 가르치는 활동을 구상하였다. 선생님이 되어 무엇을 가르칠지 계획하여 필요한 준비물도 챙겼다.

'I am a Teacher' 활동 내용

장소	4학년 각 반 교실
대상	우리 반 친구 모두
진행방법	1. 우리 반 친구 모두 선생님이 되어 가르치는 기회를 갖는다. 2. 선생님이 되어 가르치고 싶은 내용을 1가지씩 준비한다. (계획서 별첨) 3. 일일 선생님 한 사람당 학생이 5~6명 정도를 가르친다. 4. 3블록 수업 중 총 6회(이하 6교시로 표현)의 수업을 하며 회당 7~10분 정도의 시간을 준다. 5. 매시간의 일일 선생님은 5~6명으로 하고 정해진 장소에서 학생을 기다린다. 6. 학생 역할을 하는 아이들은 자신이 듣고 싶은 수업을 골라 수업 장소(교실 내)를 찾아 간다. 7. 종이 울리면 1교시가 끝나고 다음 시간 수입으로 진행하며 새로운 일일 선생님이 학생을 기다린다. 8. 일일 선생님은 수업에 즐겁게 참여하여 열심히 활동하는 학생들에게 칭찬 딱지를 주거나 도장을 찍어준다. ▶원칙 : 학생 모두 한 번씩 선생님 역할의 기회를 갖는다.

(2) 실행 단계

1) 학생 및 학부모 재능 나눔

학생 재능 나눔 부스는 반별 4개로 정하고, 모둠 역시 4개로 구성하여 4학년 체험 부스 20개, 학부모 재능 나눔 부스 3개, 전체 23개 부스를 운영하였다.

가장 큰 난관은 모둠 구성에 있었다.

"선생님, 여자끼리 모둠을 구성하면 안 될까요?"

"여자아이들끼리 하고 싶어요? 여학생과 남학생이 함께 모둠을 구성하게 되면 더욱 다양하고 재미있는 부스 운영이 가능할 수도

▲ 탁구 배워보기   ▲ 고무줄 팔찌 만들기

있을 것 같아요."

"친한 아이들끼리 모둠을 구성하다 보면 남게 되는 아이들이 생기잖아요. 그 아이들은 서운한 마음이 들 것 같아요."

아이들이 다양한 의견을 제시하며 힘들더라도 서로 양보하며 함께 노력해 보자는 의견을 모아 어렵게 모둠이 구성되었다. 각 모둠에서도 어떤 체험 부스를 열 것인가에 대해서 열띤 논쟁 끝에 주제가 결정되었다. 모둠마다 2개조로 나누어 첫 번째 조가 체험 부스 운영을 맡고 두 번째 조는 직접 체험을 하고, 일정 시간이 경과된 후에는 역할을 바꿔 첫 번째 조는 체험을 하고 두 번째 조가 체험 부스를 운영하기로 했다. 중간 놀이 시간에는 이 2개조 모두 체험 부스를 운영하여 동생들에게 재능을 나누는 것으로 결정하였다. 선정된 활동 내용 중 중복되는 활동은 학년에서 겹치지 않게 다른 반과 조율하여 학생 부스 20개를 정하였다. 각 모둠에

4학년 학부모 재능나눔 장터 준비물
▶ 10월 13일(월)까지 담임선생님께 제출하여 주십시오. (대표어머님만 제출하시면 됩니

부스의 활동주제	(예) 풍선 아트 풍선헬리콥터만들기		대표 학부모님 성함		이영래
물품명	규격(필요시 기입)	단가	개수	총계	
풍선 헬리콥터 (10인용세트)		7,000	10	70,000	

4학년 학부모 재능나눔 장터 준비물
▶ 10월 13일(월)까지 담임선생님께 제출하여 주십시오. (대표어머님만 제출하시면 됩니

부스의 활동주제	(예) 풍선 아트		대표 학부모님 성함		이연옥
물품명	규격(필요시 기입)	단가	개수	총계	
탱탱볼 만들기세트		700 (1개당 35원)	6.13	4200	
배송비				2500	
탱탱볼 가루	100명분 (10명세트)	61,00	10	61,000	

4학년 학부모 재능나눔 장터 준비물
▶ 10월 13일(월)까지 담임선생님께 제출하여 주십시오. (대표어머님만 제출하시면 됩니

부스의 활동주제	(예) 풍선 아트 제기 만들기, 머리띠 만들기		대표 학부모님 성함		박미희
물품명	규격(필요시 기입)	단가	개수	총계	
냅킨 모양 호르르즈 (무늬)	홍색사 적색목	—	5		
구슬	제기 머리핀 고정용	—	10		
노랑고무줄	제기 묶기용	?	100	?	
폼보드	화이트 1개	1000원/1장	1	1500	
글루건 심	길이 적색 회색, 소 2mm		3	6930	
양면 테이프	15mm x 25m	1200	3	3600	
머리핀 (집게핀)	60mm 쪽붙어 길게핀	300	100	30000	

★ 아이들 준비물이 있습니다.
냅킨 모양 포장, 신문지 폐신문지 2개, 겹은 비닐봉지 큰것 1개
▶ 준비물은 G마켓 가격기준으로 하시면 주문이 용이합니

▲ 학부모 부스 준비물 신청서

서는 필요한 준비물과 수량을 정하고 직접 견본을 제작하거나 각자 선생님과 학생이 되어 시연해 보고 홍보 전단지를 만들어 학교 곳곳에 안내하였다. 프로젝트 당일은 아이들이 재능 나눔 장터를 둘러보고 각자가 희망하는 부스에서 활동을 하였다.

학부모님 재능 나눔 부스 운영을 위해 2학기 교육과정 설명회 때 학부모님들께 재능 나눔 부스 운영에 대해 안내하였다. 그리고 가정통신문으로 참가 희망서를 받아 학부모님과 학년 선생님들과 사전 모임을 가졌다. 이를 통해 학부모님 역시 부스 운영을

아이들이 운영한 체험 부스의 종류

번호	부스 명	번호	부스 명
1	우유갑 연필꽂이 만들기	11	풍선아트
2	책갈피 만들기	12	은하수/별자리 만들기
3	마술	13	페이스 페인팅
4	타투/컵쌓기	14	책 만들기
5	레더숍	15	페이퍼 크래프트
6	수리수리 마수리~ 마술	16	캐릭터 딱지
7	슝~슝~ 미니카	17	네일아트
8	오목 두기	18	미니어처
9	종이 로봇 접기	19	카드 마술
10	매직스쿨	20	색종이 미니 카 접기
학부모 재능 나눔	제기/머리핀 만들기		
	탱탱볼 만들기		
	풍선 헬리콥터 만들기		

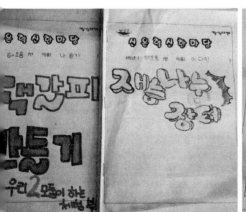

▲ 프로젝트 활동지 표지 꾸미기

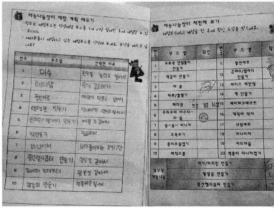

▲ 활동지에 체험 계획 세워보고 체험하기

▲ 오목두기　　　▲ 책 만들기　　　　　▲ 매직스쿨

위한 모둠을 구성하고 필요한 준비물을 정하는 등 구체적인 계획을 세웠다.

　재능 나눔 프로젝트를 시작하기 전에 아이들은 부스 전체에 대한 간단한 안내를 받고 재능 나눔 프로젝트를 실행하였다.

2) 어깨짝반 동생들과 함께 하는 재능 나눔 프로젝트

　4학년 학생들과 학부모님의 부스를 자유롭게 체험한 후 어깨짝반 2학년 동생을 초대하였다. 이를 위해 아이들은 미리 시간과 체험 내용을 간단히 소개한 초대장을 만들었고, 동생들에게 직접 찾아가서 초대장을 전달하였다. 호기심 가득한 눈으로 다가오는 동생들의 모습에 4학년 아이들은 무척이나 설레고 신이 난 모습이었다. 함께 책갈피를 만들기도 하고 종이접기도 하면서, 작지만 생활에서 나눔을 실천하는 아이들의 모습이 뿌듯하고 자랑스러웠다.

(3) 학생 및 학부모 재능 나눔 장터 프로젝트를 마치며

프로젝트를 마친 후에는 힘들거나 어려웠던 일, 보람을 느낀 순간 등 프로젝트와 관련된 다양한 생각들을 친구들과 함께 이야기 나누는 시간을 가졌다. 솔직하게 자신의 생각을 표현하고 아쉬웠던 점들도 함께 나누면서 아이들은 다음에도 또 이러한 기회를 가지면 좋겠다고 입을 모았다.

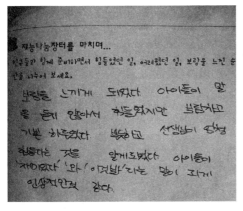

◀ 프로젝트를 마치며 학생 소감

(4) 교사 재능 나눔

4학년 선생님들도 자신 있는 활동으로 하나씩 주제를 선정하고, 이를 아이들에게 자세히 안내했다. 아이들은 각자의 관심과 희망에 따라 원하는 주제를 하나 선택했다. 이때 특정 주제에 몰리지 않도록 반별로 참여 인원을 적절히 조정했다. 아이들은 확

▲ 열기구 북아트

▲ 애니메이션

정된 주제에 따라 각자 정해진 장소로 이동하여 서로 다른 공부를 하는 시간을 가졌다.

교사 재능 나눔 주제

4학년 선택 활동	공과 함께 둥글둥글 오라! 피 끓는 4학년이여~~
	야호~! 애니메이션 가자!! 애니메이션 만들러
	열기구 북아트 종이 접어 내 꿈을 날려보자~
	색깔과 함께 떠나는 힐링 여행 새로운 색의 세계가 궁금한가? 오라!! 신세계로~~
	명상의 세계로 내 안의 나를 만나러 고고씽~~!

(5) 재능 나눔 프로젝트 교육과정 재구성

아이들은 모둠 구성에서부터 활동 주제 선정 및 부스 운영에 이르기까지 모든 과정을 협의를 통해 진행했다. 그리고 자신의 관심과 흥미에 따라 다양한 부스를 체험함으로써 새로운 역할을 경험하고 성취감을 느낄 수 있는 시간을 가지게 되었다. 프로젝트 주제에 맞게 교육과정 내용을 통합하여 계획한 차시 내에서 충분한 토의가 이루어질 수 있도록 했다. 또한 아이들 스스로 구체적인 역할을 정하고 활동을 계획하고 준비하는 시간은 주제 통합을 통해 차시를 확보했다.

재능 나눔 프로젝트 교육과정 재구성 편제

	과목	단원 및 차시	성취 기준	프로젝트 주제와 관련성	비고
학생재능나눔	창의적 체험 활동	진로활동 (1~2차시)	- 자신에 대해 바르게 이해하고 있으며 자신의 적성에 맞는 직업을 탐색할 수 있다.	• 관심과 흥미에 맞는 다양한 학생 체험 프로그램 및 선택활동 참여하기	•체험 부스 활동하기
	사회	3. 지역 사회의 발전- 2. 지역 문제의 해결 (6차시)	- 문제해결을 위해 여러 대안을 가지고 대화와 타협으로 해결할 수 있다.	• 모둠 구성하기 • 체험 부스 운영을 위한 주제 정하기	•토론 수업
	국어	7. 적절한 의견을 찾아요 (1~2차시)	- 학급 회의를 통해 모둠을 정할 때 문제되는 상황을 제안하고 올바른 해결 방법을 찾기 위해 다른 사람의 의견이 적절한지 판단하여 문제를 해결할 수 있다.	• 모둠 구성하기 • 체험 부스 운영을 위한 주제 정하기 • 자신이 맡은 역할 정하기 • 선택활동 선정하기	•학급회의 •프로젝트 활동지
교사재능나눔	미술	2. 이미지로 소통하기 시각 이미지로 말해요 (2~3차시)	- 자신의 생각과 느낌을 기호와 상징을 사용하여 시각 이미지로 다양하게 표현한다.	• 우유갑 연필꽃이 만들기 • 책갈피 만들기 • 책 만들기 • 페이퍼 크래프트	
	체육	4. 표현활동 생각과 느낌을 즉흥적으로 (7~9차시)	- 차분한 음악에 맞추어 스트레칭을 할 수 있으며 이야기를 듣고 즉흥적인 움직임을 표현할 수 있다.	• 명상의 세계로	
		3. 경쟁활동 공을 들고 다니며 럭비형 게임을 (3~4차시)	- 수비수를 따돌리며 원하는 곳으로 이동하여 상대 모둠의 공격수를 피해 공을 정확하게 패스할 수 있다.	■ 공과 함께 둥글둥글	

과목	단원 및 차시	성취 기준	프로젝트 주제와 관련성	비고
교 사 재 능 나 눔	미술	3. 만드는 즐거움 (3~4차시)	- 찰흙으로 다양한 형태의 그릇을 만들 수 있다.	• 야호~! 애니메이션	• 충분한 토의 활동을 한 후 스토리와 역할 정하기
		오감체험 느낌과 생각표현 (3차시)	- 느낌을 글과 그림으로 나타낼 수 있다.	• 색깔과 함께 떠나는 힐링 여행 • 북아트(열기구)	
총시수	17차시			

(6) 마무리하며

프로젝트를 할 때마다 아이들이 많이 성장하는 모습을 보게 된다. 프로젝트 초기에 아이들은 "의견을 내지도 않고 안 한다고 해요.", "○○은 자꾸 장난만 치고 참여하지 않아요." 등 주로 불만을 털어놓는 경우가 많았다. 그러나 점차 프로젝트가 진행되는 과정에서 아이들은 서로 조금씩 양보하고 조정하며 합리적으로 해결해 나가는 성숙한 모습을 보여주었다. 함께 갈등을 풀어 나가고, 새로운 도전에 망설이지 않으며, 끝까지 자신의 책임을 다하는 아이들을 볼 때 교사로서 자랑스러움과 보람을 느꼈다.

교사의 한계를 넘어 다양한 아이디어로 활동을 하는 아이들을 보면서 나 역시 아이들로부터 새로운 아이디어를 얻는다. 함께하는 과정에 신나게 참여하고 그 결과물을 나눌 때 뿌듯함을 느끼는 아이들의 모습, 힘든 상황에서도 "한 번 더 해요."를 외치는 아이들을 볼 때마다 나는 흥분된 마음으로 또 다른 시작을 준비한다.

★ 재능 나눔 프로젝트를 마친 아이들의 후기

어떤 일을 계획하고 진행하다보면 교사들이 생각한 이상의 것들이 어김없이 아이들로부터 쏟아져 나왔다. 아이들은 우리가 예상하는 것보다 항상 더 많은 것을 생각하고, 또 그로부터 많은 것을 얻는다. 이번 프로젝트 활동을 통해 우리 아이들은 한 뼘 더 성장할 수 있었다. 재능 나눔 장터 프로젝트에서는 학생들 체험 부스가 20여 종이 나와 본인들의 숨은 재능을 나누기에 바빴다. 많은 체험이 있었으나 그중 몇 가지의 사례를 소개하고자 한다. 참고로 다음의 글은 학생들이 프로젝트를 마무리한 후 쓴 글의 일부를 발췌한 것임을 밝힌다.

레더숍(leather shop)

어울터에서 4학년 친구들이 자신들의 재능을 다른 친구들에게 나누어주기 위해 재능 나눔 장터를 개최했다. 재능 나눔 장터는 각 반에서 비슷한 재능을 가진 친구들이 모여 팀을 만들어 재능을 발전시키면서 다른 친구들에게 재능을 전파시키는 좋은 활동이다.

재능 나눔 장터의 규칙은 팀 안에서 A와 B로 나눠 30분 간격으로 돌아가며 재능을 나누고, 활동을 하면서 재능을 배운다. 우리 팀 'The Leather Shop'(가죽 팔찌 만들기)에선 성 차별적인 요소를 줄이기 위해 남녀노소 누구나 잘 어울리는 액세서리를 만들고 싶었으며, 튼튼한 가죽으로 끊어지지 않는 팔찌를 모두에게 나눠주고 싶었다. 최대한 많은 학생에게 팔찌를 나눠주기 위해 인원 계산, 그리고 가죽의 개수 계산과 오차 없이 활동을 진행하기 위해 팔찌 만드는 연습을 하고, 또 했다.

　홍보부, 나눔부, 활동부로 팀원을 나눈 후 'The Leather Shop'을 홍보하고, 재능을 나눠주며 다른 학생들이 준비한 재능을 체험도 하여 다른 나눔 장터 보다 더 알찬 장터를 운영했다고 자부한다.

　재능 나눔 장터를 운영하면서 팀원들의 호흡은 매우 잘 맞았으나, 장터를 이용하는 친구들이 질서를 잘 지키지 않아 어려움이 컸었고, 갑자기 몰려드는 친구들 때문에 일손이 모자라 힘들었던 점도 있었다. 또한 준비했던 재료가 의외로 많이 남아 고민을 했었는데, 프로젝트 활동이 다 끝난 후 친구들끼리 의논을 하여 남은 재료를 가지고 팔찌를 다 완성하여 그동안 많은 수고를 해주신 신은초등학교 선생님들께 선물로 드리고 싶은 마음으로 각 교실을 돌아다니며 선생님들께 드렸다. 선생님들이 정말 고마워하셔서 뿌듯했던 기억이 난다. 친구들 그리고 동생들에게 작은 재능과 즐거움을 함께 나눌 수가 있어서 뿌듯하고 즐거웠던 시간이었던 것 같다.

슝~ 슝~ 미니카

어울터에서 자신들의 재능을 나누어주기 위해 재능 나눔 장터를 열었다. 우리 반에서는 총 4개의 팀이 나왔는데 그중에서 우리 팀은 색종이로 미니카 접기를 하였다.

이것을 선택한 이유는 'One person in the team was good at making minicar.'

준비물은 간단히 색종이만 있으면 'OK'였다. 우리는 우리 팀을 두 팀으로 만들어서 미니카 접는 방법을 먼저 익혔다. 차의 종류는 3종류였고, 각자 한 종류의 차 접는 방법을 완전히 익혀서 부스로 오는 친구들에게 내가 맡은 차를 전담할 수 있도록 준비를 철저히 했다. 4학년 친구들에게 설명할 때는 시간이 많이 걸리지 않았는데 후반부에 온 1~2학년 동생들에게는 처음부터 끝까지 다 설명해야 해서 조금 힘든 것도 있었다. 하지만 동생들이 완성된 미니카를 가지고 고맙다고 얘기할 때는 정말 내가 선생님이라도 된 듯이 하늘을 날 것 같았다. 색종이 접기가 이렇게 재미있는 건지 이번 기회에 새삼 느꼈고 많은 재료와 많은 비용이 들지 않고도 나의 재능을 뽐낼 수 있다는 것을 느낄 수 있는 좋은 기회였다. 우리 엄마가 속해있던 학부모 코너의 탱탱볼 만들기도 재미있었다. 학부모코너에 가기 위해 다른 코너를 3개 이상 가야했는데 처음에는 왜 그래야하지 하며 조금 불평을 했는데 그래도 친구들 부스를 돌면서 많은 것을 배울 수 있어서 좋았다. 특히 은하수 만들기에서 완성한 작품은 정말 그럴싸해서 뿌듯함을 느꼈다. 마술팀은 체험도 실제로 많이 할 수 있었고, 친구들이 친절하게 잘 가르쳐주어서 좋았다.

누군가를 가르치는 것은 참 힘든 일이라는 생각이 들었다. 우리에게 많은 가르침을 주시는 선생님들이 대단하다는 생각이 들었다.

수리수리 마수리~ 마술

친구들에게 재미와 감동을 줄 수 있는 것을 생각하다가 특이한 마술을 생각했다. 그 중에 입에서 휴지가 계속 나오는 '마우스코일'이라는 마술을 선택했다. 그런데 우리들 생각에도 마술만 하면 심심하고 허전하니까 스피드 퀴즈도 넣었다. 학교에서 마우스코일 10개를 지원해주시고 마술을 배운 친구 집에 마우스코일이 많이 있어서 그 마우스코일로 다 같이 모여 연습도 하고 실전에서 쓸 마우스코일도 남겨놓았다. 그리고 스케치북에 연필, 피겨스케이팅, 사탕 등 재미있는 낱말들을 써서 그 낱말들을 행동으로 표현할 수 있도록 스피드 퀴즈를 준비했다. 우리 팀의 남자들은 스피드 퀴즈를 맡았고, 여자들은 마술을 맡았다. 처음에 연습할 때 마우스코일 개수가 부족해 연습을 많이 못했는데 재능기부 당일 날 실수 없이 친구들과 동생들을 잘 가르쳐주어서 뿌듯했다. 처음에는 친구들이 많이 안 올 거라 생각했는데 시간이 갈수록 친구들이 많이 와서 힘들기도 했지만 그 힘든만큼 보람도 느꼈고 친구들과 동생들이 많이 좋아해주니 우리들도 무척 뿌듯했다. 우리 모둠은 아쉬웠던 점 하나 없이 마무리를 잘 한 것에 대해 모둠원 모두가 서로에게 박수를 보내주고 싶다.

3. 서로 다른 우리가 모여 하나를 만드는 세상
— Same Same 프로젝트

"2학기 프로젝트 주제는 무엇으로 하면 좋을까요?"

"사회 '1. 경제생활과 바람직한 선택' 단원이 재미나게 구성할 거리가 많아 보이는데요?"

"그런데 우리 반은 벌써 1단원 진도를 나가고 있어요."

"1단원을 프로젝트 활동으로 진행하기에는 준비 시간이 너무 촉박하니 아쉽지만 '2. 사회 변화와 우리 생활' 단원으로 돌려야 할 것 같아요."

"2단원은 핵심 가치인 인권에 대해 다루고 있어서 인권 프로젝트로 구성하면 딱 맞겠어요."

4학년 2학기가 시작된 8월 말, 선생님들은 여름방학 중 미리 프로젝트 준비를 했다면 1단원으로 쉽고 재미있게 프로젝트 활동을 할 수 있었을 텐데 아쉬워했다. 경제생활과 관련해서는 깊이 고민하지 않아도 아이디어가 샘솟았기 때문이다. 집에서 더 이상 쓰지 않지만 버리기에는 멀쩡한 물건들을 가져와서 가격을 책정해 되살림 장터를 열어 볼까? 점토를 이용해 판매할 물건들의 모형을 직접 만들어서 팔아보면 어떨까? 그런데 2단원은 아직 임박하지 않아서인지 참신한 아이디어가 떠오르지 않았고, 1학기 신은마을촌장 선거 프로젝트와 같은 아이들의 열렬한 반응을 이끌어내려면 선생님들의 피나는 노력이 필요할 것 같은 불길한 예감이 들었다. 그러나 한편으로는 힘들게 준비하는 만큼 많은 것을 배울 수 있는 기회가 되리라 기대가 되기도 하였다. 그리고 인권이라는 중요한 주제를 담고 있지만 자칫 지루해질 수 있는 단원을 프로젝트 활동으로 엮어주면 아이들에게도 더 잘된 일이지 싶었다.

(1) 프로젝트 준비의 첫 단계, 교육과정 재구성

이렇게 사회과 2단원이 이번 프로젝트의 주 단원으로 정해졌다. 먼저 사회과 2단원을 훑어보며 다른 교과와 연관된 단원들을 찾아보았다. 국어 '7. 적절한 의견을 찾아요', '8. 정보를 나누어요', 수학 '5. 꺾은선그래프', 도덕 '7. 힘을 모으고 마음을 하나로', '8. 다양한 문화, 조화로운 세상', 미술 '2-2. 이미지로 소통하기-시각 이미지로 말해요', 체육 '4. 표현활동-도구와 함께 움직임으로', 창의적 체험활동 '독서 활동' 등 다양한 교과와 통합이 가능하여 이번 프로젝트 활동을 위한 충분한 시수를 확보할 수 있었다.

교육과정 재구성 편제

교과	단원	차시	학습목표	학습 활동
사회	단원 도입	2	단원의 학습 내용과 활동을 예상할 수 있다.	• 공책 만들기 • 사진이나 그림에서 인권 침해 요소 찾아보기 • 프로젝트를 여는 마인드맵 그리기
창의적 체험 활동	독서 활동	2	단원의 학습내용과 관련된 도서를 찾아 읽고 이해할 수 있다.	• 교내 글샘터에서 관련 도서를 검색하여 읽기
국어	7. 적절한 의견을 찾아요	2	친구들의 의견이 적절한지 판단할 수 있다.	• 학급회의를 통하여 프로젝트 이름과 발표 방식 정하기
사회	2-①. 현대 사회의 다양한 가족들	3	여러 가지 가족의 형태를 알고 바람직한 가족 구성원의 역할을 이해할 수 있다.	• 신문 기사 속 가족 형태 찾아보기 • 우리 가족 신문 만들기 • 가족 갈등 해결 역할극
사회	2-②. 성 역할의 변화와 양성평등 사회	3	성 역할의 변화 모습을 사례를 들어 설명하고 양성평등 사회의 필요성과 이러한 사회를 만들기 위한 방안을 제시할 수 있다.	• 드라마 '아들과 딸', '미생' 시청 후 토의 • 내가 들은 차별 발표하기 • 국내외 속담 및 동화 속 성차별 찾아 바꿔보기 • 우리집 양성평등지수 조사하기
사회	2-③. 우리나라 인구의 변화	2	인구 구성의 변화로 인해 나타나는 여러 가지 현상을 알고 인구 문제를 이해할 수 있다.	• 저출산·고령화 뉴스 만들기 • 노래 가사 바꿔보기 • 꺾은선그래프를 보고 우리나라 인구 구성의 변화 이해하기 • 인구 구성 변화로 나타나는 모습 알아보기
수학	5. 꺾은선 그래프	2	자료를 보고 꺾은선그래프를 그릴 수 있다. 꺾은선그래프를 보고 미래에 일어날 일을 예상할 수 있다.	

교과	단원	차시	학습목표	학습 활동
사회	2-④. 소수자의 권리 보호	2	소수자에 대한 편견과 차별 사례를 찾고 그 원인을 조사하여 소수자의 인권을 보호하고 존중하는 태도를 기를 수 있다.	• 내가 생각하는 소수자란? • 불법 외국인 노동자 문제의 다양한 입장 토론 • 뜨거운 의자 체험하기 • 다문화 태도 체크리스트
도덕	8. 다양한 문화, 조화로운 세상	2	다른 문화를 이해하고 존중해야 하는 이유를 알고, 다문화 사회를 살아가는 데 필요한 태도와 방법을 생활 속에서 실천할 수 있다.	• 함께 어울려 살아가는 사회를 만들기 위한 모둠별 공익광고 만들고 캠페인 열기
미술	2-2. 이미지로 소통하기-시각 이미지로 말해요	2	학교와 학급에 필요한 픽토그램을 만들 수 있다.	• 프로젝트 주제를 담은 픽토그램 만들기
체육	4. 표현활동-도구와 함께 움직임으로	2	도구를 이용한 다양한 움직임을 리듬에 맞추어 연결하여 작품을 발표하고, 바른 태도로 작품을 감상할 수 있다.	• 리본, 줄, 후프 등의 도구를 이용하여 프로젝트 주제를 담은 모둠 작품 발표하기
국어	8. 정보를 나누어요	3	알리고 싶은 내용을 조사하여 글로 쓰고 발표할 수 있다.	• 프로젝트 결과 나눔을 위한 모둠 구성하기 • 발표 주제 및 방식 선정하기 • 모둠원과 협동하여 발표 준비하기
도덕	7. 힘을 모으고 마음을 하나로	2	서로 협동을 실천해 보고, 협동할 때 필요한 태도와 마음가짐을 갖는다. 협동하는 생활 태도와 방법을 익히고 꾸준히 실천한다.	
사회	단원정리	3	2단원에서 공부한 내용을 여러 가지 방법으로 정리, 표현할 수 있다.	• 교실열기 – 인형극, 스피드 퀴즈, 골든벨, 거대보드게임, 개콘 패러디, 랩, 퍼즐, 영화 상영, 장애체험, 속담 책 만들기, 조각 맞추기, 프레젠테이션 등 다양한 방식으로 발표 및 체험 • 소감 정리 및 프로젝트 마무리
	합계	32		

(2) 모든 자료는 공유한다, 4학년 공동체

다음으로, 사회과 2단원의 소단원 4개를 교사들이 하나씩 맡아 자료를 조사하고 공유하기로 정하였다. 더 편하게 느껴지는 소단원을 골라서 가져갈까 했지만 양보하는 마음에 아무도 선뜻 고르지를 못해서 결국은 반 순서대로 소단원을 맡았다. 해오름반은 '① 현대 사회의 다양한 가족들', 물오름반은 '② 성 역할의 변화와 양성평등 사회', 잎새반은 '③ 우리나라 인구의 변화', 푸른반은 '④ 소수자의 권리 보호' 소단원을 맡고, 마지막 누리반은 전체적으로 자료를 조사하기로 하였다.

조사한 자료들이 하나둘씩 교내 메신저를 통해 날아왔다. 지도서를 정독하고, 인터넷을 검색하고, 참고 도서를 대출하고, 활동지를 만들고, 영상 자료를 찾고, 관련 사이트를 링크하고……. 공유된 자료들을 각자 찬찬히 살펴본 후에 다시 모이니, 이제야 여기저기서 아이디어가 터져 나왔다.

"양성평등이나 소수자의 권리 보호는 역할극을 전과 후로 대조하여 구성해보면 딱이겠어요."

"선생님 말씀을 듣고 보니 개그콘서트의 한 코너를 패러디 하는 것도 재미있겠어요."

"그렇다면 과학 교과의 그림자극은 어때요? 인형극도 한 가지 방법이 되겠네요."

"예전에 했던 드라마 〈아들과 딸〉에 성차별이 극적으로 묘사되어 있는데, 수업 자료로 일부를 보여주는 건 어때요?"

"마침 한 TV 프로그램에서 예전 드라마들을 짤막하게 편집해서 보여주던데, 그 자료를 동영상 자료에서 찾을 수 있을 거예요."

"지금 인기몰이를 하고 있는 드라마 〈미생〉에서 능력 있는 안영이가 여자라는 이유로 받고 있는 설움도 직장 내 성차별 자료로써 봐요."

"속담이나 동화 속에 드러난 차별을 고쳐서 다시 써보는 활동도 해볼까요?"

"한 컷의 사진이나 그림을 보여주고 인권침해의 요소를 찾아보는 모둠 활동도 좋겠어요."

"우리 학교 글샘터에 인권과 관련된 좋은 책이 많이 있어요. 불법 외국인 노동자 문제를 다룬 이 부분은 각기 다른 다섯 가지 입장에서 의견을 정리해 놓았네요. 이 책을 이용해서 토론 수업도 해봐요."

"미술 시간에는 인권을 주제로 픽토그램을 만들고요."

"픽토그램뿐 아니라 포스터, 표어나 광고지도 만들어 볼까요? 만든 작품을 들고 캠페인을 벌여서 개인 봉사 활동과 연계하면 봉사 실적도 채우고 일석이조네요."

"이제 체육 시간에 리본, 줄, 후프 등의 도구를 이용한 표현활동을 나갈 차례인데, 표현 주제를 인권으로 정해보는 것도 의미가 있겠어요."

▲ 픽토그램 학생 작품

(3) 학생들이 참여하여 만들어가는 프로젝트

"그렇다면 우리 이참에 판을 크게 벌여볼까요? 프로젝트 결과 나눔 활동으로 교실 열기를 하면 좋겠다는 생각이 번뜩 떠올랐어요. 각 반 30명을 15명씩 A, B팀으로 나누어서 A팀이 교실에서 발표를 하는 40분 동안 B팀은 4학년 다른 교실들을 돌아다니며 체험을 하는 거예요. 그 다음 40분에는 역할을 바꾸어서 B팀이 교실에서 발표를 하고 A팀이 체험을 하고요."

"무지개터에서 발표회를 여는 건 어때요? 우리 아이들이 무대에 설 기회는 많지 않은데 연극, 노래 등 분야별로 희망자를 받아

무대 위에 세워보면 어떨까요? 각 반 2명 정도씩 제작진을 뽑아 공연 지원 역할을 맡기고, 참여하지 않는 아이들도 모두 보고서나 전시 자료를 만드는 방식으로요."

이렇게 해서 갑자기 판이 커지려고 했다. 아이들에게 의미가 있다면 일 벌이기를 두려워하지 않는 신은초에서는 뭐 흔히 있는 일이지만⋯⋯. 프로젝트 기간으로 3주를 잡고, 그 마지막 날 교실 열기를 하든가 무지개터 발표회를 갖자는 의견이 나왔다. 발표 방식은 역할극, 인형극, 그림자극, 개그콘서트 패러디, 스토리텔링, 공익광고, 노래나 랩, 스피드 퀴즈 등의 각종 퀴즈, 뉴스, 영화, 체조, 파워포인트 발표 등 다양하게 열어두기로 하였다. 그리고 항상 그랬듯이 되도록 교사의 개입은 필요한 만큼만으로 최소화하고, 모둠 구성, 대본 작성, 무대장치 꾸미기, 발표 연습 등은 처음부터 끝까지 아이들 스스로 구성해나가도록 하였다.

그리고 교실 열기와 무지개터 발표회 둘 중 선택은 각 반 학급회의 결과를 모아서 아이들이 결정하도록 했다. 교사들이 이렇게 이야기할 때만 해도 아이들이 분명 무지개터 발표회를 지지할 것이라는 확신에 차 있었고, 이미 회의는 발표회 쪽으로 앞서 나가고 있었다. '1학기 신은마을촌장 선거 프로젝트의 선거관리위원회처럼 각 반에서 제작진을 두 명씩 뽑자', '제작진은 되도록 방과 후에 시간이 되고 꾸미는 능력도 겸비한 친구면 더 좋겠다', 제작진을 관리하는 교사 두 명이 필요한데 지원하실 분?', '전시물과 보고서 등을 사진으로 찍고 음악과 함께 영상 자료로 제작하여 발표회 전에 10분 가량 상영하자', '가능하면 교사들도 무대 발표에 참여하자' 등등.

그러나 예상을 뒤엎고 90 대 53이라는 압도적인 표 차이로 아이들은 교실 열기를 선택했다. 그 이유는, '교실 열기 방식을 통해 모든 아이들이 발표에 참여할 수 있다', '우리 스스로 기획을 하고 체험을 하고 싶다', '무대 준비에 드는 시간을 줄일 수 있다', '무대 위는 너무 떨릴 것 같다', '반별로 모둠이 정해지면 다른 반과 섞이는 것보다 준비가 수월하다', '모둠 활동을 통해 어느 정두 묻어갈 수 있다' 등 다양했다. 결국 아이들의 논리에 교사들이 설득당했다.

지금까지는 가칭 '손에 손잡고'라고 부르던 프로젝트 이름도 톡톡 튀는 자유로운 영혼, 우리 아이들의 아이디어를 받아 공모전을 열었다. 교사들이 머리를 쥐어 짜낸 것보다 훨씬 세련되고 예쁜 이름들이 쏟아져 나왔다. 반별로 제일 많은 표를 받은 이름을 하나씩 선정하였다.

사이좋게 사는 사회
Same Same
우리가 만드는 세상
함께 사는 세상

이 네 가지 이름으로 4학년 전체 투표를 하여 총 146표 중 62표를 얻은 'Same Same'이 당당히 이번 프로젝트의 이름이 되었다.

(4) 내 손으로 만드는 세상에 하나밖에 없는 공책

프로젝트 이름과 결과 나눔 방식이 정해지는 사이, 각 반에서는 공유된 자료를 이용하여 프로젝트 활동이 시작되고 있었다. 프로젝트의 시작을 알리는 것, 바로 공책 만들기! 먼저 8절 도화지보다 조금 큰 사이즈의 특수 제작 용지를 굵은 이불용 바늘과 실로 묶는다. 4학년쯤 되니 이미 여러 번 만들어본 솜씨라 알아서 척척 바느질을 한다. 저학년 때는 고무판에 대고 송곳으로 실 들어갈 구멍을 만들었다는데, 이제는 손에 힘이 생겨서 바늘만으로도 구멍이 뚫린다. 비록 바늘 몇 개는 부러졌지만…….

그다음 Same Same 프로젝트 이름을 넣어 겉표지를 입맛대로 꾸민다. 입학부터 자율적이고 창의적인 교육활동으로 자라난 아이들이라 그런지 유독 신은 어린이들은 예술적으로 꾸미는 능력이 뛰어나다는 느낌을 자주 받는다. 아니, 꾸미는 능력이라기보다는 말이든 그림이든 몸짓이든 자신의 생각과 감정을 표현하는 능력이라고 하는 편이 더 맞겠다.

자, 이제 겉표지를 넘겨서 첫 장은 프로젝트를 개관하는 마인드맵으로 장식한다. 어떤 반은 사회 교과서의 2단원을 훑어보며 마인드맵의 큰 가지들을 채워 넣었고, 또 어떤 반은 함께 이야기를 나누며 인권에 관련된 핵심 단어들을 끄집어내어 큰 가지를 결정한 후에 잔가지들은 각자 그려 넣었다.

▲ 프로젝트 공책 겉표지

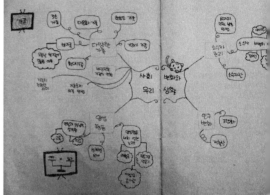

▲ 교과서를 훑어보며 그린 마인드맵

두 번째 장부터는 담임교사의 스타일에 따라 각 반의 개성을 살리는 방향으로 진행되었다. 그러나 거의 매일 오후 동학년 회의를 통해 원활한 수업 협의가 이루어지기 때문에 반마다 크게 다르지는 않았다. 어느덧 프로젝트 공책이 아이들의 솜씨로 한 장씩 채워져 가고 교실 열기를 위한 준비를 시작할 때가 되었다.

(5) 학생의, 학생에 의한, 학생을 위한 한마당, 교실 열기

교실 열기를 준비하기 위해서 반마다 재량껏 모둠을 구성하였다. 어떤 반은 4명씩 일곱 모둠, 또 어떤 반은 6명씩 다섯 모둠으로 아이들 스스로 모둠을 짜보게 하였다. 한 모둠 내 남녀 성비를 맞춘 반도 있고, 성별을 고려하지 않은 반도 있다. 아이들이 짜온

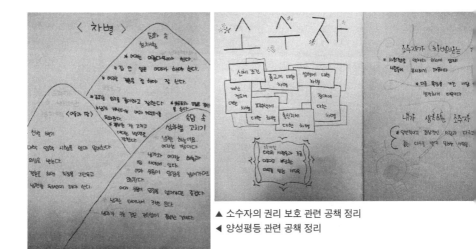

▲ 소수자의 권리 보호 관련 공책 정리
◀ 양성평등 관련 공책 정리

모둠을 보고 각 모둠원이 지닌 능력과 성격 등을 고려하여 아이들 동의하에 교사가 모둠 구성을 약간 조정해준 반도 있고, 어떤 모둠에 속해 있건 다 의미가 있다며 전적으로 아이들의 자율에 맡긴 반도 있다.

이렇게 프로젝트 첫째 주에 구성된 각 모둠에서는 어떤 주제를 어떤 방식으로 발표할지 프로젝트가 진행되는 동안 지속적으로 생각해 볼 시간을 가졌다. 둘째 주에 모둠 발표 주제 및 방식이 결정되어 빠르게 발표 준비에 들어간 모둠도 있었지만, 셋째 주에 들어서야 모든 모둠이 준비를 시작하였다. 국어과, 도덕과 등 관련 단원의 교육과정 재구성을 통해 정규 교육과정 내에서 모둠별로 모여 준비할 시간을 어느 정도 확보할 수 있었다. 그럼에도 시간이 부족한 모둠은 방과 후에 교실에 남아서 혹은 친구 집으로 자리를 옮겨서 준비를 마무리 지었다. 교실 열기를 하루 이틀 앞

▲ 교실 열기를 위한 모둠별 준비

두고 가벼운 리허설을 통해 스스로 보완할 점을 찾아보고 발표할 위치나 필요한 물품 등 구체적인 사항들을 점검하기도 하였다.

　3주간의 프로젝트 활동의 마지막 날, 아침부터 책걸상을 복도로 옮기고 코너 배치도를 앞문에 게시하고 발표 자료 위치를 잡는 등 바쁘다. 9시, 교실 열기 시작과 동시에 다른 반 아이들이 한 손에 교실 열기 활동지를 들고 몰려든다. 40분 동안 각 모둠의 A팀 2~3명이 교실에서 발표를 하고 B팀은 5개 반을 돌아다니며 반마다 1개 이상의 활동을 체험하거나 관람한 후 활동지에 확인 도장을 받아온다. 그다음 40분 동안에는 A팀이 각 반에 구경 가서 체험을 하고 B팀은 교실에 남아 발표를 한다.

　그런데 실전에 강한 아이들이라 그런지 리허설 때보다 훨씬 발

◀ 교실 열기 활동지

전된 모습이고 4학년끼리만 체험하기에는 아까울 정도다. 가장 인기 있는 코너 몇 가지를 소개하자면, 먼저 거대 보드게임! 전지 6장을 이어 거대한 말판을 만들고, 체험하러 온 아이들이 직접 말이 되어 주사위를 던져 나온 수만큼 가서 미션을 수행하는 놀이다. 말판에는 10kg이 넘는 가방을 앞으로 매어보는 임신 체험하기, 안대를 한 채 무슨 물건인지 알아맞혀 보는 시각 장애인 체험하기, 하이힐을 신고 걸어보는 어른 여성 되어보기, 제시된 그림에서 성차별적 요소를 찾아 바꿔보기, 퍼즐 맞추기 등 열한 살 어린이다운 다양한 미션이 들어있었다.

▲ 거대 보드게임 참가자들은 주사위를 던져서 나온 대로 말을 이동하고 다양한 체험을 겪는다.

'개콘 패러디' 코너는 저출산 고령화를 주제로 〈Let It Be〉 노래를 개사하여 율동과 함께 불러 시선을 끌었다.

우리나라 고령화 사회 의료 기술 발달해 노인들은 건강하고 오래 살아 우~
고령사회×4회 노인들은 점점 늘어나네. 우~
OECD 국가 중에서 우리나라 1등 우린 고령화가 아닌 고령사회
노인천국×4회 알바천국이 아닌 노인천국……

노래 감상 후에는 잘 들었는지 간단한 퀴즈를 통해 점검하는 꼼꼼함까지!

▲ 개콘 패러디 공연. 오늘날 고령화사회 문제를 풍자했다.

　인형극 코너에서는 인권에 관련된 다양한 주제를 담아서 대본을 작성하고 선녀, 나무꾼, 양, 거북이, 낙타 등 준비해 온 솜 인형을 책상 위로 올려 공연을 했다. 짧지만 강렬한 대사가 관객에게 쉽게 다가가고 메시지를 효과적으로 전달했다. 어떤 반에서는 우드락으로 손수 제작한 무대 세트에, 모든 인형을 종이에 그리고 오린 후 코팅하여 나무젓가락에 끼워 사용하는 감탄할 만한 정성을 보여주기도 했다.

　영화 감상 코너에서는 대조적인 동영상 두 편을 성차별 전과 후로 편집하여 상영했다. 말이 거창해서 영화이지 실은 여학생들과 함께 놀고 싶어 하는 남학생을 성별이 다르다는 이유로 놀이에 끼

▲ 다양한 인권 문제를 다룬 인형극

▲ 자체 제작한 영화 시청. 놀이에 대한 성별 차별 등을 다루었다.

워주지 않는 장면을 휴대전화로 찍은 1분짜리 동영상이다. 그러나 그 유치함 속에 아이들의 순수함이 돋보여 웃음을 자아냈다.

　이와는 차원이 다른 4분짜리 독립영화를 제작한 반도 있다. '내 친구 슈퍼맨'이란 제목으로 전학 온 시각장애 학생을 도와주는 친구의 이야기를 제법 그럴듯하게 편집 기술까지 사용해 만들었다. 그래 봤자 단순한 대본에 어설픈 연기지만 어른이 보기에도 코끝을 찡하게 만드는 감동이 있었다.

▲ 골든벨 퀴즈
◀ 시각 장애인 체험

이외에도 안대를 쓰고 핸드벨을 낮은 도에서 높은 도까지 찾아 울려보는 시각 장애인 체험, 골든벨 퀴즈, 속담 책 만들기, 퍼즐 맞추기, 스피드 퀴즈 등 창의적인 아이들의 기발한 프로젝트 결과 나눔으로 축제 한마당을 벌였다.

(6) 프로젝트를 되돌아보며 – 기회를 주면 해내는 아이들

신은초에서 깨달은 가장 중요한 것! 아이들은 기회를 던져 주면 기대 이상으로 멋지게 해낸다. 프로젝트 수업을 진행할 때 아이

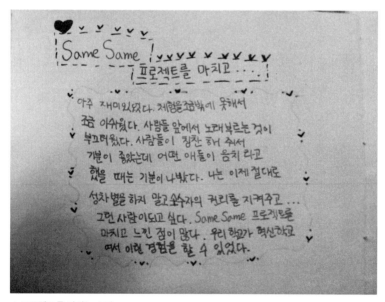

▲ 프로젝트를 마치는 소감

들이 못 미더워서 교사가 지나치게 간섭을 하면 결과는 더 초라해진다. 교사는 보이지 않는 곳에서 아이들에게 멋들어진 판을 펼쳐줄 완벽한 준비를 해주되, 아이들의 활동에는 필요 이상 개입을 하지 않는다. 아이들은 주어진 기회를 마음껏 누리면서 자신이 지닌 모든 역량을 발휘하며 한 단계 성장한다.

교과서 진도에 얽매여 지식을 전달하는 데 급급할 때는 아이들에게 자신의 능력을 풀어놓을 기회를 마련해 주기가 힘들었다. 사실 아이들에게 스스로 해 볼 기회를 주기 위해서는 교사들의 철저한 교육과정 분석과 재구성 등 많은 준비가 필요한데, 굵직한 학교 업무에 학년 업무까지 담당하면서 그럴 시간을 내기가 거의 불가능하기 때문이다. 신은초에서 학년별로 특색 있는 프로젝트 활동이 가능한 이유 중 하나는 업무 전담팀이 학교의 모든 업무를 도맡아 해주는 훌륭한 시스템 덕분이다. 학교 업무로부터 자유로워진 교사들은 잦은 동학년 회의를 통해 모든 아이디어와 정보를 공유한다. 그리고 이러한 학교문화 속에서 한결 여유로워진 마음과 유연해진 사고를 경험하기도 한다. 만일 일반 학교에서 학년 단위의 프로젝트 활동이 어렵다면, 내 학급 안에서 아이들이 스스로 해 볼 작은 기회라도 마련하면 어떨까 생각해 본다.

5장

역사로 풀어가는, 5학년 교육과정

2월, 새 학년이 꾸려지고 아이들과 만나기 전 교사들은 한 해의 살림살이를 준비한다. 3월에 만날 아이들과 일 년을 잘 보내기 위해 학급경영과 학년 특색, 생활교육 등에 대해 동학년 선생님들과 다양한 의견을 나눈다. 그중 가장 중요한 부분은 교육과정의 큰 틀을 잡는 것이다.

우리는 주제 중심으로 관련 교과를 통합하고 활동과 체험 중심의 교육과정을 만들어 보고자 하였다. 아이들이 스스로 학습 내용을 찾아내고, 계획하여 실행할 수 있도록 교사가 주제를 중심으로 큰 틀을 제시하기로 했다. 학년 말에 실시한 학생, 학부모, 교사의 만족도 조사 결과를 참고하여 큰 틀을 잡아놓고 구체적인 활동들은 아이들의 생각과 의견, 교실 상황, 학교와 지역, 그리고 계절적 여건 등을 고려하여 만들어가는 것이다.

혁신학교 개교 이후 3년간 교육과정에 대해 고민하고 주제를 중심으로 교육과정을 재구성하는 것은 이제 당연한 일이 되었다. 하지만 교육과정을 재구성하고 교육 활동을 구상하려면 상당한 시간과 노력이 들기 때문에 부담스러운 것이 사실이다. 더욱이 재구성의 틀은 세부 내용 전체를 담을 수 있도록 넓고 단단해야 하며, 세부 내용들은 여러 가지 경우의 수를 고려해야 한다. 또한 구체적인 활동에는 아이들의 의견이 가능한 한 많이 반영될 수 있도록 운영의 융통성을 두어야 한다. 나아가 교육 활동이 분산되지 않도록 동학년 협의, 연수, 교재 연구를 통해 지속적으로 교육 활동을 재검토해야 한다.

처음 교육과정 재구성을 시작할 때는 앞으로 교육과정이 어떻게 진행되고 아이들의 반응은 어떨까 하는 설렘과 두려움이 있었다. 하지만 재구성과 교육 활동 준비를 위해 연구하고 아이들과 더 많이 소통하면서, 아이들과 교사가 함께 교육 활동의 진정한 주체가 되는 과정을 경험하며 또 다른 보람과 성취감을 느낄 수 있었다.

1. '역사'를 중심으로 한 통합교육과정

(1) 부지런함과 수고로움으로 더 많이 보고 듣고 배우기

2013년과 2014년 5학년 교육과정을 계획하며 사회를 주제 중심 교과로 선정하였다. 5학년 사회 교과는 1학기, 2학기 모두 '역사'를 배우도록 되어 있기 때문에 역사를 중심으로 교육과정을 재구성했다(2009 개정 교육과정에서는 역사 단원의 편제가 변경되었음).

사회는 5학년 아이들과 교사 모두에게 부담이 되는 교과다. 5학년 사회는 선사시대부터 현재까지 우리나라의 역사를 1년에 걸쳐 학습하도록 구성되어있다. 아이들이 오천 년의 긴 역사적 사실과 사건, 인물 등과 같은 방대한 내용을 이해하기란 만만치 않다. 또한 방대한 내용과 더불어 시대적·공간적 공감을 얻기 어렵기 때문에 교사들에게도 역사는 적잖이 부담이 되는 교과이다.

아이들이 과거를 바탕으로 현재를 돌아보며 미래를 준비하는 데 역사를 배우는 의미가 있다. 그래서 아이들에게 사료를 보고 들을 수 있는 다양한 기회를 제공하여 역사에 대한 이해와 안목을 가질 수 있게 하고 싶었다. 이러한 것들을 고민하여 다음과 같이 계획했다.

- 3월 역사 탐방을 시작으로 매월 역사 탐방 주간을 마련하여 국립중앙박물관, 전곡리 선사유적지, 국립민속박물관, 서대문역사박물관, 강화도 지역 탐방 등 매월 1회 역사 탐방 기회를 갖는다.
- 1학기 전곡리 선사유적지와 2학기 강화도 지역 탐방은 5학년 전체가 함께하는 활동으로 계획하고, 그 외 매월 진행 예정인 역사 탐방은 반별로 학생들과 협의를 거쳐 진행한다.
- 교실 수업과 역사 탐방을 통한 일련의 배움과 활동 진행 과정은 10월 신은혁신한마당에 즈음한 '교실 열기'를 통해 학부모와 다른 학년에 발표하고 그 의미를 최종 정리한다.
- 모둠 활동 중심의 역사 탐방을 통해 함께 배우고 더불어 성장할 수 있도록 한다.

※ '교실 여는 날'(10월 마지막 주)은 역사 탐방을 통해 학생들이 준비한 다양한 프로젝트를 발표하는 시간으로 반별 일정에 따라 진행되며 학부모님과 함께하는 시간이 되도록 한다.

우선 교사 협의를 통하여 체험과 활동을 통해 역사를 배우기 위해 국어, 도덕, 미술, 실과, 음악, 체육 등의 교과에서 관련 단원과 내용을 추출하여 '역사 중심 통합교육과정'을 마련하였다. 역사를 배움의 중심에 놓고 역사 탐방, 하루 역사 나들이, 역사 기행, 신은혁신한마당에서의 역사 프로젝트 활동 등을 계획하고 추진하였다. 역사 탐방은 가능한 반별로 대중교통을 이용하여 가는 것을 원칙으로 하였으며, 1·2학기 한 차례의 역사 탐방은 5학년 전체가 함께 하는 것으로 하였다. 교과서 내용을 함축적으로 배운 후에 10~11월에 자신이 가고 싶은 지역을 유물과 유적을 중심으로 선정하여 1박 2일 또는 2박 3일의 역사 기행을 계획하였으나 여덟 차례 정도 역사 탐방을 다녀온 선생님들이나 아이들 모두 조금은 피곤하고 지쳐 있어 추진하기가 어려웠다.

'걸어서 역사 속으로'
역사를 주제로 한 주제 통합 교육과정과 탐방

재구성 및 역사 탐방의 이유	※ 5학년 사회 교과서의 내용 구성과 전개가 상대적으로 학문적 영역이 강조되어 내용 서술 체계나 통합을 지향하는 사회과 교과로서의 성격을 강화할 필요성이 있음(교육과학기술부- 사회과 교사용지도서, 70쪽) ※ 사회 교과서는 공간, 시간, 관계, 문화의 4가지 토픽으로 구성되어 있음. • 공간: 역사를 배울 수 있거나 역사적으로 중요한 장소 • 시간: 유물과 유적을 통해 알 수 있는 과거의 생활 모습 • 관계: 역사 속에서 우리나라와 주변국들과의 관계 • 문화: 의식주 도구들을 통해 살펴보는 과거의 생활 모습 이상의 4가지 토픽은 교육목표 및 내용 면에서 타 교과와의 관련성을 가짐으로 재구성의 충분한 이유를 제공하며, 역사 탐방을 통해 사료를 보고 들을 수 있는 다양한 기회를 통해서만 의미 있는 학습이 이루어질 수 있음.

교과	관련 요소	학습 활동
국어	• 기사문의 특성 이해하기 • 중요한 사건을 조사하고 육하원칙에 따라 쓰기	역사 신문 만들기
	• 토론의 특성 이해하기 • 근거를 들어가며 주장 펼치기 • 다른 사람의 의견을 들어가며 토론하기	역사 토론하기
	• 시청각 보조 자료를 효과적으로 활용하기 • 대상의 특성을 드러내는 적절한 표현 선정하기 • 사건을 기록한 글의 특성 이해하기 • 역사적 배경, 맥락 등에 비추어 글의 의미 해석하기	역사 특강 역사 학습 내용 발표 역사 신문 만들기
	• 전기문의 특성 이해하기 • 인물의 생애와 역사적 현실 파악하기 • 다른 사람의 입장과 관점에 대하여 의견 제시하기	역사 토론 역사 신문 역사 역할극
	• 촌극의 대본을 선정하고 대본 작성하기 • 작품에 대한 생각이나 느낌 표현하기	역사 역할극 역사 현장 체험학습
도덕	• 진정한 통일의 의미 알기 • 남한과 북한이 더불어 살아가는 마음 익히기 • 진정한 통일을 위한 올바른 자세 알아보고 실천하기	역사 인식 교육 역사 신문 만들기
	• 재외동포의 의미알기 • 재외 동포와 함께 살기 위한 올바른 자세 판단하고 실천하기	역사 신문 만들기 역사 프로젝트 활동
체육	• 탈춤의 기원 및 의미 알기 • 탈춤의 기본 움직임, 리듬 익히기 • 의상 및 음악 준비하여 발표하기	탈춤 공연

교과	관련 요소	학습 활동
음악	• 전래동요 부르기 • 우리 음악의 가치 인식하기	전래동요 부르기 역사 학습 동기유발
미술	• 쓸모와 아름다움을 생각하여 공예품 만들기 • 우리나라의 전통 공예품 감상하기	탈 만들기 찰흙으로 상감기법표현
미술	• 우리나라 미술의 특징과 중요성 이해하기 • 우리나라 미술을 감상하기	풍속화, 민화 그리기 역사 현장 체험학습 역사 역할극
실과	• 때와 장소, 상황에 알맞은 옷차림하기 • 손바느질로 간단한 생활용품 만들기	역사 역할극 역사 신문 만들기
실과	• 실생활에 유용한 정보기기 선택하기 •사이버 공간의 특성 이해하고 이용하기	역사 프로젝트 발표 활동 역사 신문 만들기 역사 현장 체험활동 역사 발표 자료 수집 정리

(2) 문예체 교육-목공-을 주제로 한 교육과정 재구성

고학년 아이들을 가르치다 보면 저학년 아이들과 나이만 다른 것이 아니라는 것을 느끼게 될 때가 있다. 고학년은 저학년보다 활동에 대한 의욕이 적고, 스스로 움직여서 무엇인가를 하는 것에 흥미를 느끼는 경우가 적으며, 자기 생각을 자신 있게 표현하는 경우가 드물다. 아이들의 성장 과정의 한 특징일 수도 있고, 환경적 요인도 작용하겠지만 학교에서 강조하는 학습이 아이들의 흥미와 활동보다는 생각과 인내심을 요구하는 경우가 많다는 것도 원인이 될 것이다. 지금 우리의 교육은 아이들이 실제로 살아가는 데 필요한 배움보다는 추상적인 지식을 더 강조하고 있다. 이는 어린이들이 호기심을 가지고 탐색과 노작을 통해 배움의 의미와 즐거움을 이해하는 데 방해가 된다.

문예체 목공 교육과정 재구성

주	활동 주제	활동 내용	차시	준비물	관련 교과
1		-산에 가서 나무 관찰 및 나뭇가지 수집	1-2/8	편한 복장, 운동화, 주머니	실과 5.생활 속의 목제품
2	나무와 친해지기 (자연재료)	-나뭇가지 관찰하고 특징 찾아내기 -나무로 만들 수 있는 것 생각하고 나뭇가지 자르고 정리하기	3-4/8	실과 책, 전지 가위	미술 1. 아름다운 자연환경 5.손으로 만드는 즐거움
3		-엮어서 창작물 구상하고 만들기 (새둥지, 동물 등 창작물)	5-6/8	자연재료, 고 무줄, 글루건	도덕 1. 최선을 다하는 삶
4		-창작물 전시(설치) 후 감상 나누기	7-8/8	전시할 장소, 학습지	9. 서로 돕고 힘을 모아
5	주사위 만들기 (톱질)	-목재 크기에 맞게 재단하기 (연습용, 주사위용, 개인걸 이용)	1-2/4	목재, 톱, 마스크, 장갑	
6		-사포질 (주사위용, 개인걸이용) -주사위 만들기	3-4/4	마스크, 장갑, 사포, 주사위 용 목재, 매직	실과 5.생활 속의 목제품
7	걸이 만들기 (못질)	-못질하여 개인걸이 만들기 -벽걸이용 고리 붙이기 (나사못, 드라이버)	1-2/2	걸이용 목재, 못, 고리, 나사 못, 드라이버, 망치, 펜치	미술 1. 아름다운 자연환경 5.손으로 만드는 즐거움
8		-의자 사용 목적 정하기 -모양 살펴보기 -목재 재단하기 (길이에 맞게 톱질)	1-2/6	목재, 톱, 마스크, 장갑	도덕 1. 최선을 다하는 삶
9	의자 만들기 (DIY)	-의자 목재 사포질 -목재 붙이기 (목공용 풀로 붙이고 클램프 고정시켜 건조시킨 후 못질하기)	3-4/6	의자 재료, 목공용 풀, 못, 망치, 펜치	9. 서로 돕고 힘을 모아
10		의자 완성 목적에 맞게 사용후 소감 나누기	5-6/6		

우리는 아이들의 삶에서 배움이 일어날 수 있도록 몸과 마음이 고르게 자라는 데 필요한 문예체 교육,[1] '혼자가 아닌 함께'를 배우는 1박 2일 교실 야영, 생태 감수성을 기르기 위한 텃밭 가꾸기 활동을 진행했다.

5학년은 문예체 활동으로 학급별로 창의적 체험활동 시간을 주 2시간(1블록) 배당하여 1학기에 목공 수업과 2학기에 연극놀이 수업을 운영하였다. 1학기 목공 수업은 학급 담임교사가 지도하고, 2학기 연극놀이 수업은 전문 강사가 지도했다. 목공 수업은 10주 20차시로 실과, 미술, 도덕 교과를 통합하여 교육과정을 기획하였다.

목공 수업은 자연 친화적인 활동으로 자연과 사람이 공생한다는 것을 체험을 통해 알게 하고, 나무를 이용해서 우리 생활에 많이 쓰이는 간단한 생활용품을 만드는 내용으로 구성하였다.

전문 지식이 없는 담임에게 목공 수업은 부담이 되고 힘들기에 연수를 받고 전문 목공 강사의 도움을 받아 활동 내용을 잡고 차근차근 준비를 해나갔다. 또한 목공 교사 동아리를 운영하시는 선생님의 도움을 받아 수업 시간마다 사전에 활동 내용과 재료, 제작 방법, 도구 다루는 방법 등을 연수하였다. 목공 수업을 통해 아이들이 각자 만든 주사위와 벽걸이, 의자는 실제로 아이들이 사용할 수 있도록 만들었다. 특히, 아이들이 모둠 친구들과 함께 만든 의자는 1년 동안 교실에서 계속 사용하고 있다. 이처럼 목공

---

1. 신은초에서는 문화, 예술, 체육 교육을 문예체 교육이라 부르고, 창의적 체험활동 시간에 연간 20주 40시간을 운영하고 있다. 생활교육과 노작교육도 이에 포함된다.

수업은 학습을 통하여 얻은 결과물을 실제 생활에 어떻게 활용할 수 있는지 배울 수 있는 좋은 기회가 되었다. 목공 수업에 대한 아이들의 만족도는 매우 높았다. 아이들은 어렵고 다소 위험한 활동이 모둠별로 진행되는 경우가 많아서인지 서로 조심하고 협력하고 배려하는 모습을 많이 보여주었다. 또한 목공 수업 후 소감문을 작성하게 하여 아이들이 목공 수업의 흐름을 정리하고 활동에 대해 반성할 수 있는 시간을 두었다.

2013년까지 외부 강사의 도움을 받아 진행하던 목공 수업을 2014년에는 담임교사가 맡게 되었다. 2013년에 이어 2014년에도 5학년 담임을 맡은 3명의 선생님은 그나마 어깨너머로 본 것이 있으니 조금 나았지만 목공을 처음 접하는 선생님에게는 매우 부담스러운 시간이었다. 처음에는 똑바로 못을 박기도 힘들었고 기계톱을 사용할 때는 조마조마해서 손이 덜덜 떨릴 지경이었다. 하지만 주변 선생님들의 따뜻한 도움과 연습으로 두려움은 점차 줄어들고, 결국엔 계획한 활동을 기대한 것 이상으로 잘 마무리할 수 있었다. 물론 외부 강사의 수업만큼 전문적이지는 않았지만, 서로 협력하고 배려해가며 진행한 결과 선생님과 아이들에게 부족함 없는 수업이 되었다.

그리고 2학기에는 연극놀이 전문 강사를 초빙하여 학급별 주 2시간씩 10주 20시간을 진행했다. 수업 초반에 아이들이 함께하는 게임을 통해 편안한 분위기를 조성했다. 이렇게 준비된 상황에서 연극 수업을 진행함으로써 아이들이 솔직하게 자기 생각을 표현할 수 있도록 하였다. 연극 수업을 통해 아이들은 주어진 상황에서 스스럼없이 자기 생각을 표현할 수 있었고, 친구들과 자연스럽게 친해질 수 있는 기회를 가질 수 있었다. 연극 수업을 하면서 아이들은 역할놀이 학습에 더 많은 흥미를 느끼고 다양한 상황을 연극으로 표현하게 되었다. 연극 수업은 아이들에게 내재된 자신을 표현할 수 있는 기회가 되었고, 이는 이후 국어와 음악, 도덕 수업에도 긍정적인 영향을 주었다.

'교실 야영'은 1박 2일 동안 학교에서 학년 공동체 놀이를 하고, 음식도 만들어 먹고, 잠도 자는 활동이다. 이틀간의 시간이었지만 아이들은 혼자가 아닌 함께라는 즐거움과 배움을 얻었다. 2013년에는 11월 20일경에 실시하였으나, 겨울로 접어드는 시기라 활동상 제약이 따랐다. 그래서 2014년에는 6월에 교실 야영을 하는 것으로 계획했지만 세월호 참사로 인해 다시 11월 중순 경으로 연기하여 실시했다. 아이들은 12시에 등교하여 점심 식사를 한 후 다른 학년에 방해를 주지 않기 위해 방과 후부터 교실 정리 및 활동을 시작하였다. 아이들은 공동체 놀이와 밥 짓기를 하며 더 많이 협력하고 소통할 수 있었으며, 함께 잠자리를 하며 배려를 배울 수 있었다.

텃밭 가꾸기는 아이들의 생태 감수성을 키울 수 있는 좋은 교육 활동이다. 우리는 봄·여름 학기에 감자와 상추를, 가을·겨울 학기에는 무와 배추를 심어 가꾸었다. 환경과 상황에 따라서 잘 자라는 경우도 있었고, 그렇지 않은 경우도 있었지만, 아이들은 계절의 변화를 느끼고 작물을 가꾸며 정성의 중요성과 돌봄의 필요성, 수확의 기쁨을 즐기고 나눌 수 있었다.

그리고 지난 두 해 동안 아이들의 기초 연산 능력 향상과 개인별 원리 수학 학습을 위한 '꾸꾸 프로그램'을 운영했다. '꾸꾸 프로그램'은 한국교육과정평가원의 기초 · 기본 학습 프로그램으로 중하위권 아이들의 기초 · 기본 학습에 상당한 효과가 있다. 학교마다 다르게 운영을 하고 있어 우리 학교의 사례만 가지고 효과 유무를 거론하기는 어렵지만, 학생, 학부모 상담을 통해 이 프로그램이 수학 연산 단원과 원리 학습, 나아가 수학 학습 동기부여에도 나름 긍정적인 영향을 미친 것으로 확인되었다.

이외에도 몸과 마음의 자람을 위해 명랑운동회, 영화 수업 등 다채로운 활동이 진행되었다.

지난 2년 동안 사회과를 중심으로 한 주제 중심 통합 학습과 역사 탐방, 문예체 활동과 기초 · 기본 학습 프로그램에 아이들의 적극적인 참여를 이끌어 내고자 세심한 부분까지 신경을 썼다. 아이들은 물론 선생님들도 활동 후 자기 평가와 상호 평가를 통해 반성과 성찰의 시간을 가지려고 하였다.

우리의 재구성 과정은 이론적으로나 체계적으로나 부족함이 많다. 하지만 작위적으로 교육과정을 재구성하려고 하기보다는 학년 상황과 교사 역량을 고려하여 학년과 학급에서 실제 할 수 있는 활동과 체험을 중심으로 재구성해 계획한 것을 큰 무리 없이 구현하고 실행할 수 있었다. 지난 2년 바쁘고 힘든 시간이었지만, 아이들에게는 배움의 즐거움을, 교사에게는 보람을, 학부모에게는 학교에 대한 신뢰와 만족감을 줄 수 있는 시간이었다.

2. 2013 "걸어서 역사 속으로"

2013 '걸어서 역사 속으로' 역사 탐방 일정 계획

	시기	장소	탐방 단위	장소 선정 배경 및 자료
1차	3.28 (목)	국립중앙박물관 (선사, 고대관을 중심으로)	반별	
2차	4.23 (화)	국립중앙박물관 (삼국, 통일신라, 발해관을 중심으로)	반별	선사시대 사람들의 유물이 잘 정리되어 있고, 삼국시대, 고려 시대, 조선 시대의 역사 자료를 볼 수 있음. (국립중앙박물관 제작 학습 자료)
3차	5.31 (금)	국립중앙박물관 (고려관과 조선관을 중심으로)	반별	
4차	6.24 (월)	경복궁	반별	조선을 대표하는 궁궐로 왕과 관리들의 정무시설, 왕족들의 생활공간, 휴식을 위한 후원 공간이 조성되어 있어 조선의 문화와 유교 국가적 특징을 이해할 수 있음. (교사 제작 학습자료)
5차	7.16 (화)	전곡리 선사유적지	5학년 전체	고고학자 직업 체험을 통해 유적이 어떤 과정을 통해 발굴되는지를 알고 구석기 문화에 대한 이해를 증진할 수 있음. (전곡리 유적지 고고학 아카데미 제작 학습 자료)
6차	9.13 (금)	서울 역사박물관	반별	조선 시대부터 지금까지 서울의 역사와 전통 문화를 봄으로 서울에 대한 이해와 인식을 심화할 수 있음. (서울 역사박물관 제작 학습 자료)

	시기	장소	탐방 단위	장소 선정 배경 및 자료
7차	10.15 (화)	강화도	5학년 전체	청동기시대의 대표적 유적인 강화도 고인돌, 단군조선 시대부터 천제를 지내기 위한 제단 첨성단, 고려 시대 몽고족과의 전쟁 기간 동안에는 수도 역할, 근대 조선의 병인양요, 신미양요, 일본의 침략과 강화도 조약 등 선사시대부터 근세까지의 역사를 두루 살펴 볼 수 있음. (교사 제작 학습 자료)
8차	11.12 (화)	서대문형무소 역사관	반별	한국의 국권을 되찾기 위해 싸운 독립운동가와 민주화 운동 관련 인사가 수감되는 등 한국 근현대사의 굴곡을 안고 있는 상징적인 장소로 자주 독립 정신과 자유에 대해 생각할 수 있음. (민주로드 제공 자료)
9차	12.13 (목)	백범 김구 기념관	반별	독립 운동가이자 정치가였던 김구 선생의 삶과 사상을 통해 대한민국임시정부의 역사와 한국 근현대사를 이해하고 더 나아가 우리의 현재와 미래에 대해 깊이 생각할 수 있음.

(1) 국어

1) 남겨보자, 기록 문화! - '역사신문' 만들기

아이들은 역사를 배우는 동안 꾸준히 '역사신문'을 만들었다. 형식이 갖춰진 하나의 신문을 만드는 데 비중을 두기보다는 배운 내용을 정리하고 자신의 생각을 반영하여 글로 표현하는 것을 목표로 하였다. 역사신문을 꾸준히 만든 이유는 다음과 같다. 첫째, 아이들은 역사신문을 만들며 그때그때 배운 내용을 정리할 수 있다. 둘째, 다른 친구들이 쓴 내용을 읽음으로써 다른 관점에서 이해한 역사적 사실을 접할 수 있다. 셋째, 아이들이 신문을 차례대로 연결하여 만들며 역사의 흐름과 체계를 한눈에 파악할 수 있다. 넷째, 역사신문은 대단원을 정리하면서도 만들고 역사 탐방을 다녀와서도 만들기 때문에 배운 내용을 복습하는 기회가 될 뿐만 아니라 기사문 쓰기에도 효과적이다. 처음에는 아이들이 부담스러워 하지만 기사문 쓰기가 점차 편해지고 그 수준도 많이 향상된다.

　모둠별 역사신문을 완성한 후에는 역사신문을 읽을 수 있는 2~3일의 시간을 주고 기사문이 갖추어야 할 조건들을 충족하고 있는지, 신문의 주제에 적당한 형식과 내용으로 구성하였는지, 출처는 분명하게 밝히고 있는지 등에 대해 분석하고 이야기를 나누었다. 또한 각 모둠의 신문 아래에 궁금한 점이나 칭찬하고 싶은 점, 아쉬운 점 등을 자유롭게 적는 활동을 통해 자연스럽게 동료 평가가 이루어질 수 있도록 하였다. 1년간 만들어진 역사신문은 역사 프로젝트 기간에 복도 벽면에 전시하여 다른 학년 아이들과도 공유할 수 있도록 하였다. 많은 아이들이 이미 책이나 견학을 통해 역사에 관심을 갖고 있어서 호기심 어린 눈으로 구석구석 살피는 모습을 볼 수 있었다.

　"언니, 나도 5학년 되면 이런 신문 만드는 거야?"

　"나 여기 정말 가보고 싶어. 그런데 이거 정말 포탄 맞은 흔적 맞아?"

　신문을 보고 난 뒤 역사 관련 여러 활동들에 대해 이야기하는

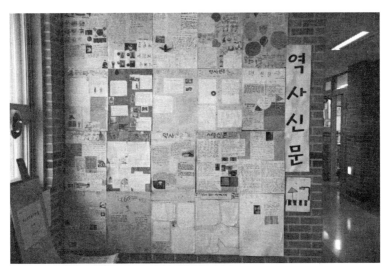

▲ 복도에 전시된 역사신문

어깨짝반 동생들의 모습에 5학년 언니, 형들도 으쓱해하며 친절히 설명해주었다. 배우고 경험한 내용을 역사신문을 통해서 정리하고 나눌 수 있었던 의미 있는 활동이었다.

2) 한판 붙어보자! - 역사 토론

찬반으로 의견이 대립될 수 있는 역사적 주제에 대한 토론을 진행했다. 토론을 하기 위해서는 토론 주제와 관련된 역사적 사건에 대한 정확한 이해가 우선되어야 한다. 따라서 배운 내용을 가지고 토론하고 싶은 주제를 아이들과 함께 의논하여 결정하였다.

역사적 사실을 주제로 토론을 하다 보니 준비하는 과정에서나 실제 토론에서나 아이들 스스로 흥미를 가지고 주제에 깊이 몰입하는 모습을 볼 수 있었다. 우선 자신의 주장과 그에 따른 근거를 세우기 위해 자료를 충분히 조사하고 주제에 대해 깊이 고민하는 시간을 주었다. 아이들은 관련된 도서나 영상, 뉴스 기사 등 다양한 자료를 찾아 서로 관련 짓고 이에 대한 자신의 생각을 정리했다. 토론에는 사회자와 찬반 양측의 토론자, 판정인이 참여하였고, 토론에 참여하지 않는 아이들은 체크리스트를 가지고 토론의 흐름을 따라 참여자들이 역할을 충실히 수행하고 있는지를 점검하였다. 토론자의 주장에 따른 근거가 논리적인지, 판정인의 판정은 객관적인지 등의 점검 항목을 토론 시작 전에 미리 상의하여 결정하였다.

역사 토론을 통해 과거의 역사적 사건을 현재 자신의 문제로 치열하게 고민하며 대안을 찾아가는 모습을 볼 수 있었다. 또한 자신과는 다른 생각을 가진 친구들의 주장과 근거를 듣고, 다양한 관점에서 주제를 바라볼 수 있었다.

역사 토론 진행 과정

※ 토론하고 싶은 주제에 대하여 발표하기(2013. 10. 14.)
- 흥선대원군의 경복궁 중건
- 흥선대원군의 쇄국정책
- 광해군의 폐위
- 강화도조약
- 흥선대원군의 천주교 박해
- 개항해야 한다 vs 반대한다.
- 단군왕검의 고조선 건국
- 공명첩
- 신라의 삼국통일
- 삼국통일 과정에 당나라의 개입은 옳은가?

※ 토의를 통해 결정된 최종 토론 주제
- •1차 : 흥선대원군의 쇄국정책
- •2차 : 신라의 삼국 통일

※ 1차 토론 진행 — 대원군의 쇄국정책

사회자	찬성 토론자	반대 토론자
박찬아	태우, 허현, 해웅, 재윤, 원준, 서진	채원, 채은, 하나, 수빈, 수진, 성진

※ 2차 토론 진행 — 신라의 삼국통일

사회자	찬성 토론자	반대 토론자
김민수	성길, 가영, 기진, 지영, 성빈, 회석	예원, 윤규, 예지, 지훈, 서연, 성주

※ 역사 토론 진행 일정
- •10월 10일 점심시간 후 20분 — 사전모임(역사 토론 주제와 방향에 대한 생각 정리)
- •10월 14일 월요일 1블록 — 각자 생각한 토론 주제 발표 후에 토론 주제 결정하기, 토론 준비문 쓰기
- •10월 16일 수요일 5교시 — 토론 준비문 쓰기
- •10월 21일 월요일 1블록 — 토론 준비문을 보고 내용 정리하고 발표 순서 정하기
- •10월 23일 수요일 1블록 — 어울터에서 토론 진행하기

역사 토론 준비 활동지

( )편 토론자	토론 준비문 쓰기	5학년 열매반
		이름 ( )

토론 주제

나의 주장

※ 자신의 주장과 근거를 2가지 이상 쓰세요.
각각의 근거에는 뒷받침할 수 있는 자료를 덧붙여 쓰면 더욱 좋습니다.

저는   에
(   ) 합니다.

그 이유로 첫째,

상대방의 반론 예상하기	반론에 대한 답변 (반박 자료) 및 주장 다지기용 추가 근거

- 부족하면 뒷장을 활용하세요.-

역사 토론 판정인 활동지

판정인 판정표	역사 토론		토론 주제2			
토론일	년 월 일		5학년 반 이름 (		)	
평가 영역	평가 내용				찬성	반대
주장 펼치기	주장에 설득력이 있는가?					
	뒷받침하는 근거가 믿을 만한가?					
반론 하기	상대편 주장과 근거에서 문제점을 찾아 반박하는 주장을 펼치는가?					
	상대편이 제시한 반론에 대하여 적절하게 답변하는가?					
주장 다지기	주장과 근거를 다시 정리하여 분명하게 말하는가?					
태 도	팀 협동이 잘 되는가?(협의 시간)					
	말하고 듣는 자세가 바른가?					
	모두 골고루 발표하는가?					
	말의 빠르기와 크기가 적당하였는가?					
총평가	찬성편					
	반대편					

스스로 평가 해봐요	자기 평가		
	잘함	보통	부족
1.나의 역할(판정인)에 충실하였는가?			
2.토론자들의 의견을 잘 들었는가?			

토론 후 소감 쓰기

역사 토론 토론자 기록 활동지

토론자 기록표	토론 절차와 규칙을 지키며 토론하기 - 사회자의 지시와 안내에 따라 기록하며 토론한다-	토론 주제	
토론일	년 월 일	5학년 열매반 이름 ( )	
토론 절차	우리 편	상대편	

주장 펼치기	우리 편 근거 :	상대편 근거 :
반론하기 〈질문하기 답변하기〉	상대편의 문제점 :	
주장 다지기		

스스로 평가해봐요	자기 평가		
	잘함	보통	부족
1. 토론 주제에 대해 사전에 충분히 준비를 했는가?			
2. 다른 편의 의견을 잘 들었는가?			
3. 나의 편과 협동을 잘 했는가?			
4. 토론에서 객관적인 근거를 들어 잘 발표하였는가?			

토론 후 소감

3) 보고 듣고 느낀 것을 말해줄게 — 역사 탐방지 소개하기

1년 내내 역사 탐방을 부지런히 다니다 보니 아이들이 갈수록 말이 많아진다.

"선생님, 우리 다음 역사 체험학습은 어디로 가요?"

"제가 지난 주말에 가족들이랑 같이 전쟁기념관을 다녀왔는데요, 거기에서 대한제국 특별전을 하고 있더라고요. 우리 반 친구들이랑 같이 다녀오면 좋을 것 같아요."

많이 보고 듣고 느낀 만큼 주변에 말하고 싶고 알리고 싶은 것 또한 많은가 보다. 그래서 우리 반 아이들은 이런 경험을 스스로 정리해보고 서로 나누기로 했다.

2학기 듣기 · 말하기 · 쓰기 5단원 '우리가 사는 세상'과 실과 6단원 '정보기기와 사이버공간'의 학습 내용이 이러한 의도와 잘 맞았다. 우선 발표를 잘하기 위해 알아야 할 주의 사항들을 살펴보았다. 그리고 다양한 여건들을 고려하여 발표 방법을 정했다. 모둠별로 역사 탐방 장소와 관련된 주제를 서로 다르게 설정하였다. 그리고 모둠 구성원 각자가 어떤 자료를 어떻게 수집할 것인지 대략 계획을 세웠다. 사전에 계획을 세우고 역사 탐방을 가니 아이들 나름의 목적의식도 생기고 자료 수집에 대해서도 미리 생각해 볼 수 있었다.

아이들은 계획했던 대로 보거나 들은 내용을 열심히 적었다. 또 휴대전화와 디지털 카메라를 가지고 사진, 영상 촬영은 물론 인터뷰도 진행했다. 모둠끼리 이동하며 서로 상의하고 계획을 하나씩 점검해 나갔다. 학교로 돌아와서는 사진, 영상, 실물 자료 등 주제와 관련된 다양한 자료들을 수집하여 발표 형식에 맞게 배치하고 수정하였다. 이때 아이들에게 자신이 제작한 자료 이외의 것을 사용할 경우에는 다른 사람의 권리와 저작권을 존중하여 반드시 출처를 밝히도록 하였다.

"친구들이 앞에 선 모습을 보니 제가 더 떨려요. 그래서 그런지 평소보다 더 귀 기울이게 되고 집중도 잘되는 것 같아요."

"같은 장소를 다녀왔지만 친구랑 나랑 경험한 것이 어떻게 다른지 알고 싶어요."

아이들은 준비한 발표를 진행하면서 같은 것을 보더라도 저마다 생각과 느낌이 서로 다른 만큼 다양한 생각을 나눌 수 있었다. 앞에서 발표하는 아이는 물론 발표를 듣는 아이들 또한 그 어느 시간보다도 흥미를 느끼고 집중하는 모습이었다.

4) 정말 그랬어? - 공통의 역사적 소재 연결 지어 배우기

이 단원에는 당시의 현실과 사건의 관련성을 파악하며 글을 읽어보는 활동이 제시된다. 팔만대장경을 소재로 제작 당시의 현실을 파악하고 이와 관련지어 팔만대장경을 만든 까닭을 살펴본다. 고려 시대의 대표적인 불교 문화재로 꼽히는 팔만대장경에 대해 사회 교과서에는 매우 간략하게 언급되어 있어 아이들의 궁금증과 호기심을 채워주기에는 부족하다. 반면 읽기 교과서에서는 팔만대장경 제작 당시의 현실이 보다 자세히 서술되어 있다. 또한 당시 고려 백성들의 심정과 겪었던 어려움이 생생하게 표현되어 있어 팔만대장경은 물론 당시 상황에 대해서도 폭넓게 살펴볼 수 있다.

국어과 다른 단원에서도 역사적 인물이나 문화재에 대해 서술한 지문이 등장한다. 시대 순으로 접하는 역사 공부에서 해당 국어과 단원을 함께 배우게 된다면 보다 풍부하고 깊이 있는 수업이 될 수 있다.

5) 눈앞에 펼쳐지는 우리 역사 이야기

아이들은 이야기를 좋아한다. 이야기로 듣고 이야기로 표현한다면 우리 역사를 더 실감 나고 재미나게 배울 수 있다. 1년간의 역사 공부를 마무리하면서 자신이 관심을 갖고 표현해보고 싶은 역사적 사건을 하나 골라 촌극으로 표현해보기로 했다. 역사적 사실 그대로 대본에 옮기기도 하고 약간의 수정과 변형을 곁들이기도 했다. 극을 준비하는 과정에서나 실제 공연에서나 아이들은 설레고 즐거워하고 깊이 몰입했다.

"선생님, 어제 제가 세종대왕이 되는 꿈을 꿨어요."

"우리만 보기는 아까운데, 다른 반 친구들이나 학부모님을 모셔오는 건 어떨까요?"

촌극 공연을 관람하며 아이들은 역사적 사건과 인물에 대한 이해는 물론 색다른 해석과 탁월한 연기에 손뼉을 치며 웃기도 했다. 아이들은 공연을 마치고 서로를 칭찬하는 말을 나누고, 자기 평가를 통해 활동을 되돌아보는 시간을 가졌다.

(2) 도덕

1) 통일로 하나 될 그날을 꿈꾸며

6·25전쟁은 우리의 뼈아픈 과거이자 다시는 역사에 되풀이되어서는 안 되는 사건이다. 우리는 때때로 아픈 역사, 슬픈 역사는 되돌아보지 않으려고 한다. 하지만 이런 역사를 통해 우리는 나아가야 할 방향을 분명히 할 수 있다. 사회 교과에서 분단이 이루어지게 된 원인, 과정, 결과, 전쟁 이후 통일을 위한 노력 등 객관적 현실에 대해 다룬다. 이와 비교해 도덕 교과에서는 통일의 의미와 우리가 가져야 할 마음가짐에 대해 다루고 있다.

아이들은 우리의 의지와는 관계없이 분단의 현실을 받아들여야 했던 과거의 상황에 대한 이해를 바탕으로 통일의 정당성과 진정한 통일이 무엇인지에 대해 깊이 있게 고민해볼 수 있었다.

2) 멀지만 가까운 우리 가족 이야기

일제 강점기 때 강제 이주되거나 강제 징용당했다가 그 나라에서 돌아오지 못하고 정착한 우리 민족인 재외동포를 다룬다. 당시의 시대 상황을 알아보고 이들이 겪어야만 했던 어려움에 대해 이야기 나누었다. 여러 힘든 여건 속에서도 우리 민족임을 잊지 않고 전통과 문화를 지키며 살아온 재외동포들의 삶을 기억하고 그들을 본받고자 노력하기로 다짐하였다.

(3) 체육

1) 신명 나는 화합의 장, 탈춤놀이

조선 후기 서민 문화의 발달과 함께 등장한 것이 탈놀이다. 체육 표현활동 영역에 탈춤의 기본 동작을 익히는 내용이 나온다. 이 단원에서의 성취 기준은 '탈춤의 기본 움직임을 익혀 즐겁게 춤을 춰 봅시다.'이다.

조선 후기 서민 문화를 배우면서 봉산탈춤 전문가 선생님을 모시고 직접 탈춤을 배워보는 시간을 가졌다. 탈을 쓰고 장단에 맞춰 몸을 흔드는 단순한 표현활동만이 아니라 우리 선조들이 즐기던 생활의 일부로서 탈춤을 받아들일 수 있도록 하였다. 더불어 우리 선조들과 같은 문화를 즐기고 있다는 인식과 함께 우리 문화를 계승한다는 의미도 생각해 보았다.

처음에는 어색하고 쑥스러워하는 모습을 보이던 아이들이 대부분이었으나 차근차근 한 동작씩 연습을 거듭하면서 점차 흥미를 보이고 제법 장단을 타며 즐기는 모습도 볼 수 있었다.

탈춤을 배운 후에는 역사 프로젝트 기간에 학부모님들과 전교생 앞에서 공연하였다. 함께 장단에 맞춰 "얼쑤!" 외치고 한데 어우러지며 축제의 열기를 한껏 고조시켰다.

신은혁신한마당에서 5학년 탈춤 공연을 본 1학년 선생님들이(1학년 통합교과 '우리나라' 단원에 '탈춤을 추어 봅시다.' 가 나옴) 5학년 언니, 형들을 선생님으로 모시고 1학년 동생들에게 가르쳐 주면 좋겠다는 제안을 했다. 5학년 아이들에게 1학년에서 이런

▲ 탈춤의 재미에 흠뻑~

제안이 들어왔는데 어떻게 할지 의견을 물으니 몹시 망설인다.
하지만 "선생님이 볼 때 너희들은 1학년 동생들을 충분히 가르칠
정도로 훌륭하다."는 한마디에 몇몇 아이들을 제외하고 대다수
아이들이 자신감을 얻고 하겠다고 나섰다.

　우선 1학년 동생들 앞에서 탈춤 공연을 하였다. 그리고 한두 명
씩 동생과 짝이 되어 탈춤 동작 하나하나를 가르쳐주며 함께 장단
에 맞춰 추어 보았다. 단순히 배우기만 하던 입장에서 가르치는
입장이 되고 보니 아이들 나름의 고충도 있었지만 스스로도 재미

있어 하고 뿌듯해하는 모습을 볼 수 있었다.

하물며 선생님의 고충까지 이해하는 어린이가 등장하였으니.

"선생님, 1학년 가르치기 정말 힘들어요! 선생님이 얼마나 힘드신지 알 것 같아요."

이런 공감 능력까지! 전혀 예상하지 않았던 결과였다.

(4) 음악, 미술, 실과

1) 풍속화로 들여다보는 우리 옛 조상들의 하루

조선 시대 서민 문화인 풍속화를 중심에 두고 미술과 음악을 연계하였다. 풍속화에는 서민들의 일하는 모습이 실감 나고 재미있게 묘사되어 있다. 아이들은 여러 풍속화를 살펴보며 우리 조상들에게 생활의 일부였던 길쌈, 타작, 빨래 등 다양한 일감들이 어떻게 행해졌는지 알아보았다. 또한 어떠한 이유로 일을 할 때 노래를 불렀을지 함께 이야기 나누고, 실제 어떤 일노래를 했을지 상상해서 표현했다. 교과서에 제시된 〈거문도 뱃노래〉를 직접 들어보고 노래에 어울리는 동작을 곁들여 노래를 불렀다. 마무리 활동으로 한지에 풍속화를 그리며 어떤 노동요를 불렀을지 상상하고 떠올린 가사를 적었다.

2) 예술품에 녹아든 선조들의 지혜와 멋

고구려의 고분 벽화인 〈무용총 수렵도〉는 아이들에게 매우 익숙한 그림이다. 말을 타고 활을 쏘며 거침없이 사냥을 하는 모습이 특히 인상적이다. 아이들과 그림을 함께 살펴보며, 등장하는 소재 및 인물의 움직임, 표정 등에 대해 자유롭게 이야기를 나누었다. 비슷하면서도 달랐던 삼국의 문화에 대해 살펴보고 나라별로 두드러지는 문화적 특징을 찾아 정리하였다. 이렇게 정리된 특징을 가지고 세 모둠으로 나누어 각 나라의 고분벽화를 제작했다. 나라별 벽화의 소재와 내용을 정하고 어떻게 표현할 것인지 배치하고 채색하는 과정을 통해 삼국의 문화적 차이를 인식하고 정리할 수 있었던 시간이었다.

3) 정성 듬뿍, 곱디고운 조각보 만들기

조선 후기 서민 문화의 하나인 조각보는 우리 조상들의 슬기와 미적 감각을 엿볼 수 있는 소중한 문화유산이다. 쓰다 남은 색색의 천 조각을 이어 붙여 완성하는 조각보는 색상의 조화는 물론 패턴의 아름다움이 돋보인다. 자그마한 것에도 가치를 두고 정성을 쏟아 한 땀 한 땀 바느질하는 우리 여인네의 모습을 떠올리며 우리 아이들도 한번 조각보를 만들어보기로 했다.

아이들은 각자 집에서 사용하지 않는 천 조각을 가져왔다. 이 조각들을 한데 모아 같은 계열의 색으로 분류한 후 자신이 원하는 색과 패턴을 골랐다. 조각들을 오리고 배치하여 교육과정에 제시된 기초 바느질법을 활용하여 조각보를 만들었다. 비록 손바닥 남짓한 작은 크기의 조각보이지만 아이들 각자 색과 패턴의 어울림, 쓸모 등을 고려하여 정성 들여 만든 만큼 소박하면서도 아름다운 작품이 완성되었다. 기초 바느질을 익혀 조각보를 만들었다는 것에 더하여 쓸모없는 천 조각을 활용했다는 점에서 환경적인 의미도 생각해볼 수 있었다.

3. 2014년, 하루 역사 나들이

2013년 역사 탐방에 대한 학생과 교사, 학부모 만족도가 높아 2014년에도 큰 이변이 없는 한 2013년의 역사 탐방을 그대로 실시하고, 나아가 1박 2일 이상의 역사 여행을 해보자는 제안이 있어 2학기에는 역사 여행에 대한 잠정적인 합의를 이루었다. 하지만 4월 16일 발생한 세월호 참사로 역사 여행뿐만 아니라 역사 탐방조차 계획대로 진행하기 어려운 상황이 되었다.

이후 역사 탐방을 어떻게 하면 좋을지 고민하던 차에 하루를 온전히 할애하는 역사 탐방으로 하루 역사 나들이를 떠나 보기로 하였다. 기존의 역사 탐방은 가급적 아이들의 하교 시간에 맞추기 위해 시간과 장소가 제한될 수밖에 없었다. 따라서 이를 어느 정도 극복할 수 있도록 활동 시간을 늘리고 장소도 주제에 맞추어 다양화하였다.

현장학습의 주제와 장소를 아이들이 직접 선택할 수 있도록 하면 어떨까? 동학년 교사 회의를 통해 아이들의 흥미와 관심, 역사적 가치 등을 고려하여 4가지 주제를 선정하였다. '역사의 섬, 강화도를 찾아서', '조선 궁궐에 숨겨진 보물찾기!', '우리나라는 산성의 나라입니다', '박물관에서 만나는 조선'이라는 네 가지의 주제는 서로 다른 볼거리와 배울거리를 담고 있어 보다 다양한 배움이 일어날 수 있다. '역사의 섬, 강화도를 찾아서'는 '전등사 → 광성보 → 초지진 → 강화역사박물관' 길을, '조선 궁궐에 숨겨진 보물찾기!'는 '창경궁 → 창덕궁 → 경복궁 → 국립고궁박물관' 길을, '우리나라는 산성의 나라입니다'는 '서울 한양도성길 → 행주산성' 길을, '박물관에서 만나는 조선'은 '서울대학교 규장각한국학연구원 → 고려대학교 박물관 → 세종대왕기념관' 길을 각각 다녀오기로 하였다. 아이들은 각 주제에 대해 선생님으로부터 설명을 듣고, 자신의 관심이나 흥미에 따라 주제를 선택할 수 있다. 어디로 가게 될지, 그곳에서 무엇을 할지 등 이야기를 듣는 동안 아이들은 기대와 설렘이 가득한 눈빛으로 행복한 고민에 빠졌다.

"선생님, 정말 여섯 시에 도착하는 것 맞아요?"

"조금 늦어질 수도 있지."

"우리 하루 종일 돌아다니는 거죠? 간식도 많이 가져가야겠다."

아이들은 자신이 원하는 주제를 3지망까지 적어서 제출했고, 가능한 모든 아이들이 1지망으로 선택한 주제에 참여할 수 있도록 인원수를 조정하였다. 각 학급에 속한 아이들이 한데 섞여 움직이는 터라 인솔과 학생 안전에 어려움이 예상되어 5학년 교과 선생님들의 도움을 받기로 하였다.

주제별 참가자 명단이 확정되자 아이들은 주제별로 교실에 모

▲ 서울 성곽 길을 걷는 아이들

여 담당 선생님과 함께 미리 답사할 장소 및 문화재에 대해 알아
보는 시간을 가졌다. 주제와의 관련성, 역사적 유래와 가치 등에
대해 살펴보고, 아이들 각자 미리 조사해온 자료들을 가지고 이야
기를 나누었다.

하루 역사 나들이 당일, 드디어 아이들은 자신이 희망한 주제에
맞는 역사 현장을 찾아 다양한 체험활동을 하였다. 조금이나마
긴 시간이 허락된 만큼 평소보다 여유롭고 편안한 모습이었다.

또한 자신이 선택한 주제이기에 더욱 관심을 가지고 적극적으로 참여하였다.

"이 각도에서 찍어보자. 우리 모둠 역사신문 1면에 싣는 것 어때?"

"우리 이것도 적어가자. 사진 아래에 간단하게 설명해두면 좋을 것 같아."

"성곽의 돌들이 이 지점을 기준으로 확연히 달라지는데, 왜지?"

"같은 시기에 같은 사람들에 의해 만들어진 것은 아닌 것 같아."

"친구들이 궁금해할 것 같아. 차이를 좀 더 살펴봐야겠어."

아이들은 사소한 것에도 주의를 기울이며 살피고, 다른 친구들에게 알려줄 정보도 세세하게 챙겼다. 같은 장소에 다녀왔던 아이들은 이후 이루어질 역사신문 제작을 위해 사진도 찍고 부지런히 기록도 하고 이곳저곳에서 이런저런 자료들을 모으느라 분주했다.

역사 나들이 이후 제작된 역사신문은 역사 프로젝트 기간에 전시하여 자신이 경험하지 않은 주제에 대해서도 사진과 글로써 접하고 배울 수 있도록 하였다. 각 반에서는 아이들은 각자 자신이 제작에 참여한 역사신문을 보면서 자신들이 탐방한 장소의 역사적인 의의와 유물, 유적에 대해 설명해주고 질문을 받는 시간을 가졌다. 발표는 언제나 활동을 통해 자신이 경험한 것에 배운 내용과 찾아낸 정보를 더하여 만들어지니, 처음 생각한 것보다 근사해져서 아이들은 스스로를 대견해하고 자신감과 성취감을 느낀다.

▲ 아이들이 한양도성박물관에서 서울의 사대문과 사소문에 대한 설명을 들으며
자료를 수집하는 모습

4. 2013~2014년 역사 프로젝트를 평가하며

신은 역사 배움 '다양한 활동을 통한 우리 역사 바로보기'라는
주제로 2013년과 2014년 2년에 걸친 역사 학습을 학교 축제 기간
동안 역사 축제로 마무리하는 시간을 갖고자 하였다. 역사를 중
심으로 한 통합교육과정을 통해 만들어낸 결과물과 역사 탐방, 역
사 나들이를 통한 일련의 배움과 활동들을 정리해 볼 수 있는 시

간이었다. 또한 다른 학년 아이들과 학부모님들을 초대하여 역사의 재미와 가치를 함께 느껴보는 축제의 장이기도 했다.

역사 프로젝트는 역사 토론, 역사 골든벨, 역사 특강, 역사 연극 네 가지 주요 활동 및 전시회(역사신문 및 민화, 탈 전시), 탈춤 공연으로 내용을 구성하였다. 아이들은 네 가지 활동 중 하나를 선택하여 미리 준비하는 시간을 가졌다.

▲ 역사 연극의 한 장면

▲ 모두가 하나 되어 즐기는 탈춤 공연

2014 신은 역사프로젝트를 끝내며...

5학년 푸른 반 이름: 안예린

2014 신은 역사프로젝트에 열심히 활동한 5학년 어린이들을 칭찬합니다. 역사프로젝트 활동이 여러분에게 어떤 의미가 있었는지 그리고 그 활동에 참여했던 자신의 모습과 태도는 어떠했는지 생각해 봅시다.
역사프로젝트에서 나는 (역사 인물특강)프로젝트를 선택했다.
선택한 까닭과 어떤 준비 과정을 거쳐 어떻게 활동했는지 그리고 활동 후에는 어떤 생각이 들었는지 써보세요.

나는 역사 인물 특강으로 선택하였다. 왜냐하면 누군가에게 내가 아는것을 가르쳐 주면 뿌듯할것 같아서 이다. 나는 예린이, 민지와 같은 팀이 되서 난 파워포인트를 준비하게 됬다. 파워포인트를 만들 때 힘들기도 했지만 그래도 잘만들것 같다 예린이는 직접 파워포인트가 아닌 종이에다가 열심히 만들어주어서 고마웠다. 그리고 특강하는 날~ 나는 너무 떨리고 떨렸다. 하루에 5반 모두 들어가 친구들에게 내가 가르쳐 준대 하니 좀 웃기도 하고 첫교시에 우리가 선생님으로 들어가니까 떨떠름하기도 하면 어쨌든 첫반은 잘 끝마친뒤 2번째 3번째… 갈수록 좋아지는 실력을 보니 난 진짜 뿌듯했다. 끝난 뒤에도 '너희 팀 수업 재 밌었어' '짱이야' 소리를 들으니 내가 가르치는 입장에서 칭찬 까지도 받는다는게 꿈같이 좋았다. 이번에 역사 인물 특강 했으니 다음에는 또 다른 주제로 특강을 하고 싶단 생각도 들었다. 우리팀이 칭찬까지 받은 이유는 우리끼리도 연습한 결과라고 생각한다. 우리가 수업한것을 들어준 친구들 칭찬해주신 선생님 마지막으로 나와같이 특강 해준 친구들에게 고맙고 감사하다. 그리고 역사 인물특강 한것은 매우 뜻깊은 활동이었다.

▲ 2014년 역사 프로젝트를 마친 후 학생의 소감

'역사'는 배우는 아이들에게도 가르치는 교사에게도 쉽지 않은 주제이다. 선사시대에서부터 근현대사에 이르기까지 방대한 시간의 흐름을 짚어봄에 있어서도, 역사 학습을 통해 바람직한 미래를 펼쳐나갈 수 있는 역사적 안목과 소양을 갖추도록 하는 데 있어서도 결코 만만치 않다.

하지만 아이들이 주체가 되어 활동을 선택하게 하고 적극적인 참여를 이끌어 내고자 했던 지난 2년간의 역사 중심 교육과정 재구성과 역사 탐방 활동을 통해 역사에 대한 이해와 흥미는 물론 배려와 책임감 같은 인성도 함양할 수 있었다.

아이들은 학급과 학년을 아우르는 발표 및 강의 경험을 통해 서로 가르치며 배우고 성장했다. 계획에서부터 반성에 이르기까지 아이들에 의해 이루어진 일련의 과정은 아이들의 문제해결 능력과 반성적 사고 능력을 길러주는 귀한 경험이었다. 발표하는 것을 막연히 두려워하고 쑥스러워하던 아이들은 여러 번의 발표 기회를 가지면서 점차 자신감이 생기고 한층 여유로워진 모습을 보였다. 발표를 준비하며 어떻게 하면 친구들이 쉽게 이해하고 재미있어할까를 고민하는 아이들, 친구가 어떤 이야기를 들려줄까 귀 기울이며 집중하는 아이들의 모습은 참으로 아름다웠다.

역사를 배우는 이유는 단순히 과거를 알기 위함이 아니다. 앎에서 나아가 현재의 우리를 되돌아보고, 미래를 준비할 수 있어야 한다. 그러기 위해서는 과거의 일을 단순히 과거에 묶어둘 것이 아니라 지금 우리의 문제로 받아들이는 경험이 필요하다. 그래서 아이들과 역사 탐방을 비롯한 역사 중심의 다양한 경험들을 함께 하고자 했다. 같은 장소를 가기보다 다른 장소에서 다른 경험을 하고자 반별로 일정을 다양하게 했다.

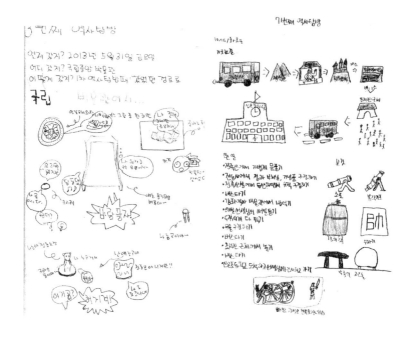

　시작은 쉽지 않았다. 생각해보니 무엇보다 용기가 필요했다.
교육을 통해 섣부른 결론과 효과를 말하지 않으려 늘 조심하지만
지난 두 해 아이들과 함께한 노력이 아이들의 배움에 작은 도움이
되었다고 생각한다.

　평가는 역사 탐방 정리 활동으로

　'걸어서 역사 속으로'라는 주제로 진행된 역사 탐방을 진행한
후에는 어떻게 갔는지, 가면서 무엇을 보았는지와 역사적인 장소
에서 보고 듣고 배운 것들을 정리하였다. 매달 대중교통 수단을

이용하여 다녀왔으니 가는 경로도 교통 수단도 다양하다. 매월 기록한 내용과 탐방 장소의 팸플릿을 비롯한 자료들을 서류 봉투에 모았다가 학년 말에 얇은 20쪽 내외의 책으로 묶어서 완성하였다. 역사 탐방 1년을 마무리하는 아이들의 글 2편도 함께 실었다.

1년간의 역사 탐방을 마무리하며 쓴 아이들의 글

처음에는 신나게 출발했지만 하면 할수록 지쳐만 갔다. 하지만 좋은 추억이 되어 나의 머릿속에 들어가 있다. 역사 탐방에 대한 불만은 없다. 힘들면 힘들수록 더 좋은 추억과 배우는 것이 있어서이다. 나에게 역사 탐방은 내 기억 속 일부가 아니라 몸으로 느끼고 함께 배우는 놀이 겸 공부였다. 현장체험학습을 가지 못해서 조금 아쉽지만 역사 탐방을 가지 못했더라면 더 아쉽고 후회스러웠을 것이다. 역사 탐방을 통해 지식뿐이 아니라 친구들과의 믿음과 신뢰를 알고 배워가는 것만 같았다. 내년에도 새로운 친구와 새로운 선생님, 새로운 마음가짐으로 새로운 목표로 새로운 역사 탐방을 갔으면 좋겠다. 그리고 역사 탐방 말고 수학탐방, 과학탐방 등 여러 가지 새로운 탐방을 했으면 좋겠다.(있는지 없는지 모르지만)

난 역사 탐방이 좋았다. 그 이유는 공부를 하지 않아서이다. 하지만 내가 틀렸다. 역사 탐방이야말로 진정한 공부였다는 것!! 역사 탐방은 힘들었지만 이것은 분명하다. 역사 탐방은 신나고, 재미있고 보람 있었다는 것. 난 역사 탐방이 좋다. 현장체험학습보다 좋다. 왜냐하면 현장체험학습은 소풍가는 것이라고 생각하고, 역사 탐방은 즐거운 공부의 방법이라고 생각하기 때문이다.

역사 탐방이여~~ 영! 원! 하! 라!

— 2013년 5학년 열매반 박○○ 어린이의 글

5학년 사회가 '역사'여서 우리는 역사 탐방을 다녔다. 국립중앙박물관, 경복궁, 선사유적지, 서울 역사박물관 등 버스와 지하철을 타고 직접 걸어 다니면서 직접 구경하며 책으로 사진으로만 보던 것도 직접 보는 것, 신기하고 좋았다. 역사 탐방을 통해 역사를 배우면서 새로 알게 된 것이 정말 많았다.

　　처음에는 '역사는 그래도 조금 아니까 그리 어렵진 않을거야.'라고 생각을 했지만 1년 동안 열심히 역사를 공부했어도 더 해야 된다는 생각도 역사 탐방을 다니면서 직접 보고 배우면서 알게 되었다. 역사 탐방은 직접 걸어 다녀서 힘들기도 하였지만 알게 된 것, 배운 것이 정말 많았던 것 같아 기분은 좋다. 어쩔 때는 '우리나라는 정말 대단한 나라야!'라고 생각할 때도 있었지만 언제는 '더 발전해야 되겠는걸.'이라는 생각도 많이 들었다. 그리고 5학년이 되어 더 알고 싶은 위인이나 인물이 있으며 그렇게 가서 보고 배우고 오는 것도 정말 좋은 것 같다.

　　항상 역사에 대해서 더 깊이 생각하고 더 열심히 공부해야겠다는 생각이 많이 들었던 5학년 역사 탐방이었다.

　　　　　　　　　　　　　　　　　　　　- 2013년 5학년 열매반 이○○ 어린이의 글

6장

스스로 만들고 함께 나누는, 6학년 교육과정

　초등학교의 교육과정 내용은 주제를 정하여 다양하게 구분할 수 있다. '민주', '인권', '환경' 등 핵심 가치에 따라 주제를 구성하고 교과 내용을 통합하거나 '민주 시민 되기', '기본 생활 습관 형성', '기초·기본 학습 능력 함양'과 같은 '핵심 역량'을 중심으로 주제 통합을 하는 것도 가능하다. 통합되는 부분은 주제를 정하기 어려워서 그렇지, 주제만 정해지면 이를 근거로 통합교육과정의 형식을 매우 다양하게 만들어낼 수 있다. 결국 주제를 정하는 것은 학교 단위보다는 학년 단위에서 가능한 일이고, 이를 위해서는 새 학년이 시작되기 전에 많은 협의가 있어야 한다는 사실을 인정하고 준비해야 한다.

　우리 6학년 교사들이 처음 주목한 것은 6학년 아이들이 '학습자'로서 가지는 특성이었다. 아이들은 사춘기를 겪으며 주변에 대한 이유 없는 저항감이 생기고 자신의 주장과 고집이 강해지지만 논리적인 사고가 발달한다. 따라서 기존의 분절된 교과식의 수업은 아이들로 하여금 더 이상 배움에 대한 흥미와 욕구를 불러일으키기 어렵다.

그래서 우리는 무엇을 공부하게 되더라도 6학년 아이들과 즐겁게 하고 싶다는 마음으로 교과 통합의 주된 목표를 세웠다. 그리하여 너무나 익숙하게 지나쳤던 어린이날, 수학여행, 학교 축제, 졸업식 등의 행사에 주목하게 되었다. 일부러 만들어 내지 않아도 그 속에 다양한 가치와 주제를 자연스럽게 녹여낼 수 있는 것이다.

아이들이 배움에 흥미를 느끼지 못한다면 그것은 스스로 의미를 찾지 못하기 때문이다. 아이들이 의미를 찾기 위해서는 교사로부터 수동적으로 가르침을 받는 존재가 아니라 직접 참여하고 만들어 가는 협력자가 되도록 교사들이 교육과정을 기획하고 운영하는 것이 중요하다. 자신이 지금 하고 있는 일이 미래를 대비한 고되고 반복적인 연습이라고 느끼면서도, 꾸준하게 관심과 집중을 유지할 수 있는 어린이는 흔치 않다. 학교의 삶이 연습이 아닌 실제가 될 수 있도록 터전을 마련하고 싶은 마음을 담아 구성한 '스스로 만들고 함께 나누는 6학년 교육과정' 중 세 가지 주제를 소개하려고 한다.

1. 나눔의 어린이날 프로젝트

교육과정 재구성 편제

교과	단원	시수	배우는 내용
도덕	10. 참되고 숭고한 사랑	3	• 사랑과 자비의 의미 알기 • 사랑과 자비의 실천 방식 찾아보기 • 사랑과 자비 실천하기
국어 (읽기)	4. 나누는 즐거움	6	• 참여를 바라는 글 • 글쓴이가 추구하는 가치를 파악하며 글 읽기 • 자신이 추구하는 가치를 담아 참여를 바라는 글쓰기
국어 (듣말쓰)	4. 나누는 즐거움	3	• 인사말이 필요한 경우 알기 • 공식적인 상황에서 인사말 하기
미술	11. 생활을 아름답게	2	• 알리는 것 꾸미기
미술	5. 찍어내는 즐거움	4	• 판화 제작하기
미술	6. 영상 미술	2	• 재미있는 방법으로 사진 찍어 주제 표현하기 • 짜임새를 생각하며 사진 찍기
체육	1. 체력 증진	2	• 체력 활동

(1) '나눔의 어린이날'이 뭔가요?

'어린이날' 하면 우리는 선물, 놀이동산, 체육 행사, 방정환 선생님, 축하 편지, 맛있는 음식 대개 이런 것들을 떠올린다. 우리 신은 6학년 교사들도 마찬가지였다. 새 학기 준비가 한창이던 2월, 교육과정을 준비하며 머리를 맞댄 가운데 어린이날 이야기를 처음 꺼냈을 때까지도 그랬다. 그런데 이런저런 이야기를 나누다가 문득, "생각을 뒤집자! '받는' 어린이날이 아니라 '나누는' 어린이날로 보내면 어떨까?"라는 의견이 나왔다.

그렇게 시작된 나눔의 어린이날에 대한 이야기는 '아이들이 마라톤을 하고 달린 거리만큼 부모님이나 인근 가게 상인들에게 후원금을 받아 그것을 사회단체에 기부하는 것'으로 정리되었다. 그냥 마라톤은 무리가 있으니 5km를 달리는 '거북이 마라톤'으로 하고, 금전이 관련된 문제이니만큼 기부할 단체는 아이들이 스스로 조사해서 정하기로 하다. "과연 잘될까?" 하는 우려가 아주 없었다고 하면 거짓말이고, 그냥 서로를 믿고 아이들을 믿으며 일단 한번 해보기로 한 것이다.

● 나눔의 어린이날 프로젝트의 흐름
  ① 나눔의 의미 알기
  ② 후원자 찾기 준비 활동
  ③ 후원 약속받기
  ④ 거북이 마라톤 준비
  ⑤ 거북이 마라톤
  ⑥ 정리 활동

- 어떤 배움이 일어날까?

  ― 세상에 많은 힘겨운 어린이들이 있음을 알게 된다.

  ― 상대의 처지를 이해하고 배려하는 공감 능력이 자란다.

  ― 나눔을 위한 다양한 방법들을 알게 된다.

  ― 실제로 나눔을 체험해보고 성취감을 느껴본다.

  ― 친구들과 함께 활동을 진행하는 가운데 다양한 사회
    적 기술을 배운다.

  ― 꾸준히 나눔에 관심을 가지고 스스로 실천한다.

(2) 나눔의 의미 알기

아이들이 나눔의 의미를 이해할 수 있도록 하기 위한 수업을 대략 다음과 같이 구상했다.

① '어린이날' 하면 떠오르는 것 이야기하기

② 동영상 〈The Other Side Of The Coin〉을 보고 생각 나누기

③ 그림책 『내가 라면을 먹을 때』 함께 읽기

④ 모둠별로 정지 장면 만들기, 생각 나누기

⑤ 다시 '어린이날'에 대해 이야기하기

⑥ 나눔의 어린이날 프로젝트 학습 제안

어떻게 접근할 것인가 꽤 고민했는데 가장 평범한 방법을 선택했다. 바로 감정에 호소하는 것이었다. 세상의 이면을 잠깐 보는 것만으로도 아이들은 숙연해졌다. 수업 도중에 지나치게 침울해진 나머지 중간중간 활동을 일부러 좀 밝게 이끌어가기도 했다. 아이들이 그저 동정심이나 의무감만으로 나눔을 실천하는 것이 아니라 그 자체가 스스로에게 기쁨이 되어야 한다고 생각했기 때문이다.

(3) 후원자 찾기 준비 활동

아이들은 거북이 마라톤에 자신을 후원해줄 후원자를 찾아 후원 약속을 받기로 하였다. 일단 분위기를 조성하기 위해서 나눔의 어린이날과 거북이 마라톤을 홍보하기 위한 '알리는 것 만들기' 활동을 하였다. 아이들은 학급별로 포스터, UCC 등 원하는 방식으로 제작했다. 후원을 부탁드릴 분께 보여드릴 안내지도 정성껏 만들었다. 어른을 찾아뵐 때 어떻게 행동해야 할지도 함께 생각해보고, 모둠끼리 실제처럼 역할극을 하며 말하기 연습도 하였다. 친구 앞에서 짐짓 진지하게 말하다가도 이내 웃음보가 터지기 일쑤라서 교실에 즐거운 에너지가 가득했다.

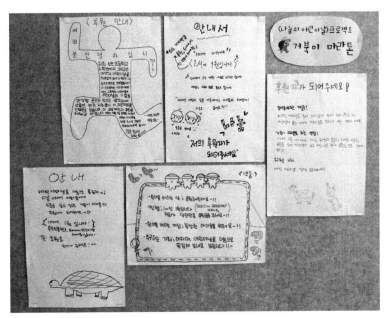

▲ 후원을 부탁드릴 분들께 전해드릴 안내지. 후원 약속을 받으러 갈 때 가져갔다.

(4) 후원 약속받기

이 단계에서 가장 고민된 점은 '애초 계획대로 지역사회의 참여를 성공적으로 이끌어낼 수 있을까?' 하는 것이었다. 우리 학교는 2011년 2학기에 신축 아파트 단지의 입주에 맞추어 개교한 학교이다. 나눔의 어린이날 프로젝트가 진행된 시기는 2012년 5월로, 입주가 시작된 지 채 1년이 되지 않은 시점이었다. 산자락에 세워진 3,000여 세대의 아파트 단지 안에 있는 학교이고, 아직 상점이 그리 많은 편이 아니었다. 슈퍼마켓 하나, 떡볶이집 하나, 약국 하나, 제과점 하나, …… 이런 식으로 학구와 그 인근에 상점 수를 열 손가락으로 다 꼽을 정도였다.

결국 아이들은 주로 가족을 비롯한 친근한 어른들, 예를 들어 친척, 이웃 어른, 선생님으로부터 후원을 받았다. 일부는 평소 친분이 두텁던 약국 아주머니, 식당 아저씨, 태권도 사범님, 인근 종합병원에 근무하시는 분으로부터 후원을 받아오기도 하였다. 개인 및 모둠 단위로 후원을 받았으며 후원자를 찾는 일은 약 열흘에 걸쳐 신중하게 이루어졌다. 걱정스러운 부분도 있었지만 이렇게 다양한 후원자를 찾는 활동이 원활하게 이루어진다면 주변에 나눔과 기부 문화를 한층 확산시킬 수 있는 계기가 될 수도 있을 것이라는 생각이 들었다.

아이들은 가족을 비롯한 지인들에게는 각자 후원을 받았지만, 선생님들께는 모둠 단위로 후원을 받았다. 반별로 후원하는 선생님이 겹치지 않도록 미리 정한 뒤 교내 메신저를 통해 전체 선생님들께 설명을 드렸다. 그리고 다른 학년 선생님들도 적극적인 도움을 주셨다. 아이들이 오기를 늦게까지 기다리시던 선생님, 찾아간 아이들에게 아낌없는 칭찬으로 뿌듯함을 주신 많은 선생님들은 아이들뿐만 아니라 6학년 교사들에게도 큰 응원이 되었다.

(5) 후원금을 기부할 사회단체 정하기

모아진 후원금을 어떻게 처리할 것인가 하는 것도 중요한 문제였다. 금전이 관련된 문제이기 때문에 각별히 조심스럽기도 했다. 일단 아이들이 모둠별로 나눔의 어린이날 프로젝트의 취지에 부합하는 사회단체를 조사하기로 하였다. 그리고 학급 다모임을 통해 각자 조사한 단체에 대하여 발표를 하였다. 이 과정에서 아이들은 사회단체에 대하여 좀 더 자세히 배웠고 단체마다 성격이 조금씩 다르다는 것도 알게 되었다.

최종적으로 많은 아이들이 관심을 가졌던 사회단체 세 개 정도를 선정하고 6학년 전체가 모이는 다모임 시간을 통하여 각 단체의 성격에 대하여 공유하였다. 이후 3일 정도 복도에 스티커판을 마련하여 원하는 곳에 스티커를 붙이는 형식으로 가장 많은 아이들이 원하는 하나의 사회단체를 정하였다. 스스로 선택한 단체에 기부한다는 점에서 아이들은 한층 성취감을 느꼈다.

(6) 거북이 마라톤 준비

1) 아이들의 준비 — 반 티셔츠, 후원자 홍보 로고 만들기

반별로 자기 반의 도안을 정한 뒤, 공판화로 티셔츠에 도안을 찍어냈다. 다른 행사 때도 입을 수 있도록 섬유 전용 물감을 사용했다. 공판은 OHP 필름에 만드는 것이 깔끔하게 잘 찍힌다. 찍어낼 도안이 모두 같기 때문에 판화의 묘미를 살려 하나의 판으로 모든 아이들이 돌아가며 찍어도 좋고, 아이들 각자 판을 만들어 찍어도 좋다.

▲ 학급을 나타내는 티셔츠를 만들기 위한 공판화 도안하는 아이들. OHP 필름이 깔끔하기는 하지만 환경을 생각하는 마음에 굳이 종이로 제작했다.

▲ 판화 수업 시간에 학급 로고를 새겨 만든 반 티셔츠

▲ 자신을 후원해주신 분들께 고마운 마음을 전하기 위해 만든 선전물

　아이들은 거북이 마라톤을 후원해주는 분들에게 고마움을 나타내는 선전물을 만들었다. 마침 학교 자료실에 남는 광목천이 있어서 1인당 B4 용지 크기 정도의 광목천에 크레파스로 쓱쓱 그렸다. 마라톤 당일에는 옷핀으로 등 쪽에 부착하였다.

2) 교사들의 준비 ― 마라톤 코스 답사, 학부모님들께 재능 기부 요청

　마라톤 코스를 반드시 사전에 답사해야 한다. 학교 바로 옆에 야트막한 산이 있는 점을 활용해서 가벼운 산행을 포함한 5km를 거북이 마라톤 코스로 정하고 답사를 하였다. 거리를 측정할 수 있는 스마트폰 어플리케이션을 활용하여 1km씩 구간을 나누어 포인트를 정하고, 산속에서 헷갈리기 쉬운 길들을 체크했다. 그 후 재능 기부 학부모님과 함께 한 번 더 답사를 하였고, 마라톤 전날 오후에는 아이들이 보고 따라갈 리본을 묶어두고 왔다. 힘들었지만 산길이 포함되어 있었기에 답사를 소홀히 할 수가 없었다.

이와 함께 행사 당일 필요한 것들도 챙겼다. 거리 확인을 받는 용도의 A4 용지를 접어 만든 미니북(구멍 뚫어 목에 걸 수 있도록 만든다), 간단한 그림 지도, 각 지점에서 나눠줄 확인용 붙임딱지, 완주증, 후원금 모금함, 학교에 돌아와서 오후에 볼 영상 자료 등을 준비하였다.

그리고 학부모님들께 편지를 보내 정해진 지점에서 거리를 확인해 주고 기념사진을 찍는 일, 혼란을 줄 수 있는 길목에 서서 안내하는 일을 담당해 주시길 부탁드렸다. 거북이 마라톤을 5월 1

▲ 고마운 마음이 담긴 후원자 선전물을 등에 달고 걷는 아이들의 뒷모습에서도 즐거움과 에너지가 느껴진다.

▲ 아이들이 목에 걸고 있는 것은 거리 확인을 받기   ▲ 교실 한편에 붙여두고 후원받은 현황을
　　위한 미니북이다.　　　　　　　　　　　　　　　　　스스로 적도록 하였던 현황판과 받은
　　　　　　　　　　　　　　　　　　　　　　　　　　　후원금을 모았던 모금함

일 노동절로 계획했기에 일하시는 어머님, 그리고 평소 학교 행사
에 참여하기 멋쩍어 하시던 아버님 등 열일곱 분이 흔쾌히 자원봉
사로 참여하시어 진행을 도와주었다.

(7) 서로를 격려하며 거북이 마라톤 완주

　5월 1일, 아이들은 손수 도안을 찍어낸 반티를 입고 등에는 후
원자를 홍보하는 홍보물을 달고 산을 내달렸다(원래 계획은 '걷는
것'이었는데 말이다). 5km가 버겁지는 않을까 생각했는데, 아이
들은 동시에 출발한 담임 선생님을 금세 앞질러 달렸고, 내 모든
생각이 기우였음을 온몸으로 보여주었다. 모둠별로 후원을 받았
기 때문에 낙오 없이 모둠원 모두가 완주해야 성공하는 것이라고

사전에 이야기했는데, 그 때문인지 아이들은 지칠 때마다 서로 격려했고, 그 모습이 참 예뻤다.

학교에서 오전 9시 30분에 준비 체조를 하고 출발하여 5km 코스를 모두 돌아 학교에 도착한 시간이 마지막 팀 기준 11시 30분경이었다. 점심을 먹고 오후 시간에는 각 교실에서 소감 나누기, EBS의 〈글로벌 프로젝트 나눔〉 시청 등으로 활동을 진행하였다.

▲ 남다른 어린이날을 보내는 아이들의 얼굴에 웃음이 가득하다.

▲ 숲이 포함된 코스에서도 지치지 않고 씩씩하다.

(8) 정리 활동

거리 확인증과 완주증을 들고 후원자를 찾아가 약속한 후원금을 받는 데는 2~3일의 시간 여유를 두었다. 그리고 후원금을 받을 때에는 가능하면 인증 사진을 찍어서 후원해주신 분께 선물하도록 하였다. 이렇게 모은 후원금은 반별 모금함에 모은 뒤 6학년 전체가 모이

▲ 사회단체에 기부금을 전달하고 나서 인증 샷

는 학년 다모임 시간에 사회단체에 전달하였다. 기부 받은 단체에서는 아이들 한 명 한 명에게 감사장을 준비해 나눔의 경험을 오래 간직할 수 있도록 도와주었다. 이후 간단한 자기평가의 시간을 갖고 나눔의 어린이날 프로젝트는 그 막을 내렸다.

(9) 프로젝트를 마무리하며

'잘될까?' 반신반의하며 시작한 활동이었지만 아이들은 기대 이상으로 달라졌다. 아이들은 꼭 경제적 여력이 있어야만 나눔을 실천할 수 있는 것은 아니라는 것, 그리고 우리가 함께 나눌 수 있는 것은 생각보다 훨씬 다양하다는 것을 몸소 체험하였다. 뿐만 아니라 주변 어른들에게도 기부와 후원 문화에 관심을 갖게 도울 수 있었다. 마지막 어린이날을 나눔으로 채웠던 뜻 깊은 경험을 통해 우리 아이들은 또 하나의 작은 씨앗이 되었다.

거북이 마라톤을 마치고 아이들이 나눈 소감

"어려운 어린이들을 생각하며 뛰니까 뿌듯했고 완주도 빨리 했다!"
"지구 어딘가에서 굶고 있을 아이들에게 보탬이 되어 뿌듯하고, 다들 건강해졌으면 좋겠다."
"5000m가 멀 줄 알았는데 나눔을 생각하고 뛰니 매우 가까웠다."
"꼭 돈이 아니라도 우리의 재능을 기부할 수 있어서 좋았다."
"어린이날에 나 혼자 기뻐하지 않고 다른 아이들과 함께 행복을 나눌 수 있어 좋았다."

나눔의 어린이날 프로젝트를 마치며 - 소감문

...... 나는 이번 프로젝트를 통해 좀 더 '나눔'이라는 단어와 친해진 것 같다. 선생님이 읽어주시는 동화책의 내용을 들으며 처음에는 그저 불쌍하다는 생각뿐이었지만 나중에는 미안한 느낌이 들면서 뭔가 희한한 감정이 생겼다. 어느 순간, 내가 왜 그 아이들을 도와줘야 되는지에 대해 머리를 굴리다가 놀랐다. 나는 너무 이기적이었다. 전혀 남을 생각하는 마음이 없었다. 그 동안 너무 매정하고 못됐었다. 겉으로만 공부 잘 하고, 좋은 모습을 보이는 것보다 내면에 있는 소중한 무언가를 밟아버리지 않는 것이 더 중요하다는 것을 알게 되었다. 이번 프로젝트를 통

해 생소했던 '나눔'이라는 단어를 건져낸 것 같다. 그렇게 거북이 마라톤을 하고 받은 완주증은 나에게는 사람의 마음을 가지고 있다는 증표와 같았다. ……

2. 6학년 수학여행 프로젝트, "우리 어디가?"

(1) 의미 있는 수학여행을 위한 의문

명승지 탐방과 고적 답사만으로도 훌륭한 수학여행이 될 수 있다는 것은 틀림없다. 하지만 아이들이 책에서만 보던 것을 두 눈으로 직접 확인하기 위하여 수학여행을 떠나는 것은 아닐 것이다. 사실 수학여행이라고 하면 아이들은 대부분 수학(修學)은 쏙뺀다. 그것보다는 친구들과 재미있는 활동을 하면서 함께 시간을 보내고 싶다는 생각을 제일 먼저 할 것이다. 집과 학교에서 멀리 떠나서 말이다.

"지난 수학여행에서 뭐가 제일 기억나요?"

"밤에 친구들이랑 얘기하고 놀고, 같이 잔거요!"

이렇게 대답하지 않을 아이들이 얼마나 있을까? 나중에 6학년 생활을 떠올릴 때 가장 먼저 떠오를 추억도 바로 그 순간이 아닐까? 그럼 역시 여행이라면, 우리 아이들이 친구들과 같이하는 첫

여행이라면, 뭔가 더 자유롭고 친구들과 함께할 수 있는 시간이 많은 편안한 여행이면 좋지 않을까?

그러나 안타깝게도 우리가 흔히 하는 수학여행은 언제나 정해진 시간에 쫓기고, 보통은 차를 타고 내리며 잠이 들었다 깨기를 반복하는 잠자는 시간의 연속이다. 200명 넘는 아이들이 한꺼번에 이동하려고 빨리빨리 움직여야 하는 것도 여행의 재미를 떨어뜨리는 단점이 된다. 선생님은 아이들을 닭 풀어 놓듯 차에서 내려놓고 제 시간에 맞춰 돌아오길 기다리며 그동안은 자유라고 해방시켜 준다. 설마 그런 자유를 아이들이 원하는 것은 아닐 것이다.

"저녁에 아무것도 안 해요?"

"밤에 일찍 자야 해요? 아침에는 몇 시에 일어나요?"

"2박 3일은 짧지 않나요?"

아이들이 원하는 건 역시 아이들의 물음 속에 숨어있는 듯하다. 자기들끼리 놀 수 있는 시간을 최대한 확보하기 위해 공부할 때는 묻지 않던 아이들도 눈을 반짝이며 질문을 한다. 자, 그렇다면 정해진 것을 다 만들어서 주는 그런 수학여행에서 벗어나, 아이들이 원하는 자유를 조금이나마 인정해주며 무언가 배움이 있는 수학여행이 되게 하려면 어떤 준비를 하고 어떤 과정을 거쳐야 좋을까?

(2) 공정 여행

'공정 여행'은 도덕 단원 '8. 공정한 생활 - 공정의 의미와 중요성을 알고 공정하게 생활하려는 마음 다지기' 활동, 사회 단원 '3. 환경을 생각하는 국토 가꾸기 - 자연과 더불어 사는 인간'과 관련된 주제이다.

우리 6학년 교사들은 먼저 아이들이 수학여행지를 선정할 수 있게 하였다. 다만 그 전에 여행지 지역 주민들도 혜택을 받을 수 있는 여행일 것, 그리고 여행지의 견학 장소, 활동 내용, 대략적인 경비를 직접 조사한다는 조건을 달았다. 그래서 우선 어떤 여행이 좋은 여행인지 알아보기 위해 전문 강사를 초빙하여 공정 여행에 대한 이야기를 들었다. 학년 전체가 모여 강의를 듣게 되면 집중력이 크게 떨어지는 것이 보통이다. 하지만 여행을 앞두고 있는 아이들에게는 자신들과 직접적인 관계가 있는 것이기에 실제로 와 닿았던 것 같다. 에베레스트 산 등정을 보조하는 포터의 삶, 말이나 코끼리를 타보는 활동, 쓰레기가 남겨진 여행의 뒷모습 등등의 사진을 보면서 저마다 한마디씩 거들었다.

"저렇게 많은 짐을 메고 가다간 깔려 죽겠어요."

"아기 코끼리를 엄마랑 떨어뜨려 놓고 가두어 키우다니 너무해요. 때리기까지 하고."

"어휴! 저 높은 산에다 쓰레기만 잔뜩 묻고 간 사람들은 뭐예요?"

단 몇 장의 사진과 영상을 통해 자연과 동물을 보호하고 인간의 권리가 무엇인지 적극적으로 생각해볼 수 있게 한 원동력은 역시 우리의 여행에도 그런 문제가 발생할 수 있을 것이라는 생각 때문일 것이다.

이러한 문제의식을 실제 여행 계획에도 반영하도록 아이들을 지도했다. 어떻게 하면 공정한 여행이 될 수 있을지 아이들에게 원칙을 제시해 주고 여행의 목적을 분명히 할 것을 당부하였다. 첫째, 우리가 방문한 지역에 사는 사람들이 직접적인 이익을 얻을 수 있도록 여행 경비를 지출할 것, 둘째, 자연과 환경에 미치는 영향을 최소화하여 환경 보존 활동이 될 수 있도록 여행을 기획할 것, 마지막으로 지역민이 관광에 주체적으로 참여하게 하여 특색 있는 지역 문화에 좀 더 가까이 다가갈 수 있는 여행을 기획하는 것이었다.

(3) 여행지 조사 및 발표

'여행지 조사 및 발표'는 사회 단원 '1. 우리 국토의 모습과 생활 - 지형과 우리 생활 및 우리나라의 산업과 교통', 실과 단원 '4. 인터넷과 정보 - 인터넷을 이용해 필요한 정보를 찾아내고 발표자료 만들기', 국어 단원 '듣말쓰 2. 정보와 이해 - 조사한 내용을 분류하여 요약하기', 국어 단원 '듣말쓰 4. 나누는 즐거움 - 공식적인 상황에서 인사말 및 소개하기', 도덕 단원 '2. 책임을 다하는 삶 - 모둠활동을 통한 책임감 형성'과 관련된 주제이다.

아이들이 각자 여행지를 선정하여 계획을 세우는 동안 평소 수업에선 볼 수 없었던 많은 질문과 대답이 쏟아져 나왔다.

"그건 공정 여행이 아니잖아요!"

"선생님, 해외여행은 안 되나요?"

"생각보다 경비가 너무 많이 들어요."

"4박 5일도 되는 거죠?"

"숙박은 어디서 해요?"

"밥은 어디서 먹어요? 해 먹어도 돼요?"

"전철 타고 가도 돼요?"

한참 소란을 떨다가 여행지가 몇 개로 간추려진 후에는 가고 싶은 여행지별로 자연스럽게 팀이 만들어졌다. 평소 끼리끼리 몰려다니던 아이들은 서로 떨어져 나간 배신의 아픔을 느끼기도 했지만, 그것보다 가고 싶은 곳은 분명 달랐던 것임을 각자 깨달았으리라. 아무튼 공정 여행에 대해 생각해본 아이들은 대형 리조트를 이용하거나 동물 쇼를 보는 활동 등에는 신중하게 접근했다.

여행지별로 각각 팀에 소속된 아이들은 여러 가지 궁금증과 돌발적으로 튀어나오는 문제에 부딪혀 스스로 생각해 보고, 해결이 잘 안 되면 팀원들 집을 돌아다니며 함께 상의하고 계획을 세워 나갔다. 이런 모습이야말로 과제를 해결해 나가는 가장 의미 있는 부분이 아닐까? 하지만 아이들은 교통이라든지 경비 부분을 너무 상세하게 조사하느라 많은 시간을 허비해 버렸다. 이 부분은 좀 더 면밀한 가이드라인이 필요하다는 생각이 들게 했다.

조사한 내용을 프레젠테이션으로 만드는 부분은 별도의 지도가 필요하다. 글씨나 그림을 크게 하여 알기 쉽고 단순하게 표현하는 것이나, 발표와 자료 제작 등을 위한 역할을 분명하게 제시해 주어야 한다. 조사한 내용이 많기 때문에 그것을 요약하여 설득력 있게 말하는 요령도 국어과와 관련하여 꼭 학습해야 하는 부분이다. 참고로 구글 문서도구를 활용한 협업도 유용한 방법이다.

"저희가 선정한 수학여행지는 바로 한탄강 캠핑장입니다. 신나게 뛰어놀 수 있는 운동장이 아주 크고 넓고, 주변 경치가 정말 끝내줍니다. 무엇보다 가격이 아주 싸요."

"얼만데요?"

"2박 3일에 4만 5천 원 정도면 수학여행을 갈 수 있습니다."

"우와!"

제주도 여행 30만 원이나 팀별로 각자 조사한 경비와는 비교조

▲ 학급에서 여행지에 대해 조사한 내용을 발표하는 모습

▲ 학급에서 선정된 수행여행지를 6학년 학생들 전체 앞에서 발표하는 모습

차 할 수 없을 만큼 싼 가격이었기에 아이들의 입에서는 탄성이 절로 나왔다. 그렇게 질문하고 답변하는 모습이 판촉 사원 같은 아이도 있었고, 연구 논문을 발표하는 듯한 아이도 있었다. 각 팀 발표가 끝날 때마다 아이들의 고민도 차츰 깊어졌다. 결국에는,

"선생님, 저기 다 가면 안 돼요?"

이렇게 솔직하게 심정을 토로하는 아이들도 적지 않았다. 참고로 우리 반 아이들은 뛰어난 말솜씨에 설득을 당하여 가격이 제일 저렴한 캠핑장을 1등으로 뽑았다.

이렇게 각 학급에서 한 군데를 뽑아 반별 대표 여행지를 선정했다. 그리고 반별 대표 여행지로 선정된 팀은 다시 6학년 전체 학생들이 모인 곳에서 발표했다. 학생들은 듣기도 하고 질문도 하

면서 꼼꼼히 여행지에 대한 정보를 체크하고 투표지에 기록했다. 모두가 자기 반의 대표 여행지만 고집할 것 같았지만 실제 결과는 큰 차이를 보였다. 이는 아이들 나름대로 이성적인 판단 능력이 있음을 보여주었다고 생각한다. 그렇게 선정된 곳은 강원도 일대를 가로지르는 경로였다.

(4) 저금통 제작과 되살림 장터

'저금통 제작과 되살림 장터'는 사회 단원 '2. 경제생활', 실과 단원 '2. 생활자원과 소비 - 생활시간과 용돈의 활용', 미술 단원 - '생활용품 만들기'와 관련된 주제이다.

아이들은 미술과 실과 활동을 통해 풍선에 신문지 조각을 붙인 후 지점토를 붙여가며 어렵게 저금통을 만들고 꾸미기까지 했다. 잘 붙지 않는 지점토 때문에 약간의 고생은 했지만 이러한 활동의 목표는 분명했다. 수학여행 경비를 한 번에 지출해야 하는 부모님의 부담을 덜고 평소에 용돈을 아껴 쓰는 실제적인 활동으로 이보다 더 좋은 것은 없을 것이다. 마지막으로 맞이한 어린이날과 생일에 받은 용돈을 차곡차곡 저금하며 뿌듯해하는 이 아이들이 정말 6학년 학생인가 하는 생각이 들기도 하였다. 또한 여행 경비를 위한 되살림 장터 역시 교육에 있어서는 분명한 목적과 관점이 얼마나 중요한지 다시금 깨닫게 하였다. 되살림 장터는 바자회와 같은 것이어서, 쓸 만한 물건을 준비한 후 그것을 팔아 돈을 벌어

▲ 집에서 안 입는 어린이옷을 되살림 장터에 가져와 옷걸이에 가지런히 정리한 옷을 사도록
권유하는 모습

보는 활동이므로 이에 대해서는 많은 얘기를 하지 않아도 될 것이
다.

"자, 떨이요 떨이. 세 개 한꺼번에 천원에 드려요!"

수줍게 앉아만 있어서 잘 안 팔리던 물건이 장난기 많은 남자
아이들에게 주어지기만 하면 순식간에 다 팔려나가는 모습을 보
고 정말 용하다는 생각을 지울 수가 없었다.

(5) 티셔츠 로고 공모전

'티셔츠 로고 공모전'은 미술 단원 '7. 시각 문화 환경과 우리'와
관련된 주제이다.

반별 단합과 친밀감 형성을 위하여 반별 티셔츠를 제작하자는 의견에 따라 우리는 티셔츠에 들어갈 로고를 공모하기로 하였다. 여행지 선정과 같은 방법으로 자율적인 미술 활동을 통해 제일 선호도가 높은 작품을 하나를 선정하고 그것을 복도에 비치하여 6학년 전체 학생들이 스티커를 붙이는 방식으로 진행했다. 결과는 조금 의외였는데, 단순하고 어린아이가 그린 것 같은 작품이 당선되었다. 참 어떤 때는 어른들처럼 세련된 것 같다가도 어떤 때는 너무 단순한 양면적인 모습을 보이는 것이 6학년 학생들의 특징이 아닐까 생각이 들었다. 좀 더 세밀한 부분은 미적 감각이 좋은 옆 반 선생님이 깔끔하게 다듬어 주는 것으로 티셔츠 로고 작품을 완성하였다. 물론 티셔츠를 예쁘게 반별로 맞춰 입은 것은 두 말할 것도 없다.

(6) 80명이 함께한 사전 답사

우리학교 6학년 학생들 전체가 모여서 뽑은 가장 가고 싶은 수학여행지는 강원도 일대였다. 이제 문제는 강원도가 체험활동 및 견학할 수 있는 장소가 생각보다 많다는 점이었다. 그러나 우리 교사들도 아이들과 마찬가지로 시간에 쫓기는 수학여행은 원하지 않았다. 강원도까지 가는 데도 많은 시간이 걸리기 때문에 될 수 있으면 차를 타는 시간을 줄여야 할 필요가 있었다. 그렇다면 체험활동 및 견학 장소가 숙박지에서 가까워야 했다. 그런 곳을 찾으려 했지만 기존 수학여행 코스들 가운데는 그런 곳을 찾을 수 없었다. 우리는 강원도 수학여행지를 잘 알고 있는 전문가의 도움이 필요했다. 그래서 공정 여행 강의를 했던 전문가와 함께 논의를 하게 되었고, 마침 얼마 전에 개방한 평창군 백룡동굴 및 인근 마을에 대해 알게 되었다.

우리는 답사를 떠났다. 사실 이때도 아이들과 같이 가서 이것저것 보면서 선택할 수 있었다면 좋았겠지만 아무래도 답사는 교사와 학부모가 해야 할 일일 것이다. 그리고 여행지를 조사하고 발표할 때 아이들이 원하는 강원도 수학여행을 통해 교육과정에서 요구하는 체험활동의 절반 정도를 채운 것에 의미를 부여할 수 있을 것이다.

제일 먼저 해결해야 할 부분은 숙박 장소였다. 우리는 6학년이 7개 학급이다. 따라서 150명이나 되는 아이들을 반별, 성별로 구분하여 방을 배정하려면 12인실 14개가 필요했다. 이런 곳은 리조트나 대형 콘도, 수학여행 전문 숙박업소밖에 없다. 하지만 콘도나 리조트는 평소에 생활하던 곳과 별 차이가 없다. 네모난 방이 꽉 들어찬 닭장 같은 답답한 건물 말이다.

그래서 우리는 6학년 전체가 함께 같은 곳으로 수학여행을 가는 것이 아니라 나뉘어서 따로따로 가는 것에 동의했다. 여기서 전세 버스 비용 문제와 식사비 문제, 인솔 문제 등등을 해결하기 위한 방법으로 버스의 수용 인원에 맞추어 나누는 것으로 기준을 정하였다. 그래서 우리는 최대 80명이 떠나는 수학여행을 계획하였다. 80여 명은 보통 세 개 반, 운 좋은 학교는 네 개 반에 해당하는 숫자이고 버스 2대만 이용하면 된다. 이런 형태는 최근까지 꾸준히 추진되어온 소규모 수학여행과 일치한다.

　우리는 대형 리조트를 벗어나 펜션 형태는 어떤가 알아보기 시작했다. 펜션의 최대 수용 인원이 대략 90명인 곳이 몇몇 있었다. 하지만 문제는 12인실 8개를 만들 수 있는 곳이 그리 많지 않다는 점이었다. 보통의 펜션이 가족 단위를 기본으로 하기 때문이다. 수업을 마치고 답사를 떠나온 터라 미리 사진으로만 보고 예약한 곳은 밤이 되어서야 도착했다. 다음날 아침, 우리가 묵은 곳이 30명이 한곳을 사용해야 하는 숙박 시설인 것을 알고는 난감한 상황에 빠졌다. 여러 반 아이들을 한곳에 지내게 하는 것은 바람직하지 않다. 다른 대책을 세워야했다. 하지만 급한 대로 백룡동굴 답사를 먼저 떠나기로 했다.

　숙박 장소에서 차로 10분, 높이 솟은 산들과 절벽 아래로 구불구불 흘러가는 동강의 풍경은 정말이지 수묵화 같은 아름다움을 간직하고 있었다. 아이들이 다른 곳에 있다는 느낌을 받기엔 충분했다. 더더욱 잘된 것은 뒷산 중턱에 호두나무를 끼고 자리 잡은, 우리가 원했던 숙박 장소를 찾게 된 것이었다.

　다음 문제는 식사 장소였다. 사실 펜션 형태에서는 80명 분의 음식을 준비할 식당을 갖추고 있는 곳은 거의 없다. 고민을 했다. 전날 머물렀던 숙박 장소에는 40명 정도의 단체 손님을 위해 마을 사람들이 운영하는 음식점이 있었다. 밥을 먹기 위해 10분씩 차를 타고 이동하면 괜찮을까? 후에 결정한 일이지만 우리는 그렇게 하기로 했다. 아무튼 숙박과 식사 문제는 소규모 여행을 떠날 때 고려해야 할 첫 번째 문제라는 것이 분명하다. 그리고 아마도 우리나라 지역들의 실정상 숙박과 식사 인원의 최대치는 80명이 한계일 것이다. 그것은 버스 탑승 인원과도 맞아 떨어진다.

(7) 수학여행 — 강원도를 가로지르다

'수학여행 - 강원도를 가로지르다'는 사회 단원 '3. 환경을 생각하는 국토 가꾸기 - 자연과 더불어 사는 인간 / 환경 문제의 해결을 위한 노력', 미술 단원 '1. 아름다운 자연환경', 체육 단원 '5. 여가 활동 - 신나는 캠핑, 거센 물살을 가르며', 도덕 단원 '3. 우리 함께 지켜요 - 법과 규칙을 잘 지키려는 마음 기르기', '4. 서로 배려하고 봉사하며 - 배려와 봉사하는 생활의 중요성을 알고 생활 속에서 실천하기', '7. 다양한 문화 행복한 세상 - 다른 문화에 대한 편견을 극복하고 다양한 문화가 공존하며 발전하는 사회를 만들기 위해 노력하기'와 관련된 주제이다.

1) 첫째 날 – 봉평 5일장(정선 5일장)[1]

제일 처음에 차에서 내린 곳은 봉평 5일장이었다. 책에서만 보던 5일장을 실제로 체험하는 것이다. 장에 도착하자마자 우리가 한 것은 시장 한편에 마련된 널따란 공연 마당을 찾아가는 것이었다. 음악 시간에 갈고 닦은 리코더 연주로 이곳에서 플래시몹 공연을 하

1. 신은초 6학년은 몇년간 정선 5일장과 봉평 5일장을 번갈아 가면서 다녀왔다.

▲ 정선 5일장에서 펼쳐진 깜짝 플래시몹

기로 학급 다모임에서 결정했기 때문이다. 미리 시장 측에 연락을
드렸더니 장소와 음향 시설을 사용할 수 있도록 준비해 주셨다.

"아, 너무 떨려."

"학교에서 한 것처럼 하면 되지 뭐."

"선생님, 그냥 안 하면 안 돼요?"

아이들은 가슴이 두근두근한 모양이었다. 그런 아이들의 마음
에는 아랑곳없이 이내 반주 음악이 흘러나오기 시작하고 미리 연
습한 대로 몇 명씩 객석에 앉아 있다가 슬그머니 리코더를 꺼내
들고 무대로 나섰다. 낮 시간 장터를 찾은 분들은 대부분 연세가
많으신 어르신들이었는데 이런 연주는 처음 보는 것이라 몹시 신

▲ 봉평 5일장에서 타자기를 처음 보는 아이들

기해하셨다. 심지어 연주가 끝난 뒤에는 많은 분들께서 앙코르를
외치셨다. 이것은 갑작스레 나타나 연주하고 사라지는 것이 묘미
인 플래시몹이었는데 말이다. 결국 그날 아이들은 어르신들의 성
원을 저버리지 못하고 '앙코르 플래시몹'을 하였다.

이제부터는 1시간 동안 구경을 다니면서 점심도 해결하는 것이
과제였다. 아이들에게 인기가 있었던 곳은 골동품을 파는 노점과
뻥튀기 장수가 직접 뻥튀기하는 모습을 볼 수 있는 곳이었다. 한
아이가 희한하게 생긴 키보드를 보며 두들겨 본다. 벌써 골동품
으로 전락한 타자기였다.

"이거 컴퓨터 자판인가요?"

"이거 가위가 안 들것 같아."

▲ 이효석 생가 근처에서의 기념사진

"그거 엿 파는 사람들이 쓰는 가위인데……."

"이 전화기 우리 집에도 있어! 손가락 집어넣고 돌리는 거야."

"이거 팝콘이라고 불러요? 뻥튀기한 거?"

5일장을 둘러보고 잠시 앨범 촬영을 위하여 맞은 편 이효석 생가를 탐방하였다. 메밀꽃이 하얗게 피어있는 배경을 뒤로 노란 해바라기가 마치 인공으로 만든 꽃 같아 보였다. 나중에 아이들이 〈메밀꽃 필 무렵〉이라는 글을 읽게 되면 기억이 날까?

첫째 날의 마지막 활동은 레일바이크 체험활동이었다. 힘든 것을 이겨내면서 협동심을 키우기 좋은 활동이었지만 배려와 규칙에 대해서 생각해볼 문제를 던져주었다.

"재미는 있었지만 앞에서 자꾸 멈춰 서서 짜증 났어요."

▲ 칠족령에서 강을 내려다보며 경치를 감상하는 아이들

"어떤 아이가 뛰어내려서 돌아다니는 바람에 깜짝 놀랐어요."

2) 둘째 날 ─ 동강을 따라 칠족령을 넘어

아침에 느긋하게 일어난 우리는 아침 식사를 맛있게 하고 나서 칠족령 등반을 시작했다. 마을의 주민들이 직접 일일 교사로 나와서 아이들을 이끌고 다니며 주변 생태와 칠족령에 대해서 이런 저런 이야기를 들려주셨다. 힘들게 올라간 정상에서 내려다보는 동강은 또 다른 느낌을 주었다. 하지만 너무 약하게 아이들을 키운 것일까? 불평이 쏟아져 나왔다.

"고작 이거 보려고 여기 올라온 거예요? 어휴."

▲ 족대를 이용해 샛강 물고기를 잡는 아이들

"너무 힘들어요. 어떻게 또 내려가요?"

여기까지 올라온 너희들이 대단하고 자랑스럽다며 달래는 것이 내려올 때의 큰 일이 되었지만, 훗날 이런 산을 오른 것만큼은 잊히지 않으리라 생각이 들었다. 그리고 그중에 기특한 아이들도 꼭 있는 법이다.

"여기까지 올라와서 보니까, 우리나라에 이렇게 멋진 곳이 있다는 게 신기해요."

다음 활동은 샛강의 물고기를 잡아보고 관찰하는 것과 백룡동굴 탐사하는 것이었다. 과학 시간에나 배우는 강 속 물고기를 직접 잡아 관찰하는 것은 생각보다 쉽지 않은 것이었음에도 아이들은 힘을 모아 족대로 물고기 잡는 법도 배우고, 동굴에 들어가 석

▲ 오대산 생태 탐방. 아이들이 해설사의 설명에 귀를 기울이고 있다.

회암이나 종유석 등을 실제로 보며, 책으로는 배울 수 없는 값진 경험을 할 수 있었다.

3) 셋째 날 − 오대산 국립공원 탐방

마지막 날은 오대산 국립공원을 탐방하는 것으로 수학여행 일정을 마치게 되었다. 수학여행의 저녁 시간은 아이들이 마음껏 놀면서 얘기할 수 있는 자유 시간으로 사용하였다. 반 전체 아이들이 담임 선생님과 함께 둥그렇게 둘러앉아, 레크리에이션을 하거나 야간 담력 훈련을 한 반도 있었다. 이런 활동들은 수학여행을 떠나기 전에 반별로 아이들이 계획한 것이기 때문에 역시 각 반의 자유로운 선택이었다는 것을 참고하면 될 것 같다.

3. 세계 문화 박람회

세계.

누군가는 지난 추억 속의 세계 여행을, 누군가는 세계 어느 곳에 있을 미래의 나의 모습을, 누군가는 세계 속에서 벌어지는 각종 문제들을 떠올리며 그에 걸맞은 근사한 표정을 지을 것이다. 가슴을 벅차오르게 하고, 꿈을 찾아 도전하고 싶은 마음이 들게 하며, 넓은 시야를 가져야겠다는 다짐을 하게 만드는, 저 매력적인 두 글자는 실제로 교과서 속에서는 그렇게 매력적이지만은 않다.

6학년을 맡을 때마다 '세계'라는 주제는 늘 고민거리 중의 하나였다. 가르치고자 하는 깊이와 범위를 정하는 것이 가장 먼저 드는 고민이요(욕심을 부리면 한도 끝도 없고, 마음을 비우면 너무나 소박해져 성에 차지 않는 것이다), 학생의 역할이 그 두 번째 고민이다(자발적인 배움이 일어나기 위해서는 학생들에게 어떤 역할을 주어야 하는가).

'아아, 그러나 몹시 다행스럽게도 훌륭한 동료 교사들이 많으며 교육과정 인계가 잘되는 분위기 속의, 나는야 혁신학교 교사.'

나와 같이 '세계'에 대해 더 잘 가르치고 싶고, 학생들과 즐겁게 학습하기를 고민하시는 선생님들께 우리 학교 선생님들께서 3년간 축적해 놓은 보물 같은 이야기를 건네 드리고 싶다.

- 세계 문화 박람회 흐름

  ① (학생) 장기 과제 안내

     (교사) 팀티칭 일정 및 팀티칭 주제 정하기

  ② (학생) 장기 과제 완성

     (교사) 팀티칭

  ③ (학생) 학급 내 팀별 역할 분담 및 팀 과제 준비

     (교사) 학생 과제 해결 과정 수시 관찰 및 조언

  ④ 박람회장 꾸미기

  ⑤ 박람회 열기

- 어떤 배움이 일어날까?

  − 친구들과 함께하는 협력학습을 통해 발전하는 기회를 갖는다.

  − 조사학습을 통해 스스로 학습하는 습관을 기른다.

  − 박물관 학습을 통해 주도적인 의사 표현력을 키우며 다양한 연령층에게 직접 설명함으로써 상대방에 따라 사용하는 언어를 달리하여 효과적으로 표현할 수 있다.

  − 세계 여러 지역의 다양성을 편견 없이 받아들이는 개방적인 태도를 가진다.

  − 다양한 매체를 이용하여 조사한 내용을 효율적으로 표현할 수 있는 방법을 이해한다.

  − 각 국가에서 발생하는 다양한 분쟁 사례, 인권 문제, 환경 문제 등에 관심을 갖고 서로 이해하고 평화를 위해 노력하려는 자세를 지닌다.

(1) 팀티칭을 위한 소주제 나누기

2012 신은초 6학년 〈세계와 함께〉 프로젝트

※ 박람회 내용 구성 아이디어

박람회 사전 준비 - 티켓 발행, 안내장 제작, 광고/놀이 코너 운영/ 민속의 의상 - 가면, 인형 만들기, 민속의상 대여/공연 - 노래, 춤/ 영화 상영(아이들 준비과정 화면으로 보여주기)

1. 박람회 이름은?
   ─ 만국박람회

   세계어행**박람**회
   ─ 함께하는 세계 박람회
   ─ 신은월드페어(월드페스티발)
2. 가면, 인형 만들기-미술 시간
3. 티켓 발행, 안내장 제작, 광고-미술 시간
4. 박람회 내용 구성
   1) 각 나라 지도 및 국기
   2) 각 나라의 자연환경, 문화, 생활 모습에 대한 자료: 사진, 읽을거리, 실제 자료 활용(예: 전통 의상, 전통 음식, 사용하는 화폐, 전통 축제, 자연환경 사진, 우표나 엽서 등)-다문화 교육센터에 부탁
   3) 건축물 : 각 나라의 특징에 맞는 건축물의 모형 만들기(예: 유럽의 풍차, 아시아의 이슬람 사원)
   4) 체험코너 : 체험 학습을 할 수 있도록 유도(예: 나라별 인사나 춤, 간단한 말 배우기, 놀이코너, 이야기 들려주기)
      ─ 다문화 교육센터에 부탁
   5) 대륙에 해당하는 주요 나라와 관련된 기사거리(인터넷 뉴스 참조)
   6) 각 나라에 해당하는 위인: 사진 및 업적, 인물의 삶을 간략하게 소개
5. 전시물
   ─ 함께 준비해야 할 것(아시아 대륙을 대표할 만한 것-교실 앞, 뒤, 복도에 전시)
   ─ 개인, 모둠에서 준비해야 할 것(개인, 또는 2-3명이 나라별로 준비할 것)
   ─ 프로젝트 안내하고 다음주부터 2주간 음악, 미술, 재량, 사회 시간 집중 실시 여부
   ─ 다문화 교육센터와의 협의 사항에 따라 일부 내용 수정되겠지만 강의가 잡히면 2학기 예정되었던 국제이해교육 시간으로 일부 시간을 잡아볼 수 있음.
   ─ 방명록 작성(이름 쓰고 간단한 소감 등)

2012년 신은초 6학년 〈세계와 함께〉 프로젝트, 2012학년도에 프로젝트 학습 진행을 위한 사전 협의 자료

2학기에 접어들어 10월에 있을 신은혁신한마당을 앞두고 우리는 치열한 고민을 시작하였다. 학년 초에 이미 "신은혁신한마당에서는 '세계 문화 박람회'를 하자."고 계획을 하였지만, 구체적인 내용에 대해서는 이렇다할 진전이 없었기 때문이다. 다행히도, 2012학년도에 이미 고민하신 선생님들의 자료를 전수받아 두려움은 조금 사그라지게 되었다.

　구체적으로 고민하기 위해서 우리는 팀티칭을 할 대륙을 나누기로 하였다.

　"현재 7개 반인데, 대륙을 어떻게 나누죠?" 학년팀장님의 말씀에 쏟아지는 아이디어들.

　"아시아가 대륙은 하나이지만 두 부분으로 나누는 게 좋을 것 같아요."

　"극지방도 소중해요, 극지방에 대해서도 공부했으면 좋겠어요."

　"유럽도 두 부분으로 나누는 건 어떨까요?"

　"난, 해외에 다녀온 거라곤 유럽뿐이라서 유럽을 했으면 좋겠다."

　"선생님은 지금 스페인어 공부하시니까 남미 쪽이 좋겠네요!"

　"저는 작년에 만들어 둔 자료가 있어서 그 자료를 다시 썼으면 좋겠어요."

　개인이 평소에 관심 있던 분야와 사정을 고려하여 대화와 제비뽑기를 통해 정리된 내용은 다음과 같다.

담임	6-해오름	6-물오름	6-잎새	6-푸른	6-누리	6-열매	6-하늘
대륙	북아메리카 오세아니아 극지방	동아시아 중앙아시아	서아시아 남아시아	남아메리카	아프리카	동유럽 북유럽	서유럽 남유럽

　　당일 행사 일정은 총 6교시로 구성하였다. 보다 많은 사람에게 자신이 조사한 내용을 발표할 수 있는 시간을 최대한 확보하고, 다른 반 친구들은 어떻게 했는지 관람하는 시간도 가질 수 있도록 아래와 같이 계획하였다.

시간	내용
1블록	•식장 꾸미기 및 재료 준비하기(40분) •다른 학년에 공개
중간놀이	•다른 학년에 공개
2블록	•다른 학년에 공개
점심시간	•휴식
3블록	•우리 학년에 공개(40분) •정리 및 평가(40분)

(2) 교과 내용 분석과 장기 과제 세우기

1) 주제에 알맞은 교과 내용 분석

　　'세계'는 6학년의 많은 교과 속에 별처럼 촘촘히 박혀 있어 교과서 흐름대로만 학습하다가는 학습의 커다란 흐름을 읽지 못하고 작은 개울에서 헤엄치는 것에 불과할 수밖에 없다. 교과서의 내용을 한데 모아서 버릴 것은 버리고, 선생님과 학생들이 양념을 한 후 버무려야, '세계'라는 매력적인 개념을 흠뻑 체득할 수 있다. 재구성된 교과목과 단원은 다음과 같다.

교육과정 재구성 편제

교과	단원	시수	비고
사회	세계의 자연과 문화	2	
	2. 육지가 넓고 인구가 많은 북반구		
	3. 바다가 넓고 자원이 풍부한 남반구	14	
	4. 음식으로 세계 만나기		
도덕	7. 다양한 문화 행복한 세상	3	
읽기	문학과 삶	3	
	2. 정보의 해석	3	
	3. 문제와 해결	3	
	5. 언어의 세계	1	
미술	5. 손으로 만드는 즐거움	6	
	6. 미술 작품과의 만남	6	각 대륙에 해당되는 텍스트는 되도록 팀티칭 기간 내에 공부한다.
	7. 시각 문화 환경과 우리	6	
	9. 공간을 표현하려면	6	
	11. 편리하고 보기 좋은 디자인	6	
실과	4. 인터넷과 정보	14	
	5. 간단한 음식 만들기	10	
계		73	

2) 장기 과제 안내하기

이제 학생의 역할에 대한 고민이 필요한 때이다. 가끔씩 학생들이 조사 학습의 결과로 제출하는 보고서를 보면 참담함이 느껴지기도 한다. 누가 봐도 마우스를 드래그하여 'ctrl+c, ctrl+v'를 반복한 매우 긴 분량의 과제물, 분량을 맞추려고 대충 짜깁기한 결과, 그 내용을 이해하기 어려워서 정작 학생 본인도 뜻을 모르는 단어가 줄줄이 나열되어 있는 논문과 유사했다.

'학생들은 과연 이 과제를 해결하면서 즐거웠을까? 주제에 대한 배움은 일어났을까? 어떻게 하면 학생들이 자발적으로 주제를 탐구할 수 있을까?' 하는 고민이 바로 여기서 생기는 것이다. 학생들이 자발적으로 주제를 탐구하고자 하게 하려면, 선생님들의 고민이 필요하다.

첫째, 이 과제를 통해 이루고자 하는 목표가 무엇인지 구체화한다.

둘째, 학생 본인이 해야 할 역할이 무엇인지 생각하게 한다.

셋째, 과제를 해결하는 방법을 구체적으로 안내한다.

2012학년도의 6학년 팀이 활용한 자료는 다음과 같다. 학생들에게 아래의 안내 자료를 배부하며 아래의 사항을 안내한다. 학생들은 정해진 기간 동안 관심 있는 나라를 정해 가정학습으로 보고서를 작성하여 제출한다. 박람회 아이디어를 모으기 위한 사전 작업으로서 학생의 개성이 고스란히 담겨 있는 보고서가 제출된다.

개인 장기 과제〈관심 있는 나라 보고서〉 작성 요령

1. 동아시아 대륙에서 내가 가장 관심이 가는 나라를 하나 정합니다.
2. 컴퓨터로 작성하거나, 손으로 쓰거나 둘 중 하나 편한 대로 선택하세요.
3. 자신의 말로 풀어서 설명하세요. (인터넷이나 책을 그대로 베끼지 말 것)
4. A4 용지 2~3쪽 분량으로 합니다.
5. 글씨 크기: 워드로 칠 경우 13포인트 이하, 손글씨의 경우 손톱 크기 정도
6. 그림이나 사진을 넣어도 좋습니다.
    다만, 그림이나 사진 1개의 크기는 손바닥을 넘지 않도록 하세요.
7. 제출 기한: 9월 29일(월)~30일(화)사이(30일 이후에는 수행평가 점수↓)
8. 들어갈 내용은 다음과 같습니다.

---

1) 나라 이름, 나라의 위치(세계 지도에 표시할 것)
2) 국기(사진이나 그림 필수), 수도
3) 그 나라의 자연환경(기후, 지형 등)
4) 사람들이 사용하는 언어
  (가능하면 인사말 정도는 그 나라 말로 찾아올 것)
5) 전통 의상과 전통 음식(이름, 사진이나 그림 있으면 좋아요)
6) 그 나라의 유명한 관광지, 문화재
  (이름과 설명(어떤 곳인지) 필수, 사진 있으면 추가점수)
7) 그 나라 관련한 재밌는 이야기(건국 신화, 뉴스, 옛날이야기 등)
8) 기타 자신이 관심 있게 조사한 다른 것들
  (없으면 안 해도 되지만, 하면 추가 점수)
9) 왜 이 나라에 관심을 갖게 되었는지,
  조사하면서 알게 된 점이나 느낀 점(매우 중요!!!)

---

9. 수행평가에 반영되는 중요한 과제입니다.
10. 점수 기준

A: 들어갈 것이 모두 있고, 내용이 충실하게 성의 있을 경우
B: 조건은 모두 갖추었으나, 내용이 불충분할 경우
C: 지나치게 내용이 부족할 때, 인터넷이나 책에서 그냥 베낀 것일 때
D: 제출하지 않았을 때

※ 박람회 내용 구성 아이디어: 박람회 사전 준비- 티켓 발행, 안내장 제작, 광고/놀이 코너 운영/ 민속의 의상 ― 가면, 인형 만들기, 민속의상 대여/공연 ― 노래, 춤/ 영화 상영 (아이들 준비과정 화면으로 보여주기)

출처: 서울발산초등학교 교사 이은진

기간	내용	방법	비고
8월	프로젝트 안내 개인 장기 과제 제시	개인 장기 과제 : 해당 대륙 중 국가 정해서 〈관심 있는 나라 보고서〉 작성	해-북미, 오세아니아, 극지 물-동아시아 잎-서아시아 푸-남아메리카 누-아프리카 열-동유럽, 북유럽 하-서유럽, 남유럽
8월 28일~ 9월 29일	개인 장기 과제 완성 팀티칭(월, 목)	① 8.29(목) 3블록 ② 9.1(월) 1블록 ③ 9.4(목) 3블록 ④ 9.11(목) 3블록 ⑤ 9.15(일) 1블록 ⑥ 9.25(목)3블록 ⑦ 9.29(월)1블록	팀티칭 첫 시간은 사기 반에서
10월 1주~ 3주	학급 내의 팀별 역할 분담	팀 구성 및 계획 세우기, 필요한 재료 구입, 제작	개인 장기 과제를 바탕으로 다양한 박람회장 내용 구성, 대륙별 노래나 춤 익히기 등
10월 23일~ 24일	박람회장 꾸미기	교실에 박람회에 필요한 팀별 작품 전시 설치 및 공연 공간 구성	
10월 25일 (금)	박람회 열기		

(3) 박람회를 위한 아이디어 모으기

1) 교사들의 아이디어 모으기

학생들이 조사한 것을 바탕으로 학급에서 해야 하는 박람회의 내용을 구성해야 한다. 학생들이 조사한 내용으로는 한계가 있을 수 있어 미리 선생님들이 회의 시간에 아이디어를 공유하였다.

"서남아시아는 할 게 없는 것 같아요. 뭘 하지?"

"만수르(당시 한 방송사의 개그 프로그램에서 몹시 인기가 있었다.)만 보여줘도 애들이 좋아하지 않을까요?"

"라마단 기간도 좀 체험해 보면 어떨까? 정해진 시간에 다 절을 하면 어때?"

"유전 부자 체험도 해 보게, 만수르가 돈도 막 뿌려."

"아프리카나 서남아시아는 의상 대여할 곳도 찾기 어려워요."

"천을 사다가 재봉질을 해야겠어요." (마침, 이미 1학기에 구청에 신청해서 폐현수막을 받다가 재봉틀을 이용한 주머니 만들기를 한 터라, 다들 재봉질에 자신이 조금 붙어 있었다.)

"박람회 때 먹거리도 필요한 것 같아요."

"동아시아를 맡은 저는 만두를 쪄야겠어요."

"전 와플 기계를 작년에 사 둔 게 있어서 와플을 구우면 되겠네요."

"유럽은 역시 바게트겠지?"

"공정무역 커피를 좀 사야겠어요."

선생님들끼리 먼저 나눈 이야기는 정말 많은 도움이 되었다. 웃자고 한 얘기를 실제로 구현하여 깜짝 놀라게 한 반, 번뜩이는 아이디어로 깜짝 놀라게 한 반도 있었다. 각각의 개성으로 일곱 개의 반이 무지개처럼 빛을 내었으니 말이다.

2) 학생들과 아이디어 모으기

학생들이 과제로 제출한 보고서가 모두 수합된 후에는 각자 조사한 내용을 발표하는 시간을 가졌다. 다른 어린이들이 조사한 내용을 들으며 머릿속으로 우리 반만이 특색 있게 할 수 있는 활동을 생각할 수 있는 시간인 것이다. 발표가 끝난 후에는 친구들의 아이디어를 모았다. 물론, 선생님들끼리 이야기한 것처럼 농담처럼 가볍게 아이디어를 툭 던질 수 있는 분위기를 만들어 주어야 했다. 뭔가 커다란 아이디어를 발표하려는 중압감은 이 과정에서는 어울리지 않기 때문이다.

"인사말을 배웠으면 좋겠어요."

"입구에서 여권을 주면 어떨까요?"

"도장 다섯 개를 모으면 만두를 줘요."

"페이스 페인팅을 하고 싶어요."

"페이스 페인팅으로 뭘 그릴 거죠?"

"국기를 그리면 시간이 오래 걸리지 않을 것 같아요."

"아시아에서 흔히 볼 수 있는 전래 놀이를 배워요."

"제가 몽골에서 제기를 사 왔는데 제기 차기를 하면 좋을 것 같아요."

"전 씨름 할래요."

모든 학생들이 즐거운 표정과 반짝이는 눈빛으로 하고 싶은 내용을 발표하는 것을 지켜보는 일은 담임교사로서 매우 흐뭇하다. 아, 저 어린이들은 수업 시간에 몇 번이나 저런 표정으로, 저런 눈빛으로 나를 바라봤던가. 교사로서 부끄러움과 앞으로의 다짐이 교차하는 순간이기도 하였다. 학생들의 다양한 의견을 정리할 때 아래의 표를 참고하면 역할을 분담하기에도 수월하다.

오세아니아 북아메리카 박람회 프로그램 및 역할 구성(6학년 물오름반)

분류		활동	요구되는 능력	인원
전시팀	기본 정보	지도, 주요 나라의 국기, 화폐, 우표나 엽서, 자연환경 사진, 전통의상, 음식, 축제, 위인, 최근 뉴스 등	조사하기, 정리하기, 전시하기, 설명하기	
	유명 문화재 (건축물, 석상 등)	유명한 건축물 축소 종이 공작, 찰흙이나 지점토 공예	조사하기, 만들기, 꾸미기, 설명하기	
	예술작품	가면, 전통 의상 인형		다 함께 (미술 시간)
체험팀		인사법 또는 간단한 말 배우기, 간단한 춤 배우기, 어린이들이 즐기는 놀이, 동화나 그림책 이야기 들려주기, 포토 존, 놀이 문화 체험, 보드게임 등	조사하기, 안내 및 진행하기	
공연팀		악기연주나 노래, 연극, 춤	음악적 기능, 상상력, 용기, 안내 및 진행하기	
기타		영상(준비 과정, 자연 관련 다큐멘터리 등)	동영상 제작, 조사	선생님

학생들과 선생님의 반짝이는 아이디어를 모아 2014학년도 6학년 학생들이 실제로 활동한 내용은 다음과 같다.

학급	활동 내용	대륙
해오름반	• 앞문에서 여권 발급받기: 자체 제작한 여권으로 코너를 체험할 때마다 확인도장을 찍는 용도로 쓰임 • 여행 가이드를 따라 여행: 코너마다 나라별 중요한 자연과 문화 환경을 안내하고 간단한 퀴즈를 통해 확인 도장을 찍음 • 페이스페인팅: 선택한 국기를 손이나 얼굴에 페이스페인팅 • 와플 시식: 여권을 제시하면 담임선생님과 학생이 전날 직접 구운 와플을 제공함	북아메리카 오세아니아 극지방
물오름반	• 인사 배우기: 중국과 필리핀의 간단한 인사말 배우기 • 차(茶)에 대해 알아보고 차 마시기: 차에 대한 다양한 정보를 안내하고 잎차를 우려 시음 • 포토존: 일본의 전통 옷(대여, 기모노와 하오리)을 입은 친구와 함께 사진 찍기 • 페이스페인팅: 선택한 국기를 손이나 얼굴에 페이스페인팅 • 건축물 설명: 페이퍼크래프트(캐논 페이퍼크래프트, 인화지로 칼라 출력하여 조립)를 활용한 앙코르와트와 만리장성을 보여주며 설명 • 한국씨름: 샅바 매는 방법, 기술 등을 설명한 후 함께 씨름 • 몽골 제기: 몽골 제기차기 체험 • 오미쿠지: 일본의 신사나 절 등에서 길흉을 점치는 제비뽑기	동아시아 중앙아시아
잎새반	• 언어 및 인사 배우기: 사우디아라비아의 간단한 인사말 배우기 • 화폐 설명 및 화폐 지급: 사우디아라비아의 화폐 설명 후 퀴즈를 통해 모형 종이 화폐 지급 • 페이스페인팅: 선택한 국기를 손이나 얼굴에 페이스페인팅 • 자연환경 및 인문환경 소개, 퀴즈(화폐 지급) • 서남아시아 의상 및 모자 소개 • 만수르와 사진 찍기: 만수르로 분장한 어린이가 거만하게 앉아 있고 함께 사진을 찍을 수 있음. 만수르가 원하는 때에 모형화폐를 뿌림. 교실 안에 있는 모든 사람이 가질 수 있음 • 이슬람 사원: 소원 판에 소원 적기, 10분마다 징이 울리면 모든 잎새반 어린이들이 하던 일을 멈추고 일정한 방향을 향해 절 함 • 음식문화 체험: 앞서 지급받은 화폐로 음식 사 먹기	서아시아 남아시아

학급	활동 내용	대륙
푸른반	• 전통의상을 입은 파울로 아저씨와 사진 찍기 • 음식체험: 남미식 만두 '엠빠나다' 시식 • 스페인어 배우기, 퀴즈 • 손가락 축구 게임기로 간이 축구 체험하기 • 페이스페인팅: 선택한 국기를 손이나 얼굴에 페이스페인팅 • 퍼즐 맞추기: 문화재와 국기를 출력하여 우드락에 붙여 학생들이 직접 제작한 퍼즐 체험 • 공정무역 마테차, 커피, 초콜릿 맛보기	남아메리카
누리반	• 아프리카 음악 공연: 누리반 어린이들 모두 참가하여 정해진 시간에 하쿠나마타타 노래를 부름 • 아프리카 문화 퀴즈 • 〈마다가스카〉 애니메이션 일부 방영: 학급 내에 있는 TV로 〈마다가스카〉 애니메이션을 방영 • 마사이 족 집 탐방 및 마사이 족장의 오늘의 운세 점치기: 나무와 헝겊을 이용하여 움막을 만들어 족장으로 분한 학생이 안에 들어 가 있음. 족장이 운세를 점쳐 줌. 족장은 필자에게 큰 행운이 있을 거라며, 곧 100원을 주울 것이라고 알려 줌 • 사파리 사냥하기: 다트판에 화살을 던짐으로써 사냥에 꼭 필요한 능력인 정확도를 연습함 • 초콜릿과 공정무역 설명	아프리카
열매반	• 나라 및 문화 소개한 후 퀴즈와 게임 • 페이스페인팅: 선택한 국기를 손이나 얼굴에 페이스페인팅 • 동유럽 만화 상영: 학급 내에 있는 TV로 〈마다가스카3〉 애니메이션을 방영 • 코스프레 존: 대여한 바이킹, 드라큘라, 산타 옷을 입어볼 수 있음 • 노벨문학상: 나라 이름 삼행시 짓기 • 마트료시카 인형 만들기 • 음식문화체험: 데니쉬 버터 쿠키 시식	동유럽 북유럽
하늘반	• 인사 배우기 • 그리스 의상 만들어 입고 사진 찍기: 크고 긴 천으로 몸에 두르고 묶어 튜닉을 만들어 입고 사진 찍기 • 대여한 유럽 전통 의상을 입고 사진 찍기 • 연극 공연: 하늘반 어린이들이 직접 각색, 연출, 연기 • 오카리나와 우쿨렐레로 유럽 전통 음악 연주 • 퀴즈 및 지도 찾기 • 홍차, 포도주스, 바게트, 치즈 음식 체험	서유럽 남유럽

(4) 4주를 준비한 '세계 박람회'

아이들은 4주에 걸쳐 관심 있는 국가를 조사하여 보고서를 작성하고, 교실을 꾸밀 전시 작품을 만들었다. 설명이 필요한 것은 내용을 정리하여 알아듣기 쉽게 전달하기 위해 연습하였고, 시범이 필요한 것은 몸으로 연습하였다.

그 결과, 어깨짝반 어린이를 비롯한 저학년 어린이에게는 상냥하고 친절하게, 선생님들과 학부모님들께는 예의 바르고 공손히게, 상황에 따라 언어와 행동을 고르는 모습으로, 하루 5시간에 걸쳐 한 가지 일을 해야 함에도 중간에 포기하지 않고 힘든 내색 없이 뒷정리까지 최선을 다하는 모습으로 방문객들을 대했다.

신은혁신한마당 당일, 흥분된 모습으로 각자의 자리에서 최선을 다하는 어린이들을 통해 그간의 보석 같은 과정이 눈앞에 펼쳐졌다.

마지막 6교시에는 활동에 대한 평가를 하고, 서로 소감을 나누었다. 그중, 한 학생이 한 말이 기억에 남는다.

"선생님, 선생님 하시기 힘드시겠어요."

그리고 우리는 9일간의 꿀 같은 가을 방학을 맞이하였다.

〈세계 박람회〉 프로젝트 평가

6학년 푸른반 멋진이 (　　　　　)
프로젝트 소속 : 　　　　　팀
팀 안에서 나의 역할 :

구분	항　　목	아주 좋음	좋음	보통	노력 필요	반성 필요
자기평가	1. 내가 맡은 과제에 대하여 책임을 다해 활동했는가?					
	* 정보 수집 및 자료 정리 과정에서 역할 책임					
	* 준비 과정에서 내가 맡은 과제 부분에 대한 책임					
	* 박람회 발표를 하면서 내가 맡은 역할에 대한 책임					
	2. 나는 팀 내의 다른 팀원과 서로 돕고 협동하였는가?					
	* 팀 토의(회의) 활동에 적극 참여하였는가?					
	* 팀 내 활동에 적극 협조하였는가?					
동료평가	프로젝트 학습 활동에서 아이디어를 많이 제공한 팀원은?					
	프로젝트 학습 활동에서 가장 협동적인 팀원은?					
	동료 평가 : 팀원 이름 (　　　　)					
	* 정보 수집 및 자료 정리 과정에서 역할 책임					
	* 준비 과정에서 맡은 과제 부분에 대한 책임					
	* 박람회 발표를 하면서 맡은 역할에 대한 책임					
	* 활동에 있어서 협동(조)성에 대한 평가					
	동료 평가 : 팀원 이름 (　　　　)					
	* 정보 수집 및 자료 정리 과정에서 역할 책임					
	* 준비 과정에서 맡은 과제 부분에 대한 책임					
	* 박람회 발표를 하면서 맡은 역할에 대한 책임					
	* 활동에 있어서 협동(조)성에 대한 평가					
	동료 평가 : 팀원 이름 (　　　　)					
	* 정보 수집 및 자료 정리 과정에서 역할 책임					
	* 준비 과정에서 맡은 과제 부분에 대한 책임					
	* 박람회 발표를 하면서 맡은 역할에 대한 책임					
	* 활동에 있어서 협동(조)성에 대한 평가					

방학을 마치고 난 후, 한 어린이가 쓴 일기를 공개하며 글을 마친다. 안녕, 가슴 뛰도록 근사했던 '세계 박람회'여!

세계 박람회

2014년 10월 24일 맑음

오늘 드디어 힘든 시간과 노력에 걸쳐 만든 세계박람회를 여는 날이다. 나는 너무 기쁘기도 하고 설레기도 했다. 그래서 나는 사람들이 올 때는 이렇게 해야 많은 사람을 찍어줄까 하는 생각에 잠겨 있었다.

먼저 어깨짝반 1학년 하늘 아이들이 세계박람회에 왔다. 어린아이들이여서 좀 많이 찍어 줄 거라고 생각했는데 반 이상 찍어주지 않아서, 2~6학년은 조금밖에 못 찍어줄 거라고 생각했는데, 중간놀이 시간이 되자 아이들이 많아졌다. 그런데 애들이 '포토존'에 많이 오기 시작해서 바빠지게 되었다. 바쁜데 전혀 힘든 것처럼 느껴지지 않았다.

한창 바쁠 때는 기뻤는데 중간 놀이 시간이 되자 애들이 점점 없어졌다. 5교시에는 다른 반에도 갔었는데 다 잘 꾸민 것 같았다. 특히, 누리반은 어지럽기도 했지만 뭔가 화려했다. 그 다음 차례차례 다른 반에 가 봤는데, 잎새반이 좀 재미있었다. 무슨 일을 하다 말고 절하는 모습이 재미있었다. 이제 다른 반 6학년들도 우리 교실에 와서 연극도 보고 사진도 찍고… 축제 중에서 가장 오래 기억에 남을 것만 같다. 우리가 직접 만들어서 연 박람회여서 어느 축제, 박람회보다 행복했다.

— 6학년 하늘반 ○○○

▲ 차 설명하고 대접하기. 6학년 학생이 1학년 학생에게 차의 종류, 효능 등을 설명하고 있다.

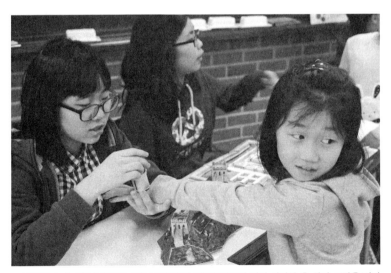

▲ 건축물 소개. 6학년 학생이 1학년 학생에게 앙코르와트에 대해 설명한 후 확인 도장을 찍어 주고 있다.

▲ 전통 의상 소개. 6학년 학생 두 명이 일본 전통 의상인 기모노(여성용), 하오리(남성용)를 입고, 방문자가 누구든 원하면 함께 있는 사진을 찍었다.

▲ 6학년 학생이 선별한 국기를 보여주고 1학년 학생이 원하는 국기를 선택하면 손등이나 얼굴에 페이스페인팅 해주었다.

▲ 마사이 족장과 운세 점치기를 하였다.

▲ 6학년 누리반의 아프리카 음악 공연으로 정해진 시간에 타악기와 간단한 건반악기, 기타로
반주하여 〈하쿠나마타타〉를 불렀다.

교육과정 재구성, 지나온 과정을 돌아보며

1. 우리 학교 교육목표의 바탕

교육의 목적은 사람에 따라서, 시대에 따라서, 지역에 따라서 다양한 형태로 그 개념이 정의될 수 있다. 그러나 여기에는 반드시 포함되어야 할 두 가지 측면이 있다.

하나는 학생의 개인적 요구를 받아서 학생 개인이 가지고 있는 잠재 능력을 최대한 발현할 수 있도록 가르치는 것이다. 이런 목적을 달성하기 위하여 학생들에게 기회와 장을 제공하고, 한 사람의 인간으로서 인격을 완성하고 사회를 위하여 봉사할 수 있게 하여 삶의 보람을 느끼면서 세상을 살아가게 하는 것이 교육이다.

다른 한 측면은 시대와 사회의 요구를 구현하는 것이다. 학생들은 자신이 살고 있는 시대는 물론이고 그보다 앞선 시대의 문화 전통을 계승하여 발전시켜야 한다. 나아가 그들이 살아갈 미래 사회가 지속가능하면서 바람직한 방향으로 발전해 나갈 수 있도록 능력을 익혀야 한다. 교육은 바로 이러한 미래의 인재를 양성하는 것이다.

신은초가 개교를 준비하고 있을 때 발령받고 온 교사들도 교육의 이러한 두 가지 목적을 고려하면서 학교교육의 방향과 목표를 설정하고자 했다. 서울의 여러 학교에서 혁신 교육을 하고자 열망을 가지고 있던 교사들이 신은초 발령을 지원했고, 서울시 강서교육지원청이 인사위원회를 구성하여 서류 심사를 통하여 신은초에서 아이들을 가르치게 될 교사들을 선발하였다. 이렇게 하여 선발된 교사들은 학교 교육과정을 마련하기 위하여 뜨거운 여름방학 기간에 방학도 반납하고 어둠이 깔리는 시간까지 개교 준비를 해나갔다. 당시 우리 학교로 오기 위하여 '혁신학교는 어떠해야 하는지' 사전에 공부를 하고 모임을 만들어 준비해 온 교사들도 있었지만, 대부분은 혁신학교에 대하여 들리는 소문에 근거해서 막연한 기대를 안고 온 교사들이었다.

우리는 혁신학교의 정체성을 확립하면서 당시 서울에서 시작된 혁신학교 운동의 모델을 만들고자 하는 열망이 강했다. 그 첫 번째 과제가 혁신학교의 방향과 틀을 세우기 위한 혁신 철학에 대한 공유였다. 혁신학교 교육철학을 바로 세우기 위한 교사 연수와 연구가 활발하지 않을 수 없었다.

당시 혁신 교육 전파를 위하여 전도사 역할을 하고 있던 교수나 교사, 이미 혁신학교로 지정이 되어 운영되고 있는 혁신학교 교사 등을 강사로 초빙하여 혁신학교의 방향 설정을 위한 철학과 이론적 배경, 사례 등을 들으며 벤치마킹을 하려는 노력에 집중하였다. 학교교육의 방향과 목표, 교훈, 어린이, 교사, 학부모 상을 세우고, 그에 따른 구체적인 교육과정을 마련하고, 운영 원칙을 세우고, 학년 교육과정도 마련해 나갔다.

2. 민주 시민교육을 위한 우리 학교 민주주의

우리는 서울시교육청의 교육 방향과 특히 서울형혁신학교에서 강조되고 있는 가치나 철학들을 공유하면서도 당시 많은 혁신학교들이 주목했던, 일본의 사토 마나부 교수의 '배움의 공동체' 원리라든가 핀란드를 중심으로 하는 북유럽의 교육, 독일에서 시작된 발도르프 교육, 비고츠키의 교육철학에 많은 관심을 가졌다. 뿐만 아니라 국내에서 그동안 교육의 내용과 방법 등에서 자기 나름의 지향을 갖고 운동을 해오고 있던 여러 대안학교의 교육과정, 전국교직원노동조합의 참교육정신, 초록교육연대 등이 주창하는 교육철학, 교육 내용과 방법 등에 주목하였다.

이를 바탕으로 본교 교육과정의 방향과 원리, 중점 과제를 추출하고, 그에 따라 학년 특성에 맞는 학년 교육과정을 마련하고 운영하였다. 담임교사에 따라서는 학년 교육과정을 중심에 놓고 학급담임의 교육관, 학부모들의 요구를 수렴해 학급마다 조금씩 다른 형태의 창의적인 학급 교육과정이 운영되기도 하였다.

교육과정을 마련하면서 특히 힘을 실었던 것은 주제 통합 수업과 프로젝트 학습이었다. 교과 통합의 원칙을 최대한 살리면서 당시 교육청에서 강조하던 '문예체' 활동에 천착한 감성 교육, 생태 교육, 농사 체험을 통한 노작교육, 의식주 생활교육, 다양한 체험활동, 탐구 중심의 창의성 교육, 놀이 중심의 공동체 교육에 중점을 두었다. 이를 통해 지속가능한 미래를 위한 교육으로서 인권, 평화, 남북 화해 협력 통일, 노동과 복지, 문화, 연대 등의 가치가 존중되는 민주 시민을 양성하기 위한 '민주 시민교육'에 방점을 찍고 교육과정을 마련하게 되었다.

그러면서도 빼놓지 않고 중요하게 생각했던 것은 '한 학생도 포기하지 않는 교육', '배움이 즐거운 교육 공동체'라는 관점에서 배움과 나눔과 배려와 협력이 이루어지도록 교육의 내용과 환경을 만들어야 한다는 것이었다. 그리고 이를 위해서 학교교육 조직에서 기존 학교의 틀을 대부분 벗어던졌다. 교육과정의 마련과 운영, 학교 예산의 배분, 심지어는 교원 인사와 상벌을 포함한 학교교육과 행정의 의사결정은 대부분 '교원 다모임'과 '학부모 다모임', '학생 다모임' 등을 통하여 이루어졌다. 이런 학교운영의 혁신은 교원들의 자발성과 창의성을 북돋아주었다.

기존 학교에서 교사들에게 부과되는 교육 활동 이외의 행정 업무들은 과감히 털어내었다. 그렇게 하여 교사들은 교육 활동에만 전념할 수 있도록 하였다. 학년·학급 담임도 관리자가 배정해 주는 것이 아니라 교사들이 마음껏 선택할 수 있도록 하였다. 또한 기말고사와 같은 일제고사는 없었고, 평가는 교수-학습의 수행 과정에서 이루어졌기 때문에 학생들은 평가에 대한 부담을 갖지 않았다.

그렇게 하여 교사들이나 학생들이 학교에 가는 것이 즐겁고 행복하도록 최대한 노력했다. 그런 학교와 자녀들의 모습을 보면서 학부모들도 '내 아이만이 아니라 우리 모두의 아이'로 학교를 바라볼 수 있도록 학교 조직과 문화를 가꾸어 나갔다. 학교를 신뢰하고 자율적 배움이 일어날 수 있도록 교수-학습 방법을 구안하고 실천해 나갔다.

우리 학교가 마련하고 추진하고 있는 교육과정을 한 구절로 정리를 한다면 '교육 주체들이 행복하고 지속가능한 미래를 열어가는 배움의 공동체'라고 할 수 있겠다.

3. 우리가 만든 교육과정으로 우리가 배운 행복

신은초에서는 교육과정 마련을 위하여 앞서나간 서울과 경기 지역의 혁신학교들에 대해 벤치마킹을 하였다. 그런 과정 속에서 무엇보다 중요하게 생각한 것은 교육의 본질과 한국 교육 개혁의 방향, 특히 교육과정을 바라보는 시각이었다. 우리는 외부 강사를 초빙하여 교사 연수를 진행했고, 교육과정을 바라보는 시각의 중요성, 경기도 조현초등학교의 교육과정 운영 원칙과 방식, 경기도 서정초등학교의 주제 통합 방식, 1~2학년에서는 서울강명초의 발도르프식 주기집중수업 등을 많이 참고하였다.

그러면서 더욱 중요하게 생각한 것은 신은초의 교육과정의 큰 방향과 교육과정 수립의 원칙을 세우는 일이었다. 여기서는 무엇보다 학교 교육 주체들의 자발적인 참여가 중요했다. '지속가능한 미래 교육을 위한' 태스크포스를 운영했다. 교사 책 모임 '반딧불이', 교사들과 학부모들이 만나서 교육과정을 연구하는 '혁신 신은 교육 포럼' 등이 만들어져 지금까지 이어지고 있다. 물론 이런 활동들이 개교 후 한 학기 만에 이루어진 것은 아니다. 출발은 비록 여러 학교의 교육과정들을 참고로 했지만, 교육과정을 운영해 나가면서 신은초의 상황에 맞게 꾸준히 수정하고 보완해 나갔다.

우리는 신은초 교육의 큰 방향을 '교육 주체들이 행복하고 지속가능한 미래를 위한 배움의 공동체'라고 규정을 하고 다음과 같은 모습을 지향하는 학교로 교육의 방향과 목표를 세우고 교육과정을 정비해 나가고 있다.

학생, 교사, 학부모 모두 자존감이 높은 학교

신은초에서는 공부를 못하는 것이 부끄럽지 않게 되었으며 대신 자신들의 특기를 발표할 기회가 많은 학교가 되어 즐겁고 재미있는 학교생활을 하게 되었다. 또한 학년별로 중점적인 키워드를 정해 교육과정을 재구성하면서 아이들의 발달과 성장에 맞춘 깊이 있는 내용으로 채워졌다.

신은초 아이들이 느끼는 학교의 장점은 많은데, 특히 수업에 대한 흥미와 관심이 상대적으로 높다. 이는 수업에서 본인이 소외된다는 느낌을 받지 않고, 대부분의 수업에서 즐거움을 갖고 적극 참여할 수 있기 때문일 것이다.

학년 말에 아이들과 1년을 평가하면서 나눈 이야기들이 있다.

"이번 한 해 선생님과 함께한 수업에서 무엇이 가장 기억에 남나요?"

"수학여행 프로젝트였어요. 3월부터 시작된 프로젝트가 수학여행을 다녀온 7월까지 계속되었죠. 무엇보다 우리가 장소부터 정하면서 하나씩 준비해 나간 것이 너무 기억에 남아요. 선생님이 정해준 곳에 그냥 따라만 가는 게 아니라, 제가 준비한 여행이라는 생각에 너무 뿌듯했어요. 더구나 공정 여행을 하게 되어 기분도 좋았어요."

"제 평생 마지막 어린이날을 너무 보람 있게 보냈어요. 이런 수업이 아니었다면 아마 부모님을 졸라서 마지막 어린이날 선물을 받았을 거예요. 하지만 마지막 어린이날을 세상에 어려운 친구들에게 나눔을 실천할 수 있어서 너무너무 기뻤어요. 사실 처음엔 왜 이런 걸 하나 싶었거든요. 하지만 지금은 정말 기억에 남는 프로젝트였어요."

아이들의 말에서 느낄 수 있듯이 아이들이 주인이 되는 교육과정, 아이들을 중심에 놓는 교육과정은 그들의 자존감을 높여주어 예상치 못한 훨씬 큰 성취감과 만족감을 주게 된다.

신은의 앞날, 그리고 제언

2011년 개교부터 시작했던 학년 단위의 작은 학교 시스템과 학년에 주어진 자율성에 따라 각각의 학년에서 선생님들이 모여 다양한 교육과정 재구성을 고민하고 실천해 나갔다. 하지만 4년이 지나면서 아쉬운 점도 많고, 힘든 점도 많았다. 무엇보다 교육과정 재구성은 선생님들의 부단한 노력과 고생을 동반한다. 어쩌면 고민 없이 교과서 차례대로 진도를 나가는 것이 교사들에게는 한결 쉬운 일일 것이다. 하지만 조금만 생각해본다면 산발적인 교육과정 운영이 아닌, 체계적이고 조직적으로 재구성한 교육과정 운영은 시간을 함축적으로 쓸 수 있게 하고, 그 내용을 깊이 있게 만든다. 우리도 이것을 알지만 편하게 살고 싶다는 생각에 종종 시기를 놓치거나 다소 미완의 과정으로 남기도 한다. 매년 여러 단계로 자체 평가를 하고 있지만, 늘 부족한 점과 아쉬운 점이 남게 된다.

교육과정 재구성은 학년에서 함께 해나가는 것이 좋지만 학교 여건에 따라 그게 쉽지 않을 수도 있다. 이런 경우 학급에서라도 조금씩 실천해 나가길 바란다. 많은 프로젝트가 아니라 한두 가지라도 추출한다면 그리 어렵지 않게 시작할 수 있다. 그 시도의 결과는 바로 아이들의 눈빛과 반응에서 나타난다. 즐겁고 재미있는 수업, 그리고 넓고 깊이 있는 수업이 이루어질 수 있고, 그것은 교육의 본질을 찾아간다는 만족감을 주게 된다.

아직은 걸음마 단계인 신은초 교사들도 계속해서 고민하고, 연구하고, 실천해 나가려 한다. 그래서 오늘도 우리는 모여서 머리를 맞대고 토론을 하고 있다.

리셋

교육과정
재구성 미민이 고민하는 교육과정,
아울러 통합할 지킨기가

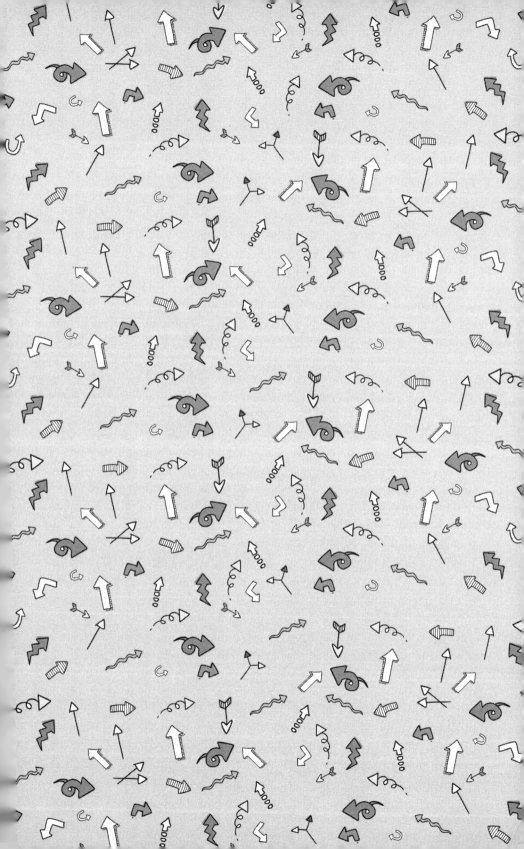

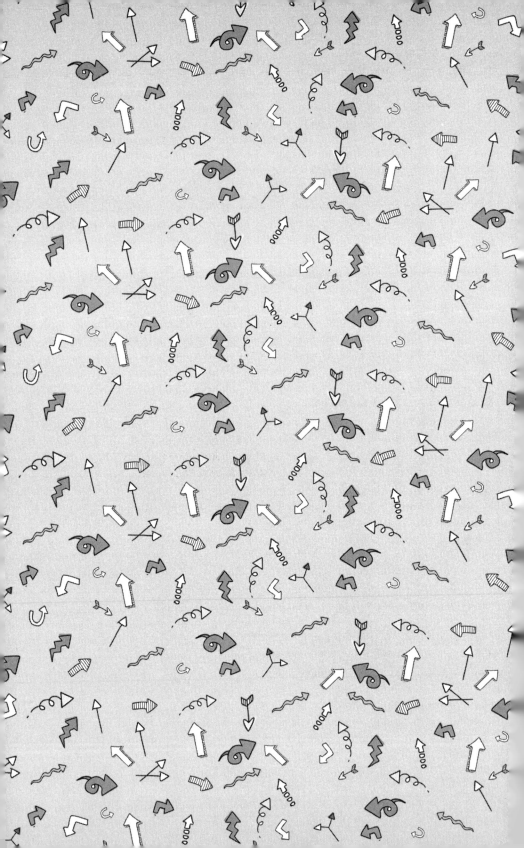